克里希那穆提的生与死

The life and death of Krishnamurti

【英国】玛丽·鲁琴斯　著

程　悦　译

九州出版社 JIUZHOUPRESS｜全国百佳图书出版单位

图书在版编目（CIP）数据

克里希那穆提的生与死 / （英）鲁琴斯著；程悦译. — 北京 : 九州出版社, 2015.12（2019.2重印）
书名原文：The life and death of Krishnamurti
ISBN 978-7-5108-4118-7

Ⅰ. ①克… Ⅱ. ①鲁… ②程… Ⅲ. ①克里希那穆提, J.（1895～1986）－传记 Ⅳ. ①B351.5

中国版本图书馆CIP数据核字（2015）第313550号

版权合同登记号：图字01-2015-8640

克里希那穆提的生与死

作　　者	（英）鲁琴斯 著　程悦 译
出版发行	九州出版社
地　　址	北京市西城区阜外大街甲 35 号（100037）
发行电话	（010）68992190/3/5/6
网　　址	www.jiuzhoupress.com
电子信箱	jiuzhou@jiuzhoupress.com
印　　刷	三河市九洲财鑫印刷有限公司
开　　本	880 毫米 ×1230 毫米　32 开
印　　张	11.375
字　　数	250 千字
版　　次	2016 年 6 月第 1 版
印　　次	2019 年 2 月第 2 次印刷
书　　号	ISBN 978-7-5108-4118-7
定　　价	58.00 元

出版说明

吉度·克里希那穆提（1895-1986）是 20 世纪著名的心灵导师，被美国《时代周刊》誉为"20 世纪最伟大的五大圣者之一"。他生于印度，13 岁时被西方人士建立的通神学会选中，作为"世界导师"带到英国进行培养。但他在 30 岁后，开始独立地展开自己的精神探寻，拒绝承担这一被外界强加的角色。1929 年克里希那穆提解散了专门为他而成立的明星社，宣布任何一种约束心灵解放的形式化的宗教、哲学和主张都无法进入真理的国度。此后终其一生，他不断在西方和印度各地巡游演讲，传播他的教义，影响了上自女王下至平民许多人的思想，他的知交好友中不乏名人，如萧伯纳、赫胥黎、尼赫鲁、甘地夫人等。

从十多年前中国大陆首次引进克里希那穆提的作品开始，克里希那穆提逐渐走入了中国读者的视线，其读者群体日渐增长。不但他的著作中译本不断推陈出新，对于克本人的兴趣也在上升。此前，国内已引介出版了普普尔·贾亚卡尔所著的《克里希那穆提传》，向读者介绍了这位哲人奇特的一生。不过，普普尔·贾亚卡尔是在克氏五十三岁的时候才结识进而追随他，错过了他本人思想萌生、成长、成熟的过程，所以在写作手法上采取了前期简略而后期详细的手段。相较而言，本书的作者，玛丽·鲁琴斯，显然对于克氏本人一生的轨迹，有着更全面的了解。

作为跨越克里希那穆提人生从幼年到去世几乎全部时段的挚友，玛丽·鲁琴斯无疑具有足够的资格来撰写他的传记。她与克里希那穆提可谓是通家之好，她的母亲，埃米莉·鲁琴斯夫人，很早便成为了通神学会的核心会员，并且带动自己年幼的孩子，包括玛丽和她的姐姐贝蒂，也成为通神学会会员。因为这个原因，1911年觉醒后的克里希那穆提肩负着"救世主"的使命首次到达英国时，埃米莉夫人是前往迎接的一员，为其所倾倒，此后二十年即矢志不渝地追随他，从未动摇过。贝蒂成年以后与克里希那穆提渐行渐远，但玛丽却与她的母亲一样，终生为克氏的莫逆之交。

在克氏生前，玛丽曾受克本人的委托，前后用了数年的时间，分次撰写、出版了三卷本的克氏传记《觉醒的年代（1895-1935）》《圆满的年代（1935-1980）》和《敞开的大门（1980-1986）》。1986年克逝世后，玛丽在悲痛之余，将多年关于克氏的了解和各种信息加以整理浓缩，最终完成了这本《克里希那穆提的生与死》，涵盖克里希那穆提完整的一生，以充分揭示出这位迷人而复杂的男人的生平轨迹。

玛丽·鲁琴斯多年与克氏相知相交的身份，不但保证了本书内容的严谨可靠性，而且也为本书提供了丰富多彩的图片资料，其中一大半是来自作者本人的收藏，也有部分是源于其他克里希那穆提的密友的藏品，或是神通学会档案馆的资料。这些宝贵的图片，为这本充满灵性色彩的书增色不少。尤其是在克里希那穆提中年时期，由于他个人在近三十年里拒绝他人拍照，里面一张克氏在四十多岁时的照片就显得格外珍稀。

本书中关于克里希那穆提的称呼是颇有意味的，为扫清读者可能的阅读混乱，在此先做一交代。出于尊敬，玛丽·鲁琴斯很少直接称呼全名。在克里希那穆提的人生早期，玛丽称之为"克里希那"。而在其觉醒后，他的朋友和追随者称呼为"克里希那吉"——"吉"在印度语中表示尊敬，作者认为太过郑重而折衷选择了"克"。有趣的是，我们发现，克里希那穆提本人的发言和文字中，也常常用此来指代自己。

本书涉及人名、地名以及各种专有名词概念众多，且来源英语、印度语不一。为便利读者理解，我们在文末附加了译名对照表，按照中文拼音排序，并且根据便于检索的原则进行了适当的调整。编辑过程中，得到克里希那穆提冥思坊的朋友们对于翻译问题的指正和帮助，在此谨表谢意。

九州出版社

目 录

————————

鸣　谢

————————

　　我想感谢许多在这本书中没有提及的克里希那穆提的友人，我希望他们能够理解，为了将他的一生压缩成一本书的篇幅，许多无关的细节不得不被省略掉。尽管如此，我希望这些被省略的细节里没有任何对他的成长来说至关重要的内容。

　　我要深深感谢以下允许我引用其作品的人士：大卫·伯姆、玛丽·卡多根、马克·爱德华兹、普普尔·贾亚卡尔、帕楚尔医生、已故的桃瑞丝·普拉特、万达·斯卡拉维利，尤其要谢谢斯科特·福布斯以及玛丽·津巴李斯特。我还应当感谢雷·麦考伊，他总是毫不迟疑地从布洛克伍德中心给我邮寄需要的录像带、录音带。还要谢谢拉妲·布尔涅，她从阿迪亚尔的通神学会档案馆给我复印了一份尼亚写给贝赞特夫人的描述"转化"源起的长信。

　　倘若没有已故的 B. 希瓦·拉奥给予的友谊和慷慨，我永远不可能成为第一个尝试撰写克里希那穆提传记的人。

引　言

———————

　　克里希那穆提多次要求，不应该对其教义做任何权威性的阐释，尽管他鼓励那些对此有兴趣的人们在各自群体当中展开讨论。因此，现在的这本书并不试图去解释或者评价在数十本书籍、录音带、录像带中可以获知的教诲，它的目的毋宁说是努力探明其教义是植根于怎样的启发之源，去揭示一个最伟大的人的本质，去追溯他成长的轨迹，去纵观他漫长的一生。在相隔好几年分别出版的详尽的三卷本传记中要做到这个很难——第一卷和第二卷的时间跨度是八年。

　　在第一卷《觉醒的年代》出版后，我被问到是否相信我所记录的那些事情。我的回答是，我当然相信它们，除了1925年在荷兰的那些疯狂的事情之外；直到1928年，也就是我20岁的时候，我对它们的态度发生了改变，这跟克里希那穆提本人是一致的。

我无法回忆起与克里希那穆提尚未相识的时候了，这是因为当他在 1911 年第一次到英国时，我的母亲便跟他成为了朋友。那时候他还是个迷茫的 17 岁少年，看上去比实际年龄小许多。就在两年前，他被印度通神学会的领袖们选为了"弥赛亚再临"的化身。我母亲于 1910 年加入了通神学会，那是我三岁之前，我是在该学会的教义下被教育长大的，这些教义从外在来看十分简单：信仰人与人之间的兄弟友爱，信仰一切宗教的平等。每天早上我被教着去吟诵的是"我是那环绕世界的爱的金色链条上的一环，我承诺将保持我这一环的光明与坚定"，而非那句"我们天上的父……"。然而直到大约 13 岁的时候，我才充分理解了通神学那个深奥的核心。在这本书的第一章里面，将会描述这一深奥的核心。

通神学后来导致了我父母之间的裂痕，随着时间的流逝，这个裂痕越来越大。具有讽刺意味的是，我的母亲是经由我父亲才发现通神学的。1909 年，我的父亲爱德温·鲁琴斯受一位法国银行家纪尧姆·马利特委托，为其在诺曼底海岸的瓦朗日维尔建造一栋房子，距离迪耶普不远。初访该地回来后，父亲告诉母亲说马利特夫妇是通神学者，母亲询问这指的是什么意思，父亲说他只知道他们有一个总是上着锁的秘密书柜。这可激发了母亲的好奇心，所以当她陪同父亲第二次访问瓦朗日维尔的时候，她便说服马利特夫人向她概述了一下通神学的信仰。令她感到最大震动的是马利特夫妇的精神的健全，他们身上没有那种狂妄——母亲将其与"庸俗"宗教联系在一起。他们唯一的古怪之处在于他们是严格的素食主义者。圣诞节的时候，马利特夫人送给我母亲一份通神学会主席安妮·贝赞特夫人①1907年在伦敦举办的讲座记录。根据她的自传②，这次讲座让她充满了如此"专注的兴致和愉悦"，以至于那些时刻她"十分的兴奋"，几乎无法抑制自己"发出高兴的欢呼"。这似乎向她开启了精神认知的一片崭新前景。

母亲的这番皈依可谓时机成熟，在同一位野心日益膨胀、小有成就的牧师结婚十三年之后，尽管他很爱她，但他如此专注于自己的工作，以至于没有时间给予她或五个孩子任何陪伴，于是她便绝望地寻求着某种能够带来满足的事情，以刺激情感与智力上的需要。家庭主妇和普通的社交生活令她极为厌烦，而孩子们又有一位完美的保姆来照料。她成了妇女选举权运动的热烈支持者（但从来不是一个激进分子，因为害怕进监狱，害怕被强制进食）。她阅读了大量的社会学书籍，加入了一个名为"道德教育联盟"的组织，关心国家对于卖淫的管制，为此她还撰写了小册子，参加了在英国各地举行的会议。由于这份工作，她每周会就性病的治疗问题走访洛克医院，在那里她对病人朗读狄更斯的作品（她有极好的高声朗读的

①　贝赞特夫人生于1847年，曾经嫁给了一位牧师、弗兰克·贝赞特。在生育了两个孩子之后，她失去了信仰，并且鼓足勇气告诉了丈夫。他与她离了婚，得到了孩子的监护权，尽管她在法庭上据理力争想要获得子女的抚养权。尔后她成为了公然的无神论者和社会改革家，成了查尔斯·布拉德洛的同事以及萧伯纳的亲密友人。1889年，当W.T.斯特德请她评论通神学会的创始人之一勃拉瓦茨基夫人所著的《秘密教义》，她便改信了通神学。

②　《太阳下的烛光》，埃米莉·鲁琴斯女士，哈特—戴维斯出版公司，1957年。

天赋）。她还在我们位于布鲁姆伯利广场的房子里组织了诸如遗传VS环境这类夜间讨论会。然而与许多同代人不同，终其一生，她对通灵术①并无兴趣，对超自然论或者印度玄学也没兴致——自从基督教信仰受到了达尔文主义的削弱之后，印度玄学吸引了许多西方人前往东方。

母亲具有十分虔诚的本性，年轻时代又是热烈的基督徒，强烈感受到自己与耶稣的亲近，因此通神学相信"弥赛亚再临"以及认为世界需要为这一惊天动地的事件做好准备，让她身心的方方面面得到了满足。1910年加入学会之后，她全部的精力都投入到运动之中。她学习了公开演讲的课程，这样便能各处旅行、发表有关通神学的演讲（她成为了颇有成就的演说家）。她还与同样是近期皈依的哈德恩·盖斯特博士（后来的盖斯特爵士）一道创办了一个新的通神学的分会②，"旨在联合起所有希望把通神学关于兄弟友爱的教义实际推行起来的人们"。

1910年夏，贝赞特夫人从印度来到英国，我母亲前去聆听了她在费边社举行的题为《理想的政府形式》的演讲。萧伯纳与西德尼·韦伯在台上。"当我第一次看到她时，吃了一惊"，母亲写道："她看起来不同于我之前见过的任何一个人，她身穿一件垂着的白

---

①　通灵术：也就是相信死者能够与生者进行交流，尤其通过灵媒——这依然是当今最具争议的问题之一。1882年英国成立了特异功能研究学会，旨在探究证据。对各种形式的超自然现象的兴趣是十分普遍的。

②　该学会被划分成了许多分会，在英格兰和苏格兰的所有大的镇子上都设有分会，还有许多在欧洲，这些分会会安排会议与巡回演讲。

色长袍，极具女性气质，然而她那硕大的脑袋和短短的白色卷发看上去又是完全阳刚气概的。她已六十三岁高龄，但精力却丝毫不减，是我所见过的人里面最具活力的。"

几周后，母亲在金斯威的一间礼堂又听了贝赞特夫人的名为《基督再临》的演讲。之后鼓起勇气去接近她，请她吃午饭，她接受了。午餐时另外一位唯一在场的便是我父亲。

到达的时候贝赞特夫人询问是否能摘帽，当她这么做时，她那白色的短卷发抖落了出来，后来我母亲发现这是她的个性。母亲记得当时认为她的眼睛像老虎，有着奇怪的灰色阴影，似乎看穿了自己，洞悉了自己内心深处的想法。初次见面，我父亲很喜欢贝赞特夫人，对她留下了深深印象，尤其是当她在离开前请他设计位于塔维斯托克广场的新的英国通神学会总部的时候（现在这地方被英国医药协会占用了）。他是逐渐地才变得憎恶她对我母亲的影响的。

1929 年，也就是克里希那穆提三十四岁这一年，在经历了一次彻底改变其人生的精神体验后，他退出了通神学会，放弃了他作为未来救世主的角色，开始怀着他自己的宗教哲学，以一名导师的身份环游世界，不依附任何传统的宗教或教派。其教义的唯一目的，便是将人从各种划分、隔离人的牢笼中解放出来，比如宗教、民族、阶级、传统，从而带来人心灵的转变。

1986 年 2 月，在过完了九十一岁生日的三个月之后，克里希那穆提与世长辞。然而人们对其教义的兴趣并未因此而有任何的减退，实际上，他的名声正在传播开来。他没有更加知名的原因，是因为他从来不追逐个人的名声。人们通过口口相传听说他，或者通过偶然发现了他的某本书籍。

当克里希那穆提被通神学会正式宣布为"再临弥赛亚"之后，学会的成员们向他抛来了雪片一般的金钱、礼物、土地和财产。在他退出学会、拒绝了他要担负的角色时，他把这些礼物退给了那些捐赠者，开始了自己的新生，哪怕并不知道是否会有追随者，抑或是否会有超过五百英镑的年金。正如发生的那样，他吸引了一个来自于更广阔、更遥远的世界的新的追随者群体，他致力于的许多项目都得到了金钱的资助，就仿佛有魔法一般。因此在其余生他说道："做一件事情，假如它是正确的，钱自然会来。"

克里希那穆提拒绝成为任何人的上师，他不希望人们盲目地、顺从地追随自己。他强烈反对那种狂热的上师崇拜以及由东方传入西方的超觉冥想。他尤其不希望有什么门徒，因为如此一来又会以他为中心建立起某个宗教，建立起一种等级制度，树立起权威。他对自己教义的全部主张便是，它将竖起一面镜子，透过这面镜子人可以清清楚楚地看到自己的外在与内在，倘若他们不喜欢自己看到的模样，就会去转变自身。

克里希那穆提对于孩子的教育问题特别有兴致，尤其是在他们的心灵因其出生的社会怀有的种种偏见而变得僵化、刻板之前。他创办、并且用他的名字来命名了七所学校——印度五所、英国一所、加利福尼亚一所，它们依然在蓬勃发展着。最早的是瑞希山谷学校，创办于 20 世纪 30 年代早期，位于马德拉斯和班加罗尔之间，如今已经有三百四十名学生，其中三分之一是女孩子，作为印度最好的学校之一而享有很高的声誉。汉普郡的英语学校是最小的一所，只有六十个学生，不过这些学生来自二十四个国家和民族，男女生的人数相当。

在他去世后不久，紧邻汉普郡英语学校，成立了一个大型的克里希那穆提中心，不过是完全独立的。这个中心的构想以及建造，是克里希那穆提在生命的最后两年里主要关注的事情。[①]　三所规模较小的成人中心如今已经在印度建立。克里希那穆提还在 20 世纪 60 年代创办了三个基金会，分别是在英国、印度和加利福尼亚，还有一个子公司在波多黎各——纯粹是经营性质的，每一个都有理事会。在二十一个国家中还有相关的委员会。

在这些设有委员会的国家中，克里希那穆提结交了上自女王下至僧人的诸多朋友。早年他最为热烈的崇拜者包括萧伯纳、利奥波德·斯托科夫斯基以及雕刻家安东尼·布代尔。后来他的朋友圈当中则有阿道司·赫胥黎、贾瓦哈拉尔·尼赫鲁和帕布罗·卡萨尔斯。更晚一些的时候，他结交了甘地夫人、诺贝尔医学奖获得者莫里斯·威尔金斯教授、物理学家大卫·伯姆博士、生物学家鲁珀特·谢尔德雷克以及演员特伦斯·斯坦普。他结识了一些与他有过会面或是展开过讨论的知名人士，包括乔纳斯·索尔克博士。在沟通科学与宗教方

---

①　该中心的照片出现在威尔士亲王所著的《不列颠之旅》一书中（道布尔迪，1989 年）。

面，克里希那穆提无疑起到了桥梁作用。

　　克里希那穆提演说的听众人数并不多，根据他发表演讲的礼堂或帐篷的面积来看，最后二十年人数在一千到五千之间。对于那些前来聆听其教诲的人们来说，他的吸引力究竟在哪呢？令人惊异的是，他们当中很少有嬉皮士，尽管大多数听众是年轻人。他最大的听众群是那些举止良好、衣着整洁的人们，男人和女人的比例相当。他们认真而专注地聆听他的教诲，即使他并没有任何演讲的天赋。他的教义并不旨在带来慰藉，而是要唤醒人们认识到世界正处于危险的状态，在他看来，每一个个体都对此负有责任，每一个个体都是一个微观的世界。

　　毫无疑问，克里希那穆提的部分吸引力来自他的外表。除去少年时期，他一直都有着非凡的美丽，即使是在老年，他依然保持着格外优美的形体、骨骼与仪态。然而比这更重要的是，他有着一种人格上的魅力，吸引着人们向他靠近。他可以严肃地、有的时候几乎激烈地发表公开讲话。但是面对个人或者在小群体当中，却又带着十分温暖与爱的氛围。虽然他不喜欢被人触碰，然而当坐着与某人讲话的时候，他会时不时地朝前倾，将手放在对方的胳膊或是膝盖上。他喜欢紧握住朋友或是某个求助者的手。最重要的是，当他不严肃讲话的时候，他喜欢哈哈大笑，开玩笑、交换一些可笑的故事。他那深层而又大声的笑，非常富有感染力和让人喜爱。

　　自从克里希那穆提离世之后，人们对于他的兴趣持续不断甚至日益增加。在我看来，这一情况不仅表明了从他那些录音带和录像带中散发出来的个人魅力，而且说明他的教诲带有当今人们急切渴望的讯息。一个人或许不会赞同他所说的许多内容，但他的真诚是毋庸置疑的。

第一章 "男孩克里希那怎么样了？"

克里希那穆提一生最引人注目的事情，便是实现了在其年幼时关于他的预言，不过是以一种与预期十分不同的方式。为了认识他的发展历程，有必要至少稍微了解一下哺育他长大的通神学的神秘主义。旨在"形成一个世界人类友爱中心"的通神学会，1875年创立于美国。创办者是不同寻常、富有传奇色彩、有眼通能力的俄国通灵者海伦娜·彼得罗夫娜·勃拉瓦茨基夫人，和参加过美国内战的退伍军人亨利·史迪尔·奥尔科特，他对通灵术深感兴趣，而且同样宣称具有眼通能力。正如奥尔科特所说的那样，这奇怪的一对余生一直保持着密友状态，汲取了如此多的东方古老传统作为自己神秘学的教义，以至于1882年他们将总部搬到了位于马德拉斯南郊的阿迪亚尔的一处巨大场地。这是一处非常漂亮的地方，阿迪亚尔河在那儿汇入孟加拉湾，还生长着印度最大的一株榕树，一英里长的河面沿着一片空旷的沙滩伸展开来。自那以后，该学会的国际总部就一直在那里，建起了更多的房子，占据了更多的土地。不

久，一场运动便从那儿开始席卷了整个世界。

要想成为通神学会的会员，只需要宣称信仰人与人的兄弟友爱以及一切宗教都是平等的。然而该学会的核心却是一个秘授部，只有在申请者证实了自己对学会的真诚和有用之后，才会被授予会员资格。

秘授部汲取了多种宗教的古代智慧，认为圣灵等级，也就是所谓的"净光兄弟"，有着不同的级别。由于接受了如下理论，即人是经由不断转世来进化，最终达至圆满（无论要历经多少世，每个人最终都会到达这个境界），所以不难相信人类处于进化的各个不同阶段，或者是处于所谓的指导灵阶段。指导灵是完美的灵魂，挣脱了业力之轮（所谓业，即我们播种什么就会收获什么这一铁律，播种善就收获善，播种恶就收获恶，如此经由无数世）。指导灵选择了始终与人类保持联系，以便在进化之路上帮助到他。有许多指导灵，但有两位据说是特别保护通神学会的，一位是指导灵摩尔亚，一位是指导灵库图弥。在勃拉瓦茨基夫人的时代，这些指导灵被认为彼此住得很近，就在西藏的某道深谷里，他们住在一些非凡之人的肉身中，他们经常从那里显现，然后旅行到世界的其他地方。他们还能够一边待在西藏一边显灵，用一些具象的字母与学会的领袖们交流。① 勃拉瓦茨基夫人声称在西藏与指导灵们共处了数月，并从指导灵摩尔亚那里得到了自己一直渴望的神秘学的教诲。后来她

① 一些被他们称作圣人的信件，保存在英国图书馆。

通过几本厚厚的书籍《揭开伊西斯的面纱》、《秘密教义》和秘授部将其传播给了世界。①

在圣灵等级中比指导灵更高的是弥勒菩萨，1909 年克里希那穆提被"发现"之前，通神学者们认为弥勒菩萨不久将会为自己挑选一个特别的人类作为化身，就像他在两千年前借由耶稣的肉身创立了一派新的宗教一样。在世界特别需要他的时候，弥勒菩萨就会显身。而他之上的等级是更加伟大的存在，包括了佛陀。②

勃拉瓦茨基夫人于 1891 年去世，1907 年通神学会的第一任主席奥尔科特上校过世，安妮·贝赞特夫人被选为新任主席，尔后她把家安在阿迪亚尔。她与自己的主要同仁查尔斯·韦伯斯特·赖德拜特（曾为英国国教的牧师，同时还是勃拉瓦茨基夫人的学生）都具有眼通能力，不过后来贝赞特夫人将主要精力投身于印度地方自治的事业，便把自己的通灵能力抛到了一边。贝赞特夫人和赖德拜特都声称与指导灵们处于紧密联系，不过赖德拜特成了他自己的指导灵库图弥的发言人（贝赞特夫人的指导灵则是摩尔亚），施行他的教诲，引导他在尘世的学生们在玄学的门徒之路上前行。指导

① 《勃拉瓦茨基夫人与她的指导灵》，让·奥弗顿·富勒，第 24—27 页，东西方出版公司，1988 年。

② 根据传统，佛陀处于该等级体系中的某个位置。乔达摩是最后一个佛陀，弥勒尊者据说在完成了他在地球上的使命后将会成为下一个佛陀，所以有菩萨的称号。勃拉瓦茨基夫人在她的任何一本著作中都没有提到弥勒尊者的再临，但她清楚地对追随者有所表述，哪怕是被误解了。因为贝赞特夫人在创办东方明星国际会社时回忆起勃拉瓦茨基夫人发表的评论："该社是为了实现通神学会的一个使命，那就是让世界为下一个伟大导师的到来做好准备，尽管她提这个事情比我晚半个世纪。"

灵会斟酌学生们是否实现了充分的进化，门徒之路的步骤分别是查验、接纳，尔后是四次开悟，最终是第五次的圆熟，也就是达至圆满、实现涅槃。

根据赖德拜特所说，指导灵依然居住在西藏的同一个深谷里，托身在勃拉瓦茨基夫人知道的那些肉身之中，并且奇迹般地年华永驻。虽然他们不再离开山谷，但却能够在星芒层、在他们的道场被拜访。① 赖德拜特在门徒候选者们沉睡的时候会把他们的灵魂带往指导灵库图弥那里，然后在早上向他们宣布他们究竟是成功了，还是没能踏上其所渴望的门徒之路的阶梯。能够想象得出赖德拜特对他的这群学生具有多么大的影响力，他们深深地相信他，相信指导灵和他们被告知的其他那些圣灵的存在；也能够想象得出他们的信仰滋生出了怎样的谄媚和嫉妒。赖德拜特宣称他与贝赞特夫人都实现了较高的进化，在克里希那穆提来到阿迪亚尔的时候，他们已获得了第四次开悟，也就是阿罗汉。

吉度·克里希那穆提 1895 年 5 月 11 日② 出生在马德拉斯和班加罗尔之间一个叫默德讷伯莱的山区小镇。他的父亲吉度·拿南尼亚娶了自己的表妹桑吉瓦玛，两人生育了十个孩子，克里希那穆提排行第八。这个操着泰卢固语、恪守素食主义的婆罗门家庭，按照

---

① 《指导灵与门徒之路》，C.W. 赖德拜特，通神学印刷室（印度马德拉斯阿亚迪尔），1925 年。

② 这一日期与印度占星术将早上 4 点至第二天的早上 4 点记为一天是一致的。按照西方的算法，他应该是出生于 5 月 12 日 0：30。

印度标准来看并不贫困，拿南尼亚是英国殖民政府[①]财税部门的一名公务员，退休前升至地方治安官。拿南尼亚是个通神学者，桑吉瓦玛则是克里希那神的信徒，因为克里希那是第八个孩子，于是她将自己的第八个孩子以该神的名字来命名。

桑吉瓦玛预感到这第八个孩子将会非比寻常，她坚持认为应当把孩子生在祭拜室，哪怕她的丈夫极力反对。一位婆罗门作家曾指出，只有斋戒沐浴和换上新衣后才能进入祭拜室："出生、死亡、月事都是污秽不净的，认为孩子应当生在这个房间，这简直是不可思议的事情。"[②] 然而最后还是这样做了。

与桑吉瓦玛经历过的其他分娩不同，这次显得十分轻松。第二天早上，一个知名的占星家排列了孩子的星象，告诉桑吉瓦玛，她的儿子将会成为一代伟人。好些年过去了，看起来关于他的这个预言并未实现。每次这位占星家见到拿南尼亚的时候总会询问："男孩克里希那怎么样了啊？……等等，我告诉过你真相，他会成为非常了不起的伟人。"

两岁的时候，克里希那穆提差一点死于痢疾。这之后好几年他都饱受痢疾发作之苦，严重的流鼻血使得他无法上学，于是他跟母亲的亲密程度也就胜过了其他几个孩子。他喜欢与母亲一道去寺庙。他是个十分迷糊、爱做梦的孩子，讨厌学校的课业，成绩也很糟糕，

① 这一时期印度为英国殖民地，称英属印度，直到 1947 年解体，诞生了印度和巴基斯坦两个国家。——编者

② 《克里希那穆提传》，普普尔·贾亚卡尔，第 16 页，哈珀 & 罗出版公司，1986 年。

以至于在老师眼里他是个智障儿。但是，他有着极为敏锐的观察力，这一点贯穿了他的一生。有时候他会伫立良久，凝视树木和云朵，或者蹲下来端详地上的花儿与虫子。他还有着格外慷慨的天性，这是另一种他保持了一生的个性。从学校回来时他经常会没了铅笔、石板或书本，因为他把它们给了某个穷苦的孩子。当早上乞丐来到屋前习惯性地乞讨生米，他的母亲派他去分发食物，他会回来拿更多的，因为他把所有的米都倒进第一个乞讨者的袋子里。当他们晚上再次出现想要讨些熟食，仆人们试图把他们赶走，克里希那则会跑到屋里，给他们带来吃的。假如桑吉瓦玛给孩子们吃糖果，克里希那只会拿他自己的那份，余下的留给兄弟姐妹。

克里希那个性中有另外一个伴随了他一生的特点，这种特性似乎跟他那爱做梦的天性有着很大的反差——那就是热爱机械。这个特性最早出现是有一天他拆了父亲的钟，想弄明白它是怎么运作的，他不肯去上学，甚至不肯吃饭，直到把钟重新组装好。看起来他做这个很在行。

克里希那与比他小三岁的弟弟尼亚南达（尼亚）之间有着特殊的纽带。尼亚在学校里面十分聪明、敏锐，而克里希那则迷糊、难教。随着年纪的增长，克里希那越来越依赖这位小弟弟。

1904 年，克里希那最年长的姐姐去世了，那是个二十岁的姑娘，灵性非凡。她死后，克里希那第一次显示出了自己的眼通能力，他与他的母亲都经常会在花园的某个特别的地方看到这个死去的女孩。但是第二年，当克里希那十岁半的时候，一场更大的灾难降临到了这个家庭的头上：桑吉瓦玛本人过世了。母亲死后，克里希那能够见到她，其清晰程度超过了死去的姐姐，这一事情得到了拿南尼亚的证实。①

1907 年年底，五十二岁的拿南尼亚被迫退休，养老金只有之前薪水的一半，于是他写信给贝赞特夫人，想在阿迪亚尔谋个差事（虽然是一个传统的婆罗门，但他自 1882 年起就成为了通神学会的成员，因为通神学对所有的宗教都敞开怀抱）。他告诉她说自己是个鳏夫，拉扯着四个儿子，年纪从五岁到十五岁不等，唯一的女儿也出嫁了，所以只剩他一个人来照料孩子（既然克里希那是第八个孩子，存活下来的还有两个弟弟和一个姐姐，那么除了二十岁的大姐，其余四个孩子必定也死掉了）。贝赞特夫人拒绝了他，理由是最近的学校在三英里之外，同时孩子们会扰乱总部的宁静。幸运的是拿南尼业一直坚持着，最终在 1908 年年底得到了一份助理秘书的工作。1909 年 1 月 23 日，他带着几个儿子搬到了阿迪亚尔，由于总部院子里没有房子，一家人被安置在外面一间残破的木屋，里面没有盥洗室。男孩们来的时候，身体状况差到了让人吃惊的地步。

拿南尼亚的妹妹与丈夫发生了口角，于是过来照顾了他们一阵子，但她似乎是个邋里邋遢的女人，厨艺也很糟糕。年纪最大的男孩叫西瓦拉姆，他想成为一名医生，进入了马德拉斯的总统学院。克里希那不到十四岁，同样出生在 5 月的尼亚不到十一岁，他们每

① 1911年，拿南尼亚在阿迪亚尔向一位英国通神学者口述了克里希那的出生与孩提时代，并且在两位可靠证人的见证下签名。

天得来回步行六英里到位于麦拉波尔的高中上学。在学校，克里希那每天都会因为愚笨而遭到苔杖鞭打。五岁的小萨达南德身体与智力条件都不足以去上学，一生都处于智力迟缓的状态。

1906 年，五十六岁的查尔斯·赖德拜特卷入了一场性丑闻当中，这一事件导致了世界范围内通神学会的分裂。从 1900 年到 1905 年，他一直在美国、加拿大、澳大利亚做长期的巡回演讲，为通神学做劝说人们皈依的工作，给青少年进行特别指导（他以导师的身份确立起了很大的名声）。尔后，两名来自芝加哥的男孩在显然没有共谋的情况下向他们的父母忏悔，说他一直鼓励他们手淫的习惯。那个时代，不仅同性恋为公众所厌恶，而且手淫也被认为会导致疯魔和盲目。[①] 当贝赞特夫人听说了此事，她满怀悲痛地致信赖德拜特，因为开悟的一个重要要求便是性方面的绝对纯洁。赖德拜特回复说，他在某些情况下支持手淫，这比邪恶地沉迷于性欲的念头之中的罪恶要小得多。他一直许诺再也不会在通神学会内部提倡这种行为——这是出于她的缘故，而不是因为他相信这个。

赖德拜特被要求出席 1906 年 5 月 16 日在伦敦格罗夫纳酒店召开的理事会会议，以回复针对他的指控。出席会议之前，他向学会递交了辞呈。为了避免公开，身在印度的学会主席奥尔科特上校接受了他的辞职，以平息许多希望将其逐出学会的成员们那高涨的怒

[①] 《穿过迟钝视野的世界》，帕特里克·特雷弗 - 罗珀，第 155 页，泰晤士河与哈德逊河出版社，1988 年。

火，因为他并没有在听证会上澄清自己。这之后，赖德拜特在英格兰或泽西岛的乡下静居了差不多三年时间，偶尔去欧洲大陆旅行，做做私人教师，从许多他在学会的朋友那儿得到经济上的帮助。他之前的大多数学生都担保他是纯洁的。1907 年 6 月，贝赞特夫人以高票当选为学会主席，在经过了一场激烈的斗争之后，她成功地于 1908 年年底将他重新吸收进了学会，尽管他再也没有担任过行政职务。如今她派遣他来到印度，希望在那里得到他的帮助。1909 年 2 月 10 日，他抵达了阿迪亚尔，比拿南尼亚带着克里希那兄弟们安顿在那儿晚三周。

赖德拜特住在靠近总部大楼的一间小屋里，即所谓的八角河小屋，他的主要工作是处理来自世界各地的大量信件。他带着一个荷兰年轻人约翰·范·马南当自己的秘书，并在秘书事务方面得到了一位英国年轻人的额外帮助。这人叫欧内斯特·伍德，他懂速记，在阿迪亚尔已经待了三个月，负责月刊《通神学者》的工作。伍德暂住的那间简陋的屋子隔壁是一个年轻的印度人，苏布拉曼尼亚姆·艾亚尔，他是拿南尼亚的朋友。这两人见过克里希那和尼亚，还帮助过他们的家庭作业。

每个晚上范·马南、伍德和苏布拉曼尼亚姆都会下海滩去洗澡，这成为了他们的习惯。他们经常会发现克里希那、尼亚以及其他一些住在总部院子外面的孩子在那儿蹚水玩。有一天，范·马南建议赖德拜特跟他们一起去看看，因为他相信其中一个男孩会引起他的兴趣的。赖德拜特去了，一眼看中了克里希那，他说克里希那是他所见过的最具灵光的人，身上没有一丝自私之气。他向伍德预言说，总有一天这个男孩会成为伟大的精神导师。这让伍德大为吃惊，因为在帮助克里希那做家庭作业的时候，他认为后者相当的愚笨。

在海滩上见过克里希那不久之后，赖德拜特就请拿南尼亚带着孩子在不用上学的哪天来他的小木屋。拿南尼亚照办了，赖德拜特让克里希那坐在自己身旁，他将手放在男孩的头上，开始描述他的前世。之后的每个周六和周日都会继续这样的拜访，赖德拜特会描述出克里希那过去每一世的关联，而拿南尼亚则会记录下这些（一开始他总是在场），后来则是由伍德来速记。克里希那的过去世的名字是阿尔库俄涅①。赖德拜特在八角河小屋同克里希那第一次见面的日期并不确定，不过，既然贝赞特夫人4月22日离开阿迪亚尔前往美国进行巡回演讲时显然没有听说过关于他的任何事情，所以说可能是在那个日期之后。

考虑到赖德拜特的同性恋倾向，因此必须强调一下，不可能是克里希那的外在长相吸引了他。除了一双美丽的眼睛之外，克里希那在那个时候看上去完全是一副先天不足的样子，皮包骨、营养不良、被蚊子咬得浑身是包，眉毛上甚至还有虱子，歪歪倒倒的牙齿，头发被剃到了脖子那儿，背后还拖着一根辫子。而且他还有一副茫然的表情，这让他看起来几乎有点儿愚钝。那时认识他的人说他与萨达南德之间很难分辨。根据伍德的说法，他的身体如此虚弱，以

---

① 《阿尔库俄涅的多次转世》在月刊《通神学者》中连载。

至于他的父亲不止一次宣布他一定会死掉的（克里希那自己后来也说过，若不是赖德拜特"发现"了他，那么他必死无疑）。

我们这里有克里希那自己几年之后所写的关于同赖德拜特初次相见时的记录：

当我第一次走进他的房间时，心里非常害怕，因为大部分的印度男孩都害怕欧洲人。我也不知道为什么会产生这种恐惧，不过除了肤色不同之外，其中一个毫无疑问的原因便是，当我还是个小孩子时，有许多政治上的煽动，散布在周围的这些流言蜚语助长了我们的想象力。我还必须承认，那些在印度的欧洲人对我们一点儿也不友善。过去我曾经目睹了许多残暴的行为，直到今天都令我感到愤愤不平。所以，当发现这位同样是通神学者的英国人是多么的不同时，我们感到十分的惊讶。①

在八角河小屋的几次会面后不久，赖德拜特告诉伍德，这男孩将会是弥勒菩萨再临的容器（或者如他被经常唤作的"世界导师"），而赖德拜特则受指导灵库图弥的指引，被派来帮助训练他担负好这

---

① 阿迪亚尔档案馆，通神学会，印度马德拉斯阿迪亚尔。摘自克里希那1913年在诺曼底的瓦朗日维尔撰写的一篇文章，题为《我的五十年人生》。克里希那试图逐年添加内容，然而实际上文章的全部篇幅只有三千五百字，对其截至1911年的生活做了一番简述。

一天命。①

赖德拜特似乎忘记了或者忽视了一个事情，那便是他已经选定了一个尊者降临的容器———一个长相好看的十四岁男孩休伯特，芝加哥的韦勒·范·胡克博士的儿子，该人曾是丑闻事件期间他的坚定支持者。贝赞特夫人旅美期间，在一次芝加哥举办的题为《再临导师》的公开演讲中，宣布："我们期待他在这个时候降临于西方世界———而非像耶稣基督两千年前出现在东方。"当休伯特十一岁时，赖德拜特在芝加哥挑选了他，贝赞特夫人 1907 年在欧洲见到他，1909 年再一次与他见面，她说服了他的母亲带他到阿迪亚尔接受赖德拜特的训练。母子二人将在 11 月中旬抵达那里，压根没怀疑休伯特已经被排挤掉了。②

不久之后，赖德拜特便说服拿南尼亚带着克里希那和尼亚离开学校，让他们在自己的照管下接受教育，同时仍然跟他们的父亲住在一起（没有尼亚在身边的话，克里希那拒绝干任何事情）。除了赖德拜特本人教他们历史之外，他们还有四位家庭教师———欧内斯特·伍德、苏布拉曼尼亚姆·艾亚尔、法布里齐奥·拉斯波利（法布里齐奥在成为了一名通神学会会员之后，就从意大利海军退役

①　C.W. 赖德拜特所著的《通灵研究》与欧内斯特·伍德所著的《阿尔库俄涅的多次转世》（私人印刷，阿迪亚尔，1947 年）。另见《通神学期刊》，英国，1—2 月，1965 年。

②　休伯特与他的母亲在阿迪亚尔待了五年时间。他后来去了牛津，结了婚，在芝加哥当了一名律师。他对赖德拜特相当怀恨。《安妮·贝赞特生命的最后四年》，A.H. 莱德科特，第 193 页，哈特 - 戴维斯出版社，1961 年。

了），以及迪克·克拉克，他是新来阿迪亚尔的，之前是位工程师。不过，教授的最重要的科目是英语，这样男孩们才能在贝赞特夫人返回阿迪亚尔的时候与其交谈。他们已经认识了大量的英文单词，所以并不觉得这门科目多么困难。不久他们便把自己的母语泰卢固语给忘得一干二净了，不幸的是，没有教他们任何其他的印度语。

迪克·克拉克还负责克里希那和尼亚的清洁，他们被除掉了身上的虱子，每天早上都有干净的衣服可穿，头发被允许留到前面，剪到齐肩的长度。克里希那还配备了一副牙套，克拉克每天都不得不去紧一紧那玩意。除了这四位家庭教师之外，还有一位住在阿迪亚尔的澳大利亚人约翰·科德斯，他负责他们身体方面的成长和锻炼。但监督他们擦洗的则是赖德拜特，确保他们洗了下身。他发扬了印度传统的洗澡方式，也就是系着缠腰布洗澡。锻炼以及有营养的食物是被始终强调的——长时间的骑自行车、游泳、网球、体操。克里希那热衷于这些户外活动——他天生就是个运动好手——然而他在功课方面依然十分无望。他不爱注意听老师讲课，而是站在开着的窗户旁，嘴巴微张，目光没有特别凝视的对象。赖德拜特一次又一次地告诉他把嘴巴闭起来，他服从了，但很快又不知不觉张开了。终于在某一天，赖德拜特实在太过恼怒，以至于一拳打在了他的下巴上。克里希那后来宣布说，这个举动终结了他们的关系。他的嘴巴一直闭着，但是他对赖德拜特的感觉再也无法跟以往一样了。

比起男孩们的身体健康，赖德拜特更为关注他们的玄学训练。8月1日晚上，在男孩们睡觉之时，他把他们的灵魂带去了指导灵库图弥那里，让他对其进行"查验"。之后，在接下来的五个月里，在克里希那被"接纳"之前，赖德拜特带着他的灵魂去到指导灵那里，进行十五分钟的指导。指导的最后，指导灵会用几个简单的句子对自己的讲话做一番总结。第二天早上，在八角小屋，克里希那会写下他记住的指导灵的话语。迪克·克拉克与一位住在阿迪亚尔的女士都见证过此事，证明克里希那本人费了很大力气写下了这些记录，他得到的唯一帮助是拼写和标点方面。这些记录之后被收进一本小册子，阿尔库俄涅所著的《在指导灵的脚下》，该书被翻译成了二十七种语言，至今仍在印刷。阿尔库俄涅在前言中写道："这些并非我的话，它们是那位教导我的指导灵之语。"

1909 年 11 月 17 日，贝赞特夫人返回了印度，克里希那同她有了第一次见面，这是他们之间永恒之爱的开始。赖德拜特在她回程的时候就给身在欧洲的她写过信，告诉她自己正在研究的阿尔库俄涅的多次转世。然而直到回到阿迪亚尔，她才了解到他对这个男孩的期望。在前往贝拿勒斯参加通神学年会①之前，她在阿迪亚尔停留了三周，这期间，男孩们每天都待在她位于总部的房间里，听她给他们上阅读课。她能够平息拿南尼亚与赖德拜特之间的冲突，这位父亲反对把他的儿子们越来越远地置于自己的影响之外，而赖德拜特对此已经失去了耐心。她得到拿南尼亚的同意，当她在贝拿勒斯的时候，男孩们应当待在她位于总部大楼的房间里。

① 年会在通神学会的国际总部阿迪亚尔和印度分会总部贝拿勒斯之间轮流召开。贝赞特夫人在贝拿勒斯有一栋房子。

12 月 31 日，赖德拜特给贝赞特夫人发了封电报，说指导灵库图弥在那天晚上已经宣布他将收克里希那为学生，问她是否愿意在场。[①] 第二天，她给赖德拜特发去了她对仪式的回忆，要他确定弥勒尊者是否真的要把克里希那交由她和赖德拜特负责。赖德拜特回复道："为了兄弟友爱的世界大义，弥勒尊者庄严地将他交由你我负责，这是千真万确的。克里希那印象很深，从那以后便有所不同了。"

然而不久后又发生了一件更加让人兴奋的事情。1910 年 1 月 8 日，电报有了戏剧性的往来。赖德拜特给身在贝拿勒斯的贝赞特夫人写道："开悟仪式被定在 11 日，苏利耶（《阿尔库俄涅的多次转世》一书中弥勒尊者的化名）将会亲自主持。之后命令拜访香格里拉[②]，包含三十六小时的隔绝。"回复很迅速："关闭神祠，需要的时候把我阳台的楼梯门锁上。尽管用我的、我的秘书的和鲁布克夫人[③]的房间。我授权你，负责处理这一切。"

从周一即 1 月 10 日的晚上直到 12 日的早上，克里希那和赖德拜特都被关在贝赞特夫人的房间里，尼亚跟迪克·克拉克一直在门外守着。克拉克记录说："在这一天两夜的最佳时段里，赖德拜特和克里希那的灵魂一直都脱离了身体，极偶尔才回来一下，只是

---

① 这一章节中贝赞特夫人与赖德拜特彼此间的通信，见 C.吉拿拉迦达沙《通神学者》，1932 年 6 月出版。

② 戈壁滩上的一处乐土，那里居住着超灵等级体系中的王者，印度圣经典里的桑拿特·库玛拉。

③ 一位在图书馆工作的年迈女士。她的房间紧挨着贝赞特夫人的客厅。赖德拜特发现她的影响力大大减少，这给了他一个让她永远搬离的绝好机会，并把她的房间给刷白了。

1910 年克、尼亚和赖德拜特在阿迪亚尔。照片由拉妲·布尔涅提供

部分的，不过已经足以吸收摆在他们床边的营养了（大多数是热牛奶）。"克里希那睡在贝赞特夫人的床上，赖德拜特则躺在地板上。①

　　根据赖德拜特在写给贝赞特夫人的一封信中所述，克里希那在 11 日的早上醒来，叫喊道："我记得！我记得！"赖德拜特要他告诉自己他所记得的一切，这些记忆于 12 日被写在一封寄给贝赞特夫人的长信里。赖德拜特向她保证，这些话都是克里希那自己的，除了在时态方面给他提供了一些帮助以及零星地补充了个把单词之外。按照克里希那的记录，指导灵摩尔亚在指导灵库图弥的道场，此外还有贝赞特夫人和赖德拜特。尔后他们全都一同前往了弥勒菩萨那里，当时

————————

　① 克拉克关于开悟的记录，见于《澳大利亚的通神学者》，1928 年 9 月。

还有其他几位指导灵在场。克里希那，以及他的资助人贝赞特夫人和赖德拜特，被领到弥勒菩萨跟前。他正确回答了尊者向他提出的问题，尔后被欢迎加入"净光兄弟"团体。第二天夜里，他被带去见了世界之王，正如他所写到的那样："这一切当中最精彩的体验是，他是一个并不比我大的男孩，但却是我见过的最英俊的人，浑身散发着荣光，他的微笑犹如阳光。他像大海一样强大，没有任何东西能够阻挡他。他整个人就是爱，所以我对他没有一丁点儿的惧怕。"①

当克里希那从贝赞特夫人房里露面的时候，在屋子外头等候的每一个人都拜倒在他面前。从当场拍摄的照片看得出来，他经历了某种非常奇妙的体验。之后的几年，他对这一切忘得一干二净，除了其他人告诉他的那些事情。

3月份，拿南尼亚同意将两个孩子的监护权移交给贝赞特夫人。她把他们搬到了自己房间的隔壁，不过他们继续在八角小屋里上课。9月，她将他们带到贝拿勒斯，一起待在她的房子珊迪昆嘉里面。克里希那从贝赞特夫人的专门追随者群体中挑选了五个人，询问是否可以教授他们门徒的资质，就像指导灵库图弥教给他的那样。这五个人当中有乔治·阿伦戴尔，三十二岁，是贝拿勒斯中央印度学院的校长。还有 E.A. 沃德豪斯，他是那儿的英文教授，P.G. 沃德豪斯的哥哥。贝赞特夫人对此要求很是欣喜，给赖德拜特写道："看到他这般敞开心扉，实在是太好了，神灵保佑他……他成长神速，没

---

① 阿迪亚尔档案馆。这封信被全文引用在《觉醒的年代》中，第33—38页。

有表现出丝毫的羞涩或胆怯，而是一种迷人、优雅的得体……他以十分奇特的方式塑造了乔治（·阿伦戴尔）。"克里希那请赖德拜特把他所做的有关指导灵教诲的笔记寄给自己。①

沃德豪斯写下了一段文字，是关于克里希那在贝拿勒斯的这一时期：

> 尤其令我们吃惊的是他的自然……任何方面都是，或者说没有表现出丝毫的装模作样。他还有一种腼腆的天性，对年长者十分谦逊、恭敬，对所有人都彬彬有礼。而且，对那些他喜欢的人，他会显露出一种热切的情感，这一点格外的吸引人。对于自己在玄学界的地位，他似乎完全没有意识，他从不暗示这个——从不，哪怕只是片刻，言谈举止中没有流露出些微的迹象……另一个品质则是一种沉静的无私，他似乎丝毫没有关注自己……我们不是盲目的信徒，不准备把他视为完美无缺，我们是上了年纪的人，是受过教育的，同时还带着青春的体验。假如他身上有一丝的自负或矫情，抑或摆出"圣童"的姿态，抑或自以为了不起、自尊自大，那么我们无疑都会给出负面评定的。②

沃德豪斯的这番描述，可以真实地用来说明克里希那在余生中具有的天性。

---

① 赖德拜特在寄出之前将这些笔记打印了出来（笔记本身不见了），《在指导灵的脚下》一书中所用的正是这个打印版本。

② 引自《伟人与他传递的要旨》，莉莉·希伯，第49页，艾伦-安文出版公司，1931年。

第二章 "一种巨大的能量"

　　早在 1911 年，东方明星国际会社就创立了，克里希那是该组织的首领，贝赞特夫人和赖德拜特则充当保护人。这一团体的目的是将所有相信世界导师再临的人们团结起来，同时做好舆论方面的准备，以接受导师的再临。乔治·阿伦戴尔被任命为社长秘书，在阿迪亚尔创办并出版了一份季刊——《明星社先驱报》。

　　2 月，贝赞特夫人带着男孩们展开了缅甸之旅。克里希那见到如此多美丽的佛陀雕像，怀有了一种从未丧失的敬畏。返回阿迪亚尔的时候，赖德拜特告诉贝赞特夫人，指导灵希望男孩们去英国。于是贝赞特夫人 3 月 22 日带着他们离开，前往孟买。路上，在贝拿勒斯，给他们买了欧式衣服，他们年幼时在耳朵上打的大耳洞被一位医生给费力地缝合了起来（克里希那耳朵上的微小疤痕一直都在）。阿伦戴尔跟中央印度学院请了几个月的假，以便陪伴他们。

　　4 月 22 日，他们驶离了孟买。贝赞特夫人每周都会写信给赖德拜特，在第一封信里面，她向他报告，男孩们已经很会穿欧式服装了，尽管他们发现自己的鞋子很"束缚"。克里希那非常开心，因为船长允许他"看看轮船是怎么操作的，尤其是'无线电设备'"。

5月5日，那些前往查令十字街车站迎接贝赞特夫人和她的两个被监护人的英国通神学者们兴奋异常。克里希那肩负的光荣天命并没有保密。人群中有三十六岁的埃米莉·鲁琴斯夫人，在接下来的二十年时间里她都围着克里希那打转。贝赞特夫人和男孩们前往她在英国的密友艾斯特·布莱特小姐的家，德雷顿花园82号，与她及其寡居的母亲同住。5月8日，在邦德街的通神学会总部召开了一场会议，会上贝赞特夫人宣布成立东方明星国际会社，并称所有希望入社的人都要把名字报给乔治·阿伦戴尔。埃米莉女士就是率先这么做的人之一，不久后贝赞特夫人请她担任该组织的英国代表。另外两名入会者是玛丽·道奇小姐和特拉华女伯爵缪丽尔小姐，此前已在埃米莉女士的说服下皈依通神学会。两人是朋友，一起住在詹姆斯大街道奇小姐那栋叫沃里克的大房子里。道奇小姐是美国人，在英国住了二十年，如今因关节炎致残，以至于不得不使用轮椅。她从她的祖父威廉·厄尔·道奇那里继承了一笔丰厚的财产，包括铜矿、不动产和铁路。她将一部车子供给贝赞特夫人在停留英国期间使用。

男孩们被带去参观了伦敦所有的景点，但他们最喜欢的是剧院。他们讨厌走路，因为所穿的欧式鞋子太疼了。贝赞特夫人带着他们一道去了英格兰和苏格兰的多处地方，她在那儿召开通神学会议。埃米莉女士陪同他们去了牛津，她记得在5月某个寒冷彻骨的天气

1911年5月尼亚、贝赞特夫人、克与乔治·阿伦戴尔抵达查令十字街车站。作者的照片

他们在一个园会上的情形——两个瑟瑟发抖的印度小男孩看上去是如此的孤苦和寒冷，以至于她希望用自己的胳膊搂住他们，像母亲一般爱护他们。6月22日，她带着他们以及自己五个孩子当中年纪最大的两个去看了乔治五世的加冕礼。

尔后，贝赞特夫人在伦敦的女王礼堂举行了三场题为《世界导师再临》的演说。人们的兴致如此之大，以至于礼堂被挤得人山人海，还有成百上千的人被拒绝进入。假如要用溢美之词来说的话，她是一位非凡的演说家。作家伊妮德·巴格诺尔德聆听了1912年她在女王礼堂做的同一主题的演讲，尔后在自传中详细描述道："当她出现在

1911 年克在伦敦。
作者的照片

讲台的时候，激情洋溢，她的权威达至每一个角落。"

　　8 月份，贝赞特夫人带着男孩们前往萨里郡的伊舍，与布莱特母女同住，她们在那儿有一处乡间小屋。埃米莉夫人去那儿拜访了他们几次，她回忆说，克里希那遭受了几次可怕的消化不良，原因是赖德拜特给他开的极为严格的食谱，声称这是来自指导灵库图弥的命令："白天必须喝无数杯牛奶，早餐是粥和鸡蛋。现在我能够看到克里希那在经历了一场因疼痛导致的无眠之夜后，在贝赞特夫人严厉的目光注视下，挣扎着吃掉了他那顿指定好的早餐。我多想把盘子从他面前给夺过来，让他的肚子消停一会儿。消化方面的问题和剧烈的疼痛一直持续到了大约 1916 年。"[①] 尼亚不像克里希那那样温顺听话，他跟布莱特小姐抱怨说食物里面没有一点儿调味品。

根据赖德拜特所说，指导灵希望男孩们在英国接受教育，并去牛津深造。所以在 8 月份，他们的名字被登记在了牛津大学新学院申请名单中，期望克里希那能在 1914 年 10 月入学就读。

他们返回印度，与赖德拜特会合。据说弥勒菩萨第一次在克里希那身上显灵，发生在 12 月 28 日贝拿勒斯举行的通神学大会上。赖德拜特在写给待在阿迪亚尔的拉斯波利的一封信中，描绘了这一场景。当时克里希那正站着给东方明星国际会社的新会员们颁发证书，这时候，赖德拜特突然间感到"一股巨大的能量贯穿了他（克里希那）的全身"，后面的成员们在列队走过时，拜倒在他的脚下，一些人泪如雨下。第二天，在一次秘授部的会议上，贝赞特夫人首次公开说道："在他们目睹和有所感受之后，不再可能有哪怕一丝的借口去隐瞒克里希那的肉身被拣选为弥勒菩萨转世的化身，甚至现在正在与他合体。"

1912 年 1 月，贝赞特夫人收到拿南尼亚的来信，威胁要起诉她，恢复对儿子们的监护权。只有当她许诺让他们同他所憎恶的赖德拜特彻底脱离关系，他才愿意她把他们带去英国受教育。根据拿

---

① 《太阳下的烛光》，第 32 页。

南尼亚的说法，她给过他这个承诺。然而，赖德拜特现在决心找到一处安静的地方，好让克里希那为第二次开悟做准备。由于拿南尼亚禁止他带男孩去他计划好了的尼尔吉里山，所以赖德拜特秘密离开印度，在欧洲寻觅了一处适宜的居住地。而贝赞特夫人宣布她将在2月10日带着男孩们从孟买出发，实际上则是3日驶离的。她写信给拿南尼亚，命令他立即离开阿迪亚尔。

这一次是迪克·克拉克陪同他们，此外还有C.吉拿拉迦达沙（拉迦），他是通神学会的著名领袖，在克里希那被"发现"的时候，他正在海外做演讲。3月25日，只由克拉克和拉迦陪同，男孩们去了西西里的陶尔米纳旅行。赖德拜特已经在那儿安顿了下来，阿伦戴尔也在那里加入了他们的行列。他们在那儿待了将近4个月，占用了诺玛基亚旅馆整整一层楼。贝赞特夫人5月到7月间与他们待在一起。逗留期间，根据赖德拜特所说，克里希那与拉迦完成了他们的第二次开悟，而尼亚和阿伦戴尔则完成了第一次开悟。

阿伦戴尔在7月份返回了印度，这时候贝赞特夫人、拉迦和男孩们则回到英国，赖德拜特（他再也没回过英国）去热那亚待了很短的一阵子。贝赞特夫人写信告诉他，她已经收到拿南尼亚的信，要求她在8月底移交男孩们的监护权。后者刊登在马德拉斯一份名为《印度》的报纸上，信中对贝赞特夫人、赖德拜特和通神学会发起了恶毒的攻击。报纸主编与贝赞特夫人有着私人恩怨，所以后者和赖德拜特都相信正是这个人控制了拿南尼亚，并且在经济上援助了他不久要对她发起的诉讼。现在她担心这位主编可能会试图绑架

1912 年的埃米莉·鲁琴斯夫人。作者的照片

两个男孩，所以在返回印度之前，她把男孩们留在英国，确保他们藏在乡下。德·拉·沃尔夫人把自己位于阿什当森林的"古屋"借给了他们，他们在那里待了 6 个月，拉迦和迪克·克拉克担任他们的家庭教师，还有两个赖德拜特从前的学生充当保镖。布莱特夫人与布莱特小姐负责家务，埃米莉女士去探望过他们多次，她与克里希那之间相互的依恋正在加深。

在马德拉斯的高等法院，拿南尼亚提起了针对贝赞特夫人的诉讼，他的争论点简单来说就是，她无权将他移交给她的男孩们的监护权转给一个他极度厌恶的人。他还宣称赖德拜特同年长的男孩之间已经有了一种"不正常的关系"。贝赞特夫人展开了自我辩护，但输掉了诉讼，尽管最具破坏性的关于赖德拜特与克里希那之间不正常关系的指责被驳回了。她被下令将男孩们的监护权转给他们的父亲。她立刻提出了上诉，但却再一次地失败了。尔后她向英国枢密院发起申诉，最终获得了有利于她的判决，并且被赔偿了诉讼费。申诉被允许的主要原因是没有顾及到男孩们的意愿，他们没有在法庭上被传召。男孩们不希望回去印度，而在没有得到他们同意的情况下，马德拉斯法庭的命令不能够被执行。但由于有如此多的耽误，以至于直到 1914 年的 5 月 25 日才给出了这个判决。这时候克里希那 18 岁，根据印度法律，这个年纪的男孩已经成年了。①

　　克里希那听说了这一判决，于是写信给身在印度的贝赞特夫人，感谢她自马德拉斯的月台上与自己初次见面后便开始倾注的满腔的热爱与关照："我知道您唯一的愿望便是我应当去帮助他人，就像您对我施以援手那样。我会一直记得这个，既然我已经成年，能够自由地遵循自己的意愿，无需您的监护。"克里希那给贝赞特夫人写了许多这类可爱的小信件，从未漏掉过一封，但很少讲述自己真实的想法。

---

　　①　这次审讯的记录，被记在赖德拜特写给埃米莉夫人的一封信中。（布洛克伍德档案馆，在汉普郡布洛克伍德公园。）

第三章　"他们为何选中我？"

―――――――――

当法院的诉讼继续期间，两个男孩不断地搬来搬去。1913年夏天，他们待在诺曼底海岸的瓦朗日维尔，马利特夫人^①把位于那里的一栋房子借给了他们居住。阿伦戴尔现在已经从中央印度大学辞职，前来助一臂之力，给男孩们当家庭教师。通过赖德拜特得到的指导灵的指示是，除非有两名开悟者也就是阿伦戴尔和拉迦的陪同，否则克里希那决不能外出。在厉行纪律方面，拉迦要比阿伦戴尔更为严格，所以男孩们不喜欢他当家庭教师。

这个夏天，埃米莉夫人也待在瓦朗日维尔，与她的五个孩子住在另一栋房子里。下午的时候会有网球和棒球比赛。然而，主要的活动则是策划新的、扩版的《明星社先驱报》，以月刊的形式在英国出版，埃米莉夫人担任编辑。这个夏天克里希那成为了埃米莉夫人"全部的生命"，"她的丈夫、家、孩子都消失在了背景里"。她

―――――――――

① 这是爱德温·鲁琴斯为马利特夫妇建造的第二栋房子，名叫"公社"。

"既把克里希那当做自己的儿子,又把他视为导师"①。在接下来的几年,他对她也是一样的献身。

10月,道奇小姐支付了500英镑供克里希这一年的生活费用,尼亚则是300英镑。这个收入似乎给了克里希那致信赖德拜特的勇气,第一次主张自己的独立。他请求拉迦"卸下他的职责",因为他、克里希那,知道"若没有他的话,他可以更好地控制和引导乔治(·阿伦戴尔)"。他继续写道:"我认为现在就是我自己掌控事务的时候了……我没有得到机会去感受自己的责任,我一直都像一个婴儿那样被拖着走。"拉迦被召回,但这个要求并没有得到很好的回复。直到那时,赖德拜特才发现克里希那有着充分的韧性。

由于再一次担心遭遇绑架,所以1914年1月阿伦戴尔被告知要把男孩们再次带去陶尔米纳。这一次,埃米莉夫人跟着他们一同前往,在一封信里,她受到了贝赞特夫人的尖锐批评,因为她抛下了自己孩子去追随克里希那,但前者才是她的职责所在。男孩们下一次是搬去怀特岛的尚克林,在那儿,克里希那学习了打高尔夫。E.A.沃德豪斯从贝拿勒斯被派来做家庭教师,替代拉迦。阿伦戴尔的姑母弗朗西斯卡·阿伦戴尔负责家务(克里希那收到贝赞特夫人提供的每月125英镑的生活费),阿伦戴尔小姐是一个神情严厉的女人,她曾是勃拉瓦茨基夫人的门徒,一头卷曲的灰发,身材犹如钢板。埃米莉夫人频繁地去拜访他们,与她一起漫步森林的时候,

---

① 《太阳下的烛光》,第59—60页。

克里希那会发现那些小小的、可爱的生物，令他吃惊的是，埃米莉夫人却无法注意到它们。她回忆说，那些日子他只对诗歌感兴趣，尤其是雪莱和济慈的作品，还有就是她念给他听的《旧约全书》的一部分，他几乎把《所罗门之歌》默记在了心里。

这时乔治·阿伦戴尔已经对埃米莉夫人心生妒忌，他给贝赞特夫人发去报告，说她正在对克里希那造成危害。贝赞特夫人于5月份打赢了枢密院的诉讼，这之后，男孩们与他们的家庭教师便搬去了康沃尔郡临海的比德镇。在那儿，埃米莉夫人被阿伦戴尔下令禁止探望他们。他告诉她，她正在妨碍"指导灵的工作，因为她强调了克里希那较为低等的天性，牺牲了高等的"，说她对真正的克里希那知之甚少。他不断催促克里希那把他从星芒层记得的东西"带入进来"，但克里希那从来不会带入任何他觉得并不真实的事物。

作为不能见埃米莉夫人的补偿，克里希那被允许在比德镇骑摩托车。他喜欢把它擦得锃亮和捣鼓引擎，迪克·克拉克说他是个天生的机械师。他还变得非常擅长高尔夫，打得很专业（五年后他在缪菲尔德赢得了冠军，后来他说这是他一生中最骄傲的时刻）。

7月份，B. 希瓦·拉奥在贝赞特夫人的派遣下离开印度前往比德镇，给克里希那教授梵语。希瓦·拉奥在阿迪亚尔便认识了这两个男孩，在那儿他曾帮助赖德拜特编写《阿尔库俄涅的多次转世》。他是个年轻人，有着让人变得更加有生气的影响力，但由于1914年8月4日爆发了战争，所以他被召回了。战争并没有影响到克里希那他们在比德那阴沉的住宿屋里枯燥的生活。秋天，尼亚跟着一位家庭教师前往牛津学习，克里希那更加孤独了。他渴望正常的生活，于是写信给埃米莉夫人："他们为什么选中我？"他没有年轻人作伴，没有人可以一同欢笑，他喜欢笑。由于埃米莉夫人被禁止探访，因此严厉的阿伦戴尔小姐就成了他能见到的唯一女性。

让人拿不准的是贝赞特夫人对于克里希那的孤独和不开心是否知情，她现在的全部精力都放到了印度自治的工作上，为此她展开了一系列的运动，她如此活跃，以至于 1917 年在乌塔卡蒙德被监禁了三个月。与此同时，赖德拜特展开了一场漫长的巡回演讲，直到 1915 年在澳大利亚定居下来，建立起了一个社区。他似乎已经忘记了克里希那，尽管他继续在通神学会的杂志上撰写一些关于弥勒再临的溢美文章。

尼亚同样非常不快乐和孤单，他一直跟着家庭教师在牛津，由于工作过度，眼睛都熬坏了。1915 年 3 月底，他作为法国红十字会的信差逃到了法国。克里希那想要一同去，贝赞特夫人发来电报表示同意，这令他激动不已。他急忙赶往伦敦去定制制服，然而令他极度失望的是，贝赞特夫人突然撤销了这一准许，她认为两个男孩都应当继续为了进入牛津而学习，这才是更加重要的。于是他又返回了比德，这一次只有沃德豪斯陪同，住宿屋的日子更加沉闷了，因为贝赞特夫人发现要在战争期间做到继续每月支付生活开销十分困难。与此形成对照的是，阿伦戴尔身着漂亮、齐整的新制服在一家伦敦的医院为英法红十字会工作，自此他与克里希那再也没有亲近过了。尼亚从法国被召回，在比德与克里希那会合。

　　随着阿伦戴尔的离开，兄弟俩更加亲密了，二人也都更加开心，克里希那是因为能够再次见到埃米莉夫人，尼亚则是因为在法国红十字会的工作赢得了两个金质奖章。克里希那努力学习，希望能够在 1916 年 10 月通过牛津大学入学考试，这比预期的时间要晚两年，这意味着尼亚会在他之前就读牛津。

　　1916 年 4 月底，沃德豪斯加入了苏格兰警卫队，于是男孩们永远离开了比德。他们在伦敦待了两个月，同道奇小姐和德·拉·沃尔夫人一起住在温布尔登公地一栋带漂亮花园的大宅子——"西厅"里。尽管男孩们过去经常去沃里克宅子赴宴，但西厅让他们第一次体验到了一个富有的贵族家庭提供的奢华条件。他们还受到了一位退休律师哈罗德·贝利·韦弗的影响，在结婚以及皈依通神学之前，哈罗德过着一种极为考究的生活，如今他依然在穿着上无可挑剔，很懂得享受生活的乐趣。他是他们在"那个世界"中接触到的第一个人，他把他们介绍给自己的裁缝，培养他们在衣着方面的品位，甚至教他们怎样把皮鞋擦得锃亮。在那之后，他们开始穿定制的西装、衬衣、皮鞋、灰色鞋套、灰色的卷边男毡帽，携带着金顶的手杖（这种排场或许是由道奇小姐支付的年金实现的）。克里希那终生都对华美的衣服满怀热爱和兴趣。

　　待在西厅的这段时光，对于男孩们来讲是一段相对快乐的日子。这儿有两个网球场，大多数早晨他们都穿着宽袍大褂闲逛，只要他们愿意，随时都可以自由地去看戏以及拜访埃米莉夫人。在鲁琴斯夫人的照料下，他们总觉得就像在自己的家里一样，比他们年幼的孩子们把他们视为家庭的一份子对待。西厅的缺点便是，他们不得不在行为举止方面有着最佳表现，因为知道一旦出现了任何不恰当的轻浮举动，德·拉·沃尔夫人就会立即向贝赞特夫人报告。她是个暴躁的小女人，完全不同于有着圣徒般性格的道奇小姐。

　　但不久他们不得不重新开始学业。贝利·韦弗给他们找了一个教练——约翰·桑格牧师，他跟妻子住在肯特郡的罗切斯特附近，只有另外三名学生。克里希那发现桑格先生是个优秀的教师，然而当他被告知在 1917 年 3 月前通过牛津大学的考试无望之后，他感到十分的失望。不过，考试还不是唯一的问题。在诉讼期间，牛津大学新学院删除了申请名单中男孩们的名字。如今，贝利·韦弗试图让他们进入牛津的基督教堂学院或者贝利奥尔学院。

　　在一次访问伦敦后返回桑格处的途中，克里希那给埃米莉夫人写了一封信，表现出了他对她的热爱以及由阿伦戴尔导致的没有必要的损害：

　　亲爱的母亲，这种生活里面有这么多的聚会，以至于假如我们希望快乐的话就必须习惯它。若一个人非常纯粹地爱某个人，那么生活就会成为一种巨大的隔绝。在这种生活里，我们不得不为了别人而活，而不是为了我们自己，不是出于自我。我的母亲，您不知道您最近给了我多大的帮助，是您唤起了我内心的渴望，让我想要去工作，去做尊者希望我去做的事情。也是您过着纯洁的生活，所思所想皆是纯洁的事物，把那些格外扰人的念头抛在脑后。您知道，我圣洁的母亲，您给了我帮助，即使您经常认为自己对我是一种妨碍。

尽管发育得非常晚，但克里希那是个完全正常的年轻人。可由于他已经被灌输了如下思想，即开悟过程中需要保持绝对的纯洁，所以对自己那些"糟糕的梦境"焦虑万分，因为他发现这些梦境带着"兽性"。他无法理解它们，因为他知道，一旦觉醒，那么他的想法只能是纯洁的。埃米莉夫人向他保证，它们只是一种自然的释放渠道，从而能够对他有所帮助。

1917 年年初，男孩们进入牛津的所有希望都不得不放弃掉了。没有哪个学院会录取他们，原因是那场诉讼以及克里希那作为"弥赛亚化身"的名声。尔后桑格先生试图让他们进入他过去在剑桥就读的学院，但没能成功。到了 6 月份，现实情况是他们除了努力进入伦敦大学之外已经没有其他的选择，这意味着一场甚至要比剑桥更为严格的入学考试。

无休无止地死记硬背那些他根本不具天赋的科目，克里希那一定感到格外的厌烦。有人感觉他的坚持更多是为取悦贝赞特夫人，而非为了他自己。然而，他开始发展出了自己的某种能力。11 月 11 日，他写信给拉迦："得知我正在做尼亚的眼睛，这或许会让你感到高兴。它们有了很大好转，他能够用左眼看到东西（在那之前他几乎是失明的）……在桑格这里，当有人头痛或牙疼，就会过来找我，所以你可以想象出我是非常受欢迎的。"几个星期后，他写信给贝赞特夫人：

　　最近我一直想到您，只要能再次看到您那可亲的面庞，我愿意做任何事情。这是个多么可笑的世界！您感觉更加虚弱，这让我非常遗憾，我猜想您一定是跟往常一样工作过度。我唯一希望的便是能够去那儿照顾您，我相信我会让您恢复健康的。我正在培养治愈人们的能力，每天我都会对尼亚的眼睛发功，它们现在有了很大好转。

　　1918 年 1 月，"男孩们"，我们依旧这么唤他们，尽管克里希那 23 岁，尼亚 20 岁，前往伦敦参加为期四天的大学入学考试。克里希那觉得自己答得不错，甚至是他最糟糕的科目数学和拉丁文。然而 3 月份克里希那得知自己名落孙山，不过尼亚已经带着荣誉通过了。于是他不得不再次去桑格那里，尼亚则待在伦敦学习法律。桑格先生对克里希那无比失望，他给出了一个有趣的看法，尼亚的脑子更加敏锐，克里希那的思想比较广阔，他对科目的掌握更为宽泛，但缺陷是无法轻松地将其想法表达出来。①

　　5 月份，克里希那永远离开了桑格先生，大部分夏天都在西厅度过。9 月，他再一次参加大学入学考试，再一次满怀希望，却在数学和拉丁文上面栽了跟头。这年冬天，他每一天都坐着巴士从

_____

① 《神秘学研究》，C.吉拿拉迦达沙（通神学印刷室，1938 年）。

温布尔登前往伦敦大学去听那些他毫无兴趣的讲座。1919年年初，他跟尼亚一起搬进了伦敦阿德尔菲区罗伯特大街一处公寓。他继续每天去往伦敦大学，尼亚则依然在为成为律师而苦读。他们在我们位于伦敦的房子里度过了许多时光，从学校返回家中，看见客厅桌子上他们的灰色帽子和金顶手杖，会让人感到格外的激动。刚刚发现了 P. G. 沃德豪斯和斯蒂芬·里柯克的克里希那，在客厅抵着书架站立着（除了就餐外，他几乎不会坐下），向我们高声朗读《皮卡迪利·吉姆》与《打油小说集》，他笑得如此大声，以至于几乎无法吐词了。他的笑极具感染力，这个特点他一生保持着。周末的时候，我们会和他们一起去看戏，他们会玩捉迷藏的游戏，满屋子地躲藏和寻找。他们对于我有着一种独特的魅力，无论走到哪里，他们都能在自己周围营造出一股魔力。他们比那些英国男孩看起来更加相像，因为他们的外国人特性使他们显得与众不同。他们的英语口音有着一样的抑扬顿挫，他们有着一样的笑声，脚一样的狭长，很难有合脚的鞋子，一样能够把手指的第一个关节弯曲，而第二个关节不动，他们都闻起来很香，因为他们把软膏涂在光泽、黝黑的直发上。他们比我认识的其他人都要更干净、穿着更好。他们不会穿同一件西服，因为尼亚比他的哥哥矮一些，但他们的衬衣、领带、袜子、内衣、手帕都是共用的，这些东西都印有他们名字首字母的结合 JKN。

1919年6月，贝赞特夫人去往了英国，自她见到这对兄弟以来，已经过去了四年半的时间，所以如今他们必须被召见了。当她到达那儿的时候，克里希那主持了一场明星社的会议，这是自她上一次访问以来他第一次做这类工作。他从未告诉她自己对通神学和东方明星国际会社已经失去了兴趣。在她返回印度之前，他请求说，假如他的大学入学考试第三次遭遇滑铁卢的话，希望她能准许他去法国学法语并居住在那里。由于意识到已经不能指望他为进入伦敦大学而备考得更久一点，她便同意了。1920 年 1 月，尼亚通过了法律考试，同月，克里希那第三次参加了入学考试，但由于感觉自己没有机会通过，于是他便交了白卷。四天后，他抵达了巴黎。

第四章 "我永远无法实现我的梦想"

在巴黎，克里希那起初跟两位通神学者和明星社成员——布勒希夫人与她的姐姐住在一起。由于思念埃米莉夫人，他跌入了情绪的最低谷，对于自己担负的角色也极度幻灭。1920年2月1日，他写信给埃米莉夫人："我永远无法实现我的梦想，它越是精彩，就越是悲伤和不可改变。母亲，您知道我的梦想，那就是永远永远同您在一起。但我的性格太古怪，当古怪在受苦的时候，天性却享受着它的古怪。"十天后他写道："哦！母亲！我还年轻，难道我必须永远与痛苦作伴就这样老去吗？您有过您的青春和快乐，您拥有过能够被人和上帝给予的东西，那就是一个家！"

克里希那在巴黎见到的第一批人当中，有一位叫法布里齐奥·拉斯波利。拉斯波利曾经在战争爆发的时候再次加入了海军，如今他身在巴黎，是巴黎和会中意大利海军代表团的头。在2月11日的一封信中，克里希那告诉埃米莉夫人：

拉斯波利和我在一家小餐馆用了午饭，我们两人谈了很长时间。他跟我一样非常的沮丧，可怜的老拉斯波利……42岁的他感到自己是个无家可归的人，他不信赖德拜特或贝赞特夫人所说的任何事情……他不知道该做什么，没有任何欲望。事实上，我们都在一条不幸的船上……他与我感同身受，但是正如他所说的那样："能够做什么呢？"我们都深感悲伤。

然而不久，克里希那的生活就被住在附近的曼扎利家庭给点亮了。曼扎利夫人是俄国人，嫁给了一个法国人为妻，她是个漂亮、个头十分娇小的女人，育有三女一子，她让孩子们全都成了明星社成员。那个时候，只有两个小女儿，即19岁的玛塞尔和15岁的约兰德待在巴黎。玛塞尔是个优秀的钢琴家和作曲家，后来成为了克里希那的特殊朋友。曼扎利夫人给他上法语课，带他去看各种展览，带他去法兰西剧院，带他去欣赏俄国的芭蕾舞演出。但他更愿意跟着女孩们去野外郊游，女孩们对待他的态度既有嬉闹又带着尊敬。这个家庭与他们的朋友声称受到了他的鼓舞，认为他是一团能够点燃他们的火焰，这让他感到十分窘迫。就像他告诉埃米莉夫人的那样，他们想见到那些指导灵，但是"您知道，我不在乎"。不过他有了一次神秘的体验，他把这场体验与埃米莉夫人联系在了一起：

当曼扎利夫人在说话的时候，突然间，我对她、房子以及其他的一切都失去了意识。就仿佛我昏厥了一秒钟，我忘记了自己正在说什么，于是请她重复我说过的话。这绝对是无法描述的，母亲。我感觉仿佛我的思想与灵魂脱离了身体一秒钟，我向您保证，我的感觉太奇特了。曼扎利夫人一直看着我，我说我感到非常奇特，我说道："哦！屋子很热，对吗？"因为我不希望她觉得我在受"神启"抑或是任何这类事情，但我一直都感觉到真的在受神启，非常奇特……我不得不站起身来，站立了一会儿，把思绪重新合拢起来。我向您保证，母亲，这体验非常、非常奇特。用通神学的话来说，就是绝对有某个人在我们之间，不过我没有告诉她这个。

1920 年 2 月，尼亚前来巴黎看望克里希那，与曼扎利夫人一见如故。尼亚认为最后他得有某个人因为他本人而喜欢他，而不是作为克里希那的弟弟。曼扎利夫人的丈夫于 2 月去世，这之后她便能够把自己全部的身心奉献给如今在一个小阁楼里独居的克里希那。7 月，克里希那跟着曼扎利夫人一家前往日内瓦湖畔的安非翁过了两个月，他们在那儿有一栋房子。在安非翁的时候，他对女孩们朗读《佛陀的德性之路》，这本书唤醒了他内心留存的某种之前的信仰。最打动他的段落是："我便是一切的征服与认知，超然的、无瑕的、自在的，彻底挣脱了欲望的毁灭。我该唤谁为师？我自己来发现德性之路。"

安非翁的这段时光，或许是克里希那度过的最开心、最正常的假期了。对于埃米莉夫人未能一同前往，他感到很伤心："您将会多么喜欢所有童真的、欢愉的方面啊"，他写道。他尤其希望她能跟他一起去夏蒙尼远足，"那些群山看起来如此的静穆和庄严……我希望您能知道，这对我来说意味着神本身的彰显。"这是他第一次意识到了群山，后来他一辈子都没有失去过对群山的热爱与敬畏。

这时候克里希那听说拉迦再次来到了英国，他带在身边的是赖德拜特之前的一个学生，要去剑桥读书，这学生名叫拉加戈帕尔，是个 20 岁的年轻人，据说前世是圣伯纳德，未来会大有作为。克里希那猜测，正如他告诉埃米莉夫人的那样，如今拉迦到了那儿，那么所有的转世、路途上的神秘学台阶将会再次开始。他曾经被告知，拉迦希望在通神学会里开创某种仪式。"我打算给拉迦写信，告诉他，只要他不把他那该死的仪式用于明星社，对我来说都是一样的……我猜想他相信德·拉·沃尔夫人就我们以及我们的债务所说的一切……假如他告诉过我他们耗费了许多资金用于教育（？）我，作为报答，我就得为通神学会服务的话，那么我会告诉他，我从来没有请他带我离开印度。不管怎样，这都是老生常谈了，我对此已经厌倦无比。"

当拉迦给他寄来通神学会秘授部发行的一本新刊物《门徒》的试印本，他感到更加心烦意乱了。他给埃米莉夫人写信道：

我汗毛直立……您知道，我真的信仰指导灵，我不希望这一切变得荒诞可笑……《门徒》是这样的琐碎和不洁……您可以想象得到我是多么的抗拒，我个人并不希望隶属于任何我所羞耻的事物……如果 [强调了四次] 我要在通神学会担任领导职位，那是因为我，而不是其他人认为的那个我，或者为我制造了某个职位。

然而他却没有向贝赞特夫人表露出丝毫这种抗拒——只有他从未停止过的对她的献身与感情。他给她写了一封信，因为她9月份要过73岁的生日了，信中他用全部的身心表达出了这种热爱。他还告诉她，如今他能够轻松地阅读和理解法文，他希望去索邦神学院修读哲学。

9月底，克里希那在阿德尔菲的另一处公寓同尼亚会合。他与拉迦频繁见面，也见到了拉加戈帕尔，他发觉这是个"非常可爱的男孩"。9月返回巴黎之前他待在伦敦，那些日子里他对东方明星国际会社的兴趣再次被唤起，这明显是受了拉迦的影响。他负责为仍由埃米莉夫人主编的《明星社先驱报》撰写每月社论，这些评论对他来说是巨大的压力，对此他感到越来越恐惧，但这对于陷入财政困难的杂志的销售是至关重要的。克里希那亲自写信募捐，希望有足够的资金可以运作。当埃米莉夫人那位已成职业记者的儿子罗伯特成为月刊的主编后，杂志开始盈利了。

回到巴黎，克里希那进入了索邦神学院，上了一些演讲课程，这同样是在埃米莉夫人的建议下。到了月底，他自愿在通神学会的会议上发言。他报告说，之前他紧张得一塌糊涂，可一旦站到了讲台上，他就"像一个有经验的演说家那般镇定自若了……人们拍手称好、满脸微笑……我打算将来发表演说，因为我喜欢它，我非常开心，某一天我必定会从事这个"。这是他发展中迈出的重要一步。

　　1921 年 1 月，克里希那致信贝赞特夫人，称自己的法文"突飞猛进"，还修读了"将会在印度十分有用的"梵文。并补充道："我这辈子的愿望之一，便是为您和通神学效劳。我会取得成功的。正如拉迦告诉过您，我想前往印度，在工作中尽我的一份力。"然而，他从来没有学习过梵文，而且他几乎很少待在索邦神学院。2月初，他患上了重度支气管炎，曼扎利夫人将他从他现在居住的廉价的小旅馆转到了马尔伯夫街她自己的公寓里。在那儿，她和她的女儿们照看他。与此同时，身在伦敦的尼亚感染了水痘病毒。当两个男孩好转起来，他们单独去了安提比斯，进行了为期三个月的休养。在那儿，克里希那有时间认真省察自我，正如他在 3 月份告诉埃米莉夫人的那样：

　　关于明星社、通神学会还有我自己，我想了很多。我必须发现自我，唯有这样才能帮助他人。事实上，我应该让自我降临（拉斯波利的表述是自我或者高等的自我），担负起责任。身体与心灵还未实现足够的精神化，现在我必须将它们唤醒，使其找到栖息地。倘若我要给予帮助，那么我就应该怀有同情心、充分的理解和无穷的爱。我所用的虽是陈词滥调，但对我来说它们却是崭新的。

　　由于克里希那返回巴黎的时候依然远远没有痊愈，曼扎利夫人带着他去见了她的朋友保罗·卡顿医生，他给他开具了一份非常严格的食谱，对此他也认真遵守了。尽管克里希那从来没有停止过素食主义，从不沾酒、茶或咖啡，但他终生都在继续尝试新的食谱，并未长久地恪守任何一种。到了老年，他储藏的维生素片几乎堪比一个药房，他还吃其他的健康食品和药丸。

一场对两个男孩的生活产生影响的改变发生了。5月，尼亚被发现肺部出现了一个肿块。克里希那一听说这个，就把他叫到巴黎，保罗医生诊治后认为，唯一的治疗方法是把他当成肺结核的末期来对待。于是曼扎利夫人把他带到巴黎附近的博斯圣莱杰，让其获得彻底的休养，那里有一栋房子是置于他们名下的。他那成为一名大律师的想法，看来是走到了尽头。

7月份，贝赞特夫人来到巴黎出席通神学国际会议，之后是东方明星国际会社的第一次大会，尼亚被允许参加。如今明星社已经有三万名成员，其中有两千人会出席会议。贝赞特夫人和克里希那一同在法国召开了大会，这之后，克里希那把一切都掌握在了自己手中。对于他在组织上的熟练，贝赞特夫人与尼亚都倍感吃惊和欣喜。9月，贝赞特夫人在《通神学者》月刊上写道："他对提及到的问题的深刻理解，他在控制讨论上的坚决果断，令所有在场者都大吃一惊……不过，关于他的最大的事情是，他无比热情地相信每个人身上都具有潜在的神，而且是无所不能的，对他来说，这是神性存在的必然结果。"

兄弟俩与曼扎利夫人、玛塞尔和约兰德一起在博斯圣莱杰度过了8月份。在那里，埃米莉夫人、15岁的我姐姐跟13岁的我与他们会合，住在另一栋房子里。拉加戈帕尔也在，同我们住在一起，此外还有之前在阿迪亚尔负责克里希那身体锻炼的约翰·科德斯。尼亚正在发烧，过着病弱的生活，剩下我们几个则每天下午打棒球，夜里在花园里头玩各种小孩的游戏，比如捉迷藏、木头人、猜悄悄话，尖叫连连、笑声盈盈。克里希那全心全意地玩着这些游戏，仿佛他对其他任何事情都不关心。由于年幼的时候被剥夺了所有这类乐趣，他好像怎么玩都不够的样子。

贝赞特夫人返回印度之前，已经决定克里希那和尼亚应当在冬天到印度与她会合，因为他要开始自己的使命了。然而到了9月，尼亚的情况变得更糟，于是在科德斯的陪同下，克里希那带着他去了瑞士阿尔卑斯山的维拉尔。9月中旬，克里希那把尼亚和科德斯留在了维拉尔，前去范·帕兰特男爵家做客，男爵希望把自己位于荷兰代芬特尔附近那栋有着5000亩林地、建于18世纪初叶的美丽祖屋伊尔德堡转给克里希那。途中克里希那在阿姆斯特丹停留，遇到了一个迷人的17岁美国女孩海伦·克诺特，女孩跟她那位入了通神学会的荷兰姑母住在一起，并且在学习小提琴。克里希那第一次坠入了爱河。

不久之后，克里希那返回了维拉尔。已经安排好，在尼亚的健康允许的情况下，兄弟俩要在11月19日从马赛前往孟买。尼亚的健康已经有了好转，临近10月底的时候，曼扎利夫人护送他去莱森，找了一位著名的肺科专家罗列尔医生问诊。不幸的是，医生宣称他已经足够好转，可以去印度旅行。与此同时，克里希那在伦敦待了两周，跟朋友们道别。之后他出发去了荷兰，为期一周时间，出席通神学和明星社的会议。在那里他再一次遇到了海伦，陷得更深了。在巴黎，出发前往马赛的前夜，他写信给埃米莉夫人道：

我很难过，因为我要离开您和海伦很长一段时间了。我爱得难以自拔，于我而言这是巨大的牺牲，可惜什么也做不了。我感觉仿佛心里有一处很大的伤口……我觉得，我知道，她也有着一样的感受，可是还有其他的事情要做……您不知道我是怎样的感受啊。之前我从来没有释放过，这意味着……"受够了无意义的愿望。时间真是飞逝而过。"人是多么的痛苦啊！上帝保佑您。

抵达孟买和阿迪亚尔的时候，兄弟俩受到了隆重的欢迎。贝赞特夫人为他们修建了属于他们自己的屋子，还带有一个阳台，屋子顶部通往她自己居住的总部大楼。屋子里有着阿迪亚尔最好的风景，能俯瞰河流在那里汇入大海。他们都认为阿迪亚尔是他们见过的最美丽的地方，克里希那尤其喜欢在日落时分穿过棕榈林散步到海边，他沉醉于这种美丽。一到孟买，他们便换上了印度服装（克里希那在印度的时候总是穿着印度服饰，到了西方则换上西式服装，希望看上去尽可能地不打眼。不过有时候在夜里，身在欧洲的他会换上印度服装）。

到达阿迪亚尔后不久，他们去看望了住在马德拉斯的父亲，俯伏在地，像那些乖巧的印度人的儿子一样用额头碰触父亲的双脚顶礼。老人见到他们实在是太高兴了，以至于泣不成声。[①]

兄弟俩在印度只待了三个半月的时间，这期间他们跟着贝赞特夫人去了印度的许多地方旅行。克里希那在贝拿勒斯发表过一次大会演讲（无论是这一次还是余生的其他时候，他都没有为这些讲话准备讲稿）。在贝拿勒斯他与乔治·阿伦戴尔重逢，阿伦戴尔最近娶了一个出身婆罗门、芳龄十六的漂亮女孩鲁克米妮·德维——这段婚姻引起了巨大的震动。克里希那在阿迪亚尔发表了一场题为《再临的导师》的演讲，对未来做了准确预言："他不会布道我们渴望的内容，也不会给予那些我们全都喜欢的慰藉。而是相反，他将把我们彻底唤醒，无论我们喜欢与否。"[②]

在阿迪亚尔，克里希那没有太多地见到贝赞特夫人，因为她每天都在忙着《新印度》的工作，她自 1915 年以来就担任这份在马德拉斯出版的日报的主编。克里希那很不开心，思念着海伦。他发现阿迪亚尔有如此多相互嫉妒的派系，这让他分外难过。每天他在他的房间里举办茶会，试图促进人们的和谐共处，"粉碎他们的小团体"。"每个人都急切地想要见我，跟我说话，听取我的意见，"他告诉埃米莉夫人道，"只有老天才知道为什么。我不惧怕，不，母亲，我并不惧怕。我不会自高自大的。"

---

① 拿南尼亚于 1924 年 2 月过世，他的长子西瓦拉姆成了名医生，死于 1952 年，留下了四儿四女。克里希那最年幼的弟弟萨达南德一直随西瓦拉姆生活，直至 1948 年逝世。他的心智一直处于孩童状态，很爱玩，喜欢各种游戏，深受其侄子、侄女们的喜爱。（信息源自西瓦拉姆的长子纳拉扬）

② 《明星社先驱报》，1922 年 6 月。

几乎在兄弟俩抵达印度的时候就已经定下来，他们应该前往悉尼，出席 1922 年 4 月召开的通神学大会。在那里，赖德拜特依然担任某个团体的头目。3 月的时候，他们和拉迦一道从科伦坡起航。科伦坡的天气潮湿而炎热，尼亚的咳嗽再一次发作，航行期间他都不是太好。在弗里曼特尔，克里希那收到了一封从珀斯发来的电报："明星社的兄弟们欢迎你。"他致信埃米莉夫人："一股冷颤从我的后背袭来，人们在这里等候着迎接我，您可曾听说过这样的事情——欢迎我——我希望我在任何地方，除了这儿……我一生似乎都是像这样的情形。哦，老天，我都干了些什么……哦！我多么厌恶这一切。"然而在 7 月份的《明星社先驱报》社论中，他却极为抒情地描绘了从阿德莱德到珀斯的一路美景，以及来到一个新国家的兴奋之情，没有人能够捕捉到他真实感受的些微迹象。

在珀斯，克里希那不得不忍着不悦发表两次演讲。"我从不希望演说，而所有人都这样喜悦，对我的话表示感谢。您不知道我是多么厌恶这一切，而所有前来见我们的人、无数的会议、献身等等。这一切都违背了我的天性，我不适合这份工作。"通神学会的这些人对他没有吸引力，他写道，他并不觉得自己属于他们的圈子。但在外人看来，他是"最高程度的怪人"。

赖德拜特在悉尼的码头见到了他们，他看起来很开心能够见到他们，他们也似乎对于在将近十年之后能够见到他十分开心。"他真的是一位不凡的老人，"尼亚给拉斯波利写信道，"他绝对没有变化，除了变得更加温和之外……而在阿迪亚尔的时候，他视一切为理所当然，不曾有一丝质疑，其他人也不能够有丝毫的质疑。"不过，最大的不同则是赖德拜特现在是自由派天主教会的主教了，这是老天主教抑或詹森教派的一个分支，宣扬使徒传承。他穿着一袭红色长袍，胸部垂着一个十字架，戴着一个主教戒指，大部分时间用来主持宗教事务，克里希那对此十分反感。克里希那出于礼貌参加过一回，差点因为沉闷、无聊而昏厥过去。

尼亚去看了一位悉尼的医生，通过 X 光医生发现，不仅他的左肺患病，而且右肺现在也被感染了。他被建议立即返回瑞士进行治疗。由于从印度走会非常炎热，于是兄弟俩决定取道旧金山，并在欧亥山谷逗留了一阵子。在悉尼参加大会的通神学会驻美国总干事 A.P. 沃灵顿先生将同他们一道旅行。他有一位通神学的朋友，玛丽·格雷夫人，愿意将一处乡间小木屋借给他们住上三四个月。这山谷靠近圣巴巴拉，海拔 1500 米，据说气候对于肺病患者极为适宜。离开悉尼之前，克里希那收到了由赖德拜特代为传达的来自指导灵库图弥的指示，他把讯息复印了一份，寄给了埃米莉夫人：

我们对你怀有最高的期待。要保持稳定，要拓宽你自己，要付出更多努力来让思想和头脑听从于内心真实的自我。要宽容观念与方法的分歧，因为每一种观念通常都在某个地方隐藏着真理的碎片，即使许多时候它被扭曲得面目全非。寻找每一个无知心灵那地狱黑暗中的最细微的光亮，因为通过认识它、培养它，你便可以帮助一个小兄弟了。

克里希那评论道:"这正是我所渴望的,因为我很容易心胸狭隘、不容异议,不去寻找兄弟!"

克里希那和尼亚都对加州着迷不已,在参观完伯克利大学之后,克里希那写信给埃米莉夫人道:

在这里看不到阶级和人种的傲慢……我激动万分,以至于想要把这个地方的自然之美跟我一起带去印度——印度人民独独懂得如何创造出更为适宜的学术氛围。这里缺少这种氛围,他们不像我们印度人一样高贵……哦,多想把这样的大学介绍到印度,对于我们的教授来说,宗教即使不是更加伟大的话,起码也跟教育一样的重要。

兄弟俩在1923年7月6日抵达欧亥,单独住在一栋松木小屋(松舍)里。它坐落在山谷的东头,被一片橘子林和鳄梨树林包围着。一个女人来给他们做早饭和中饭,而他们学会了熟练地烹饪自己的晚饭,那就是炒鸡蛋和薯条,尽管亨氏食品的"出现非常有用"。沃灵顿先生住在临近的一间木屋里。最初的几个星期一切都很好——他们在山间骑马,在峡谷里潺潺流淌的溪水中洗澡,充分享受着没有任何约束的自由,这是他们之前从未拥有过的。之后尼亚发起高烧,开始剧烈地咳嗽。克里希那单独跟他在一起的时候,十分紧张,尤其是在试图让他休息的时候,尼亚会变得格外易怒。

幸运的是，一个到招待他们的女主人格雷夫人家做客的朋友走入了他们的生活。这人是罗莎琳德·威廉姆斯，一个可爱的19岁的金发女孩，看上去是一个天生的护士。他们立即就喜欢上了她，"她非常开朗、令人愉快，让尼亚一直保持着幽默，这是非常重要的，"克里希那告诉埃米莉夫人说，"她的姐姐是通神学会的人，所以她对这一切很了解，撇开这些，她还是非常的好。"她得到了母亲的同意，留在了格雷夫人那儿，以便照顾尼亚。从一开始就能了解到，她更像是尼亚的朋友，而不是克里希那的。克里希那依然在给海伦·克诺特写许多的情书。

很多人都力劝尼亚去接受由阿尔伯特·艾布拉姆斯医生发明的电子仪器的治疗，艾布拉姆斯宣称，该仪器能够通过几滴血液诊断和治愈许多的疾病，包括肺结核。兄弟俩决定尝试一下这种方法，尼亚把血液滴在吸墨水纸上，寄到了洛杉矶艾布拉姆斯的一个学生那里，除了名字之外没有提供任何其他的信息。两天后收到了报告：左肺结核，脾、肾感染。沃灵顿先生设法租了一台这种稀有的仪器（一个名叫析波器的黑盒子），尼亚一天内坐了几个钟头，附有电线的金属板被放置在受感染的部位上，克里希那则在一旁向他朗读欧亨利的作品和《旧约全书》。盒子里面的东西被严密地封起来，仪器的滴答声听上去很像一部响亮的时钟，不过完全没有感觉。

第五章 "陶醉于神"

克里希那在悉尼收到的指导灵给他的讯息，对他产生了极大的影响。1922 年 8 月 12 日他写信给埃米莉夫人，因为在过去的两周时间里，每天早上他都会就此事冥想半个钟头，睡前又会进行一次冥思。"我打算找回过去同指导灵的联系，毕竟这是生命里唯一重要的事情。"在写完这封信的五天之后、也就是 17 日，他经历了一次为期三天的体验，这番体验彻底改变了他的生活。以下是尼亚在写给贝赞特夫人和赖德拜特的信中关于此事的一段记录：

我们的小木屋坐落在山谷的顶部，附近没有其他人居住，除了沃灵顿先生住在距离几百码之外的农舍。克里希那、沃灵顿先生和我在这儿待了将近八个星期，休养、康复。有时沃尔敦先生会来访，他是美国自由派天主教会的代理主教，在山谷有一栋房子。还有一名叫罗莎琳德的年轻的美国女孩在附近住了一两周，大部分时间都和我们一起度过。大约两周前发生了一件事，我想跟您描述一下，当时碰巧我们五个人都在一起。

假如您愿意的话，您一定能够告诉我们发生的事情具有的真正涵义以及它确切的重要性。然而这里我们似乎被引入了一个世界，在那里，神再一次短暂地在人类当中行走，留给我们如此大的改变，以至于现在我们的指南针已经找到了它的北极星。我认为我们所有人的生命都被发生的事情深深地影响，我觉得这么说并没有丝毫的夸张。

确切来说，克里希那本人应当把事情的结果联系起来，因为我们所有人都只是单纯的目击者，需要的时候愿意提供帮助。但是他不记得全部的细节了，因为多数时间里他的灵魂都脱离了身体。所有一切都清晰地保留在我们的记忆里，因为我们全程都极为关注地看着他，感觉到他的身体部分地托付给了我们。沃灵顿先生的身体情况不太好，而我不被允许过多地四处走动，所以照看克里希那之事幸运地落在罗莎琳德头上，我认为她已经得到了奖赏，那就是通过了查验。

17日也就是周四的晚上，克里希那感到有点儿疲惫和焦躁不安。我们注意到他的后颈中部有一个讨厌的肿块，看上去是肌肉收缩，有一块石头那么大。第二天早上，他看起来一切正常。直到早饭过后，当他躺下来休息的时候，罗莎琳德和我坐在外面，沃灵顿先生跟克里希那待在屋内。听到沃灵顿先生的叫喊，罗莎琳德走进屋里，发现克里希那显然病得很重，因为他躺在床上，翻来覆去、呻吟不已，仿佛承受着很大的痛苦。她坐到他的身边，试图弄明白他究竟是怎么了，然而克里希那无法给出清楚的回答。他又开始呻吟，突然发起抖来，他咬着牙齿，手握得紧紧的，想要挡住这种颤抖。这明显是一个疟疾病人会有的举动，除了克里希那抱怨说热得不行之外。罗莎琳德让他安静了一会儿，然而那种冷颤再次袭来，就像得了疟疾一样。尔后他把她赶开，抱怨说热得无法忍受，他的眼里满是奇怪的无意识。罗莎琳德在他身边坐下，直到他再次安静下来，这时候她抓住他的手，就像母亲在对待孩子一般安抚着他。沃灵顿先生坐在屋子的另一头，他突然意识到了什么，所以他后来告诉我说，克里希那的身体正在发生某种过程，是来自星芒层影响的结果，而不是身体层面的原因。可怜的罗莎琳德，起初她非常焦虑，睁着一双满是疑问的眼睛，沃灵顿先生向她保证说一切都会好起来的。可是到了白天情况变得更糟了，当我进来坐到他旁边的时候，他再一次抱怨说快要热死了，说我们所有人都紧张兮兮，让他很疲惫。每隔几分钟他就会从床上坐起来，把我们赶开，然后开始再一次发抖。这一切发生的时候他处于半清醒的状态，因为他会谈到阿迪亚尔以及那里的人们，仿佛他们在场一样。然后，他再次安静地躺了一会儿，直到窗帘沙沙作响，或是窗户发出嘎嘎声，或是田野里传来遥远的犁地声，都会再一次地惊醒他，他会呻吟着想要安静。他不断地每隔几分钟就把罗莎琳德从身边赶开，因为他开始热起来，然后他又会希望她靠近自己。

　　我坐在近旁，但不是太靠近。我们尽了最大的努力让屋子保持安静和黑暗，但一个人几乎察觉不到的轻微的声响总是难以避免的，不过克里希那变得如此敏感，以至于最微弱的叮当响也会让他紧张兮兮。

午饭过后，他安静下来，显然完全好了，十分的清醒。罗莎琳德给他送来午饭，他吃了，当我们全部用完餐，他静静地躺下了。几分钟后，他再次呻吟起来，不久，这个可怜的家伙，他无法咽下吃进去的食物。整个下午都是这样，打冷颤、呻吟、坐立不安、半清醒，这期间他都好像很痛苦的样子。奇怪的是，到了用餐时间，即使他什么也不吃，也会变得安静下来。罗莎琳德能够长时间地留他一人在那儿，好吃完她自己的食物。就寝时间他足够的安静，整夜都在睡觉。

第二天，周六，他洗澡之后一切又重新开始了，他看起来要比头一天更加没有意识。这一情形持续了一整天，周期性间断，让他休息一会儿，好让罗莎琳德能够去用餐。

然而周日是最糟糕的一天，周日，我们目睹了最辉煌的高潮。三天里头，我们所有人都努力让头脑和情绪保持镇定跟冷静。罗莎琳德在克里希那身边守了三天，随时准备着他需要她的时候，当他希望独处时，又会让他单独待着。看到她陪在他身边，那画面真是美极了，看着她能够无私地、完全客观地付出她的爱。即使这一切发生之前我们已经注意到她身上的这种伟大的特质，虽然我们尔后想知道那个时候一个女人是否应当在旁边，但最终发生的事情证明了或许她是那个时刻被特别派到这里来帮助克里希那和我们大家的。尽管她只有十九岁，对通神学知道得很少，但她在这三天里扮演了一个伟大的母亲的角色。

周日，正如我说过的那样，克里希那看上去更加糟糕了，他似乎遭受着巨大的痛苦，颤抖不已，热度好像变得更高，他的意识越来越断断续续。当他似乎控制了自己的身体，他一直都在说着阿迪亚尔、安妮·贝赞特以及阿迪亚尔紫色会的成员（这是贝赞特夫人组建的一个内部团体，他们会身着紫色的丝绸披巾），他始终想象自己身处于阿迪亚尔。然后他说道："我想去印度！为什么他们要把我带到这儿来？我不知道我在哪儿。"他一次又一次地说着："我不知道我在哪儿。"如果有人进了屋子，他就会立即从床上一跃而起，每次我们走进他的房间，都不得不提醒他。然而到了6点钟，当我们用晚饭的时候，他安静下来，直到我们吃完晚餐。尔后，突然间，整个屋子似乎布满了一种巨大的力量，而克里希那仿佛就具有这一力量。他不让我们任何人靠近他，他开始抱怨灰尘带来的痛苦，床铺的灰尘，屋子里令人无法忍受的灰尘，周围每个人身上的灰尘。他用一种满是痛苦的声音说他想去树林里面。现在他大声地呜咽起来，我们不敢碰他，不知道该怎么办才好。他从床上下来，在房间一处黑暗角落的地板上坐下，大声地呜咽，说他想要到印度的树林里去。突然他宣布他想单独散会儿步，但我们劝阻他这么做，因为我们认为他的情况还没有好到适合夜间步行。然后，由于他表示想要独处，因此我们离开了，聚集到了外面的走廊上。几分钟后，他也加入进来，手里拿着一个垫子，坐得尽可能地离我们远。他有足够的力气与意识来到外面，但立刻他又再一次从我们身旁消失了，他语无伦次地咕哝着，留下一副坐在门廊上的身体。

　　我们是门廊上一群奇怪的人，罗莎琳德、我坐在椅子上，沃灵顿先生和对面的沃尔敦坐在一张凳子上同我们面对面，克里希那位于我们右方，几步之遥。太阳在一个钟头前已经落下了，我们面对远方的群山坐着，晚霞映衬着渐渐黯淡的天空，暮色渐浓，我们很少说话，一种迫近的高潮感向我们袭来，我们全部的思想和情绪都被拉紧，因为我们用一种奇怪的平静在期待着会有某种伟大的事情到来。

　　然后，沃灵顿先生得到了天启。屋子前面几码远的地方有一株年轻的胡椒木，柔弱的叶子泛着微绿，现在已花香四溢，一整天都被蜜蜂、金丝雀和机灵的小鸟嗡嗡萦绕着。他温柔地催促克里希那坐到那棵树下面去，起初克里希那不愿意，之后就主动地去了。

　　此刻我们身处一片布满星光的黑夜之中，克里希那坐在嫩叶的阴影的覆盖之下，他依旧在无意识地咕哝着，但不久他发出了一声如释重负的叹息，向我们喊道："哦，为什么你们之前不把我送到外面来呢？"之后则是一阵短暂的静默。

　　不久他开始吟诵起来，三天来他几乎没说过什么话，他的身体因为高度的紧张而彻底地筋疲力尽了，这是一种我们在阿迪亚尔的神殿中每晚都会听到的吟诵颂歌的安静而沉重的声音。尔后又是静默。

　　很久以前在陶尔米纳，当克里希那用沉思的眼神注视着我们的释迦牟尼尊者（佛陀）身着托钵僧长袍的一幅画像时，我们感到过有如佛祖降临的极乐的一刻，他是来传递某种思想的。而这个夜晚，当胡椒木树下的克里希那完成了他的赞美歌时，这一切又重温了。我想到了菩提树下的佛祖如来，我又一次感到一股无比壮观的浪潮弥漫在了整片宁静的山谷，仿佛他已经赐福了克里希那。

我们端坐着，目光都投向那株树，想知道一切是否安好，因为此刻是一片完美的静默。当我们注视的时候，我在一瞬间突然看见一颗巨大的星星在那棵树的上空熠熠闪光，我知道克里希那的肉身已经为尊者的降临做好了准备。我倾着身子，把发现到的那颗星星告诉了沃灵顿先生。

这地方似乎充斥着尊者降临的氛围，一股巨大的热望向我袭来，我双膝下跪，满怀崇敬之情，因为我知道我们所有心灵的尊者已经降临，尽管我们看不见他，但大家都能感受到他降临的壮观。尔后，罗莎琳德的眼睛睁开了，她见着了。我看到其他人脸上的神情没有发生改变，可是她的脸色却变了，因为她得到了足够的庇佑，她的眼里闪烁着对那个夜晚的荣耀和赞美。当她对我们说："你们看见他了吗，你们看见他了吗？"她脸上的表情都变了，因为她见到了神圣的弥勒尊者。成千上万的人翘首以盼尊者的降临，只为能一瞥我们的尊者。然而她有一双无邪的眼睛，并且忠心耿耿地服侍着我们的尊者。我们这些无法见到尊者真容的人，在漫天的星光中，透过她那张极度狂喜的脸庞，目睹了那个夜晚的壮观。我永远不会忘记她脸上的表情，因为无法看见尊者的真容却因他的降临而感到无比荣耀的我，此刻感受到他转向我们，对罗莎琳德说了些话。当她回答："我会的，我会的"，她的脸因神圣的狂喜而熠熠闪光。她说着这些话语，仿佛它们是一种被赋予了神圣欢愉的承诺。我也永远不会忘记当我注视她的时候她脸上的表情，即使我也为她所目睹的景象而感觉受到了神的庇护。她的脸表露出她心灵的一瞥，因为她内心最深的那一部分由于尊者的降临而被点燃，但是她的眼睛看到了。我静静地祈祷他也能够接受我作为他的信徒，这一祷告充满了我们所有人的心灵。我们听见神圣的音乐在远方轻柔地奏响，大家全都听见了，虽然藏在我们身后的是干闼婆（负责天地间音乐的宇宙之神）。许多尊者降临的光辉与壮观，持续了将近半个钟头。罗莎琳德颤抖着，带着欢喜，几乎都要呜咽了，她看到了一切，"看啊，你们见到了吗？"她经常会重复这句话，抑或是"你们听到音乐声没有？"不久之后，我们听见克里希那的脚步声，看到他那白色的身形在黑暗中徐徐升起。罗莎琳德叫喊起来："哦，他来了；降临到他身上了，降临到他身上了。"她跌落到了自己的椅子上，近乎是昏厥的状态。待她恢复过来，哎，她却什么也不记得了，什么也不记得，所有的一切都从她的记忆里清除掉了，除了那音乐声依然在她耳旁萦绕。

第二天，克里希那身上再一次出现了战栗和半梦半醒的症状，不过现在只持续了几分钟，中途有漫长的间隔。一整天他都躺在树下，进入到一种入定的状态。① 夜里，当他像前晚一样静坐冥想的

---

① 梵语词汇，在这里或许被用来指一种出神的状态。简单的定义是：入定的卓越的过程摧毁了死亡，通往永恒的幸福，被授予了婆罗门（实相）的至高的福佑。

时候，罗莎琳德又一次看见有三个人形围绕在他身旁，然后带着克里希那的灵魂迅速离去，把他的肉身留在了那棵树下。从那以后，每晚他都会端坐树下静思。

我已经描述了我的所见所闻，除了我没有提到的这件事情对我们所有人的影响之外，因为我觉得这需要时间。至少对我来说，充分地意识到我们有幸见证了这一切，这是何等的荣耀。虽然我现在认为生命只能以一种方式去度过，那就是虔诚地为尊者效劳。

克里希那自己也给贝赞特夫人和赖德拜特写下一段文字以记录他的体验，由于他当时处于无意识或者半清醒的状态，所以他只记得很少的一部分。他是这样结束他的记录的：

我感到极度的欢愉，因为我见着了。一切都已不同。我已尝到了生命之源的清澈与纯净，我的饥渴得到了满足，我永不会再饥渴了。我永不会处于黑暗，我已见到了光明。我已触摸到了能够疗治一切悲伤和痛苦的慈悲。这不是为了我自己，而是为了世人。我已站在了山峰之巅，凝视着那些伟大的尊者。我已见到了疗治一切的荣光。真理的源泉已为我揭示，黑暗已被驱散。爱带着它全部的荣光陶醉了我的心，我的心不再尘封。我尝到了喜悦的泉源与永恒之美，我深深沉醉于神的怀抱。

在此之前，他写下了如下文字：

当我处于那种状态的第一天，我对自己周遭的事物有了更多的意识。我有了第一次不寻常的体验。有个男人在修路，那男人便是我自己，他手里握着的镐也是我，他正在砸碎的石头是我的一部分，那柔嫩的小草的叶片是我，男人身旁的大树是我。我几乎能够和这个修路工一样感觉和思考，我能够感受到从树间穿过的风，我能够感受到爬上小草边缘的蚂蚁。鸟儿、灰尘、噪音都是我的一部分。就在这时，有辆车从不远处驶过，我发现我是那司机、引擎和轮胎。当车子与我渐行渐远，我脱离了自己的身体。我处在每一样事物里，更确切地说，每一样东西都在我的身体里，不论是有生命的还是无生命的，高山、小虫以及所有能呼吸的东西。一整天我都处于这种欢愉的状态。

沃灵顿先生也写了一段文字记录那一体验，以保证另外两个人所言不虚。这三份记录的副本被寄给了道奇小姐和埃米莉夫人，并且要后者找几个可靠的人抄写几份，因为这是非常隐秘的事情。埃米莉夫人挑选了拉加戈帕尔，他已经为这项任务学会了打字。①

过了安静的两周，这期间克里希那继续每晚在胡椒木树下静思。这之后，9月3日又开始了那种奇怪的半梦半醒的状态，不过这一

---

① 尼亚和克里希那的记录引自寄给埃米莉夫人的副本，如今收藏于布洛克伍德档案馆。

次它们是在他静思之后的晚上 6 点半到 8 点半抑或 9 点之间有规律地出现，并伴有脊椎的疼痛。几天之后，这种疼痛愈变愈烈，发展成剧痛。尼亚每天都会记录下克里希那的情况，后来他把这些记录整理成了一篇长长的文章，寄给了贝赞特夫人与赖德拜特。[①] 正如尼亚称呼的那样，克里希那的"自我意识"将会离开，留下他的身体去掌控"身体元素"[②]，身体承受着疼痛。如此一来，当克里希那"返回"的时候，他对此不会有任何记忆。在接下来的三个月里，身体夜复一夜遭受的折磨，被描述为极其悲惨。尼亚和一直待在那里的沃灵顿先生，难以相信居然有这种痛苦。在这整个最终被视为"转化过程"中，"身体元素"使得他把每晚都会去小木屋的罗莎琳德误认为了他那死去的母亲。

有时候克里希那会有烧灼的感觉，以至于他想冲出去，把自己投入溪流中。其他人不得不强制性地阻止了他，因为他很容易出一种偶然袭来的可怕的冲撞而在昏厥中仰面倒下。他经常在半漆黑中躺在放于地板的床垫上，这样他就不会从床上掉下来了。他不能忍受太多的光亮，尼亚说这就好像是看着一个人被烧死。这种影响着身体各个部分的痛苦，将会在一阵漫长的痉挛中到来。当稍稍平静的时候，克里希那会跟某些无形的存在物或者某位似乎每晚都

[①] 阿迪亚尔档案馆。尼亚签名，日期为 1923 年 2 月 17 日。引自一份最初由拉妲·布尔涅夫人授权的副本。最初引自普普尔·贾亚卡尔所著的《克里希那穆提传》，第 9—57 页。

[②] 当高等的意识抽离时，身体中控制本能和纯粹生理行为的那部分。它处于进化的低等状态，需要引导。

来"主持这些过程"的神灵交谈，克里希那只用主语的"他们"或者宾语的"他们"去提及对方。他显然对于将会发生的事情得到过一些指示，因为听见他说了这样一些话，比如："哦，今晚会很糟糕吗？好的，我不介意。"当痛苦加剧，他会啜泣、翻滚、发出可怕的尖叫，有时候会为了缓解而大声哭泣。"身体元素"会啜泣道："哦，求你了，求你了，我办不到。"尔后停止，克里希那的声音会说道："没事，我不是那个意思，请继续"，抑或"现在我准备好了，让我们继续吧"。

9点钟，在身体遭受了夜晚的转化过程之后，他会跟其他人坐下来，喝着他的牛奶（那些晚上，他从没吃过晚饭）。他们会告诉他发生的景象，他聆听着，仿佛他们谈的是一个陌生人的事，他对所发生的事情的兴趣就跟他们一样浓厚。对他而言这一切都是全新的，因为他的记忆没有保留关于这些事情的丝毫。

在一个非常糟糕的夜晚，他呻吟着："哦，母亲，您生下我就是为了让我遭受这个吗？"他恳求休息几分钟，其他人会听到他以一种无比的确定跟他的母亲或者是跟他将要对话的"他们"说道："是的！我可以承受更多，不要在乎身体，我只是无法抑制哭泣。"有时候"他们"会对他说些什么，他们会"全身心地大笑"。有一次他们听见"身体元素"在喊着："请回来，克里希那。"如果克里希那回来了，"过程"就会停止。似乎每个晚上身体都必须完成一定量的转化，倘若中途被打断，最后也要被弥补回来。

克里希那的身体变得越来越疲惫和衰弱，不得不注视着他的痛苦，这对其他人来说是一种巨大的压力。10 月初，"他们"开始对他的眼睛发功，这是一种前所未有的可怕的折磨。"那个夜晚他们告诉克里希那，"尼亚写道，"他的眼睛得到了净化，如此一来他就可以被允许看到'他'。但是这种净化听起来是一种恐怖的过程，我们听见他说：'就像是被绑在沙漠上，一个人眼皮被割掉，面对着烈日的照射。'"

　　某个夜晚，克里希那洗完澡，趁着还未开始转化，坐在胡椒木树下静思。这时候，他告诉其他人，那晚将会有一个"伟大的造访者"（他们明白这不是指据说已经来过一两次的弥勒尊者）。克里希那要尼亚把佛陀的画像放在静思后他会返回的房间里，所以尼亚对于这位"伟大的造访者"将会是谁毫不怀疑。那个夜晚的转化过程，似乎是自 8 月的第一个周日晚上胡椒木树下以来克里希那的身体经历过的最痛苦的一次，同时也是最辉煌的一次，因为他们全都感受到了"伟大的造访者"降临的时刻。后来，当尼亚和罗莎琳德陪着克里希那待在他的屋子里，克里希那开始告诉人们说他们将无法看到。显然这个"转化过程"被确定是成功的，他们对他表示祝贺。他们听见他说道："没有什么好祝贺我的，你们自己也圆满了。"当道贺者离去，依然处于无意识状态的克里希那说道："母亲，现在一切都不同了，这之后，生命对我们任何人来说都将跟过去不一样。我已经看见了他，母亲，现在一切都已无关紧要了。"

　　然而这并不是克里希那身体受苦的结束，"他们"现在开始在他的头部开启某个东西，这引发了"无法描述的折磨"，以至于他不断叫喊着："请把它合上，请把它合上！"当痛苦变得难以忍受，"他们"就将其合上，尔后，过了一会儿再次开启，于是身体又尖叫连连，直到昏厥过去。这过程持续了大约四十分钟，当最终结束的时候，令其他人震惊的是，克里希那的身体开始以一个约莫四岁孩童的声音喋喋不休地回忆着童年的事情。

"转化过程"每晚持续上演，没有丝毫减弱的势头，除了克里希那和尼亚待在好莱坞的那几天之外，直到 12 月初。当每晚转化过程结束时，这个小男孩会咿咿呀呀地对他的母亲说上一两个钟头，他依然把罗莎琳德错当成自己的母亲，聊着他的童年。他跟她谈起他曾有过的一个可爱的话唠子玩伴以及他是多么讨厌去学校。他描绘了母亲的死："他认为她生病了，当他看见医生给她药的时候，他哀求她道：'不要吃，母亲，不要吃，这不是什么好东西，对你一点好处都没有，千万别吃！这医生啥也不懂，居心不良。'过了一会儿，他以一种可怕的声音说道：'您为什么这样安静，母亲，发生了什么事？父亲为什么要用腰带遮住他的脸？母亲，回答我，母亲！'"

当"转化过程"在每晚继续上演，克里希那白天的时候会写一些东西，正如他在 9 月 17 日写给埃米莉夫人的一封信中所说的那样："一篇奇怪的文章，我已经写了 23 页，绝对是独立完成的。"①

贝赞特夫人和赖德拜特都把克里希那在 1922 年 8 月 17 日至 20 日的体验，归因为第三次开悟，但他们没有为"转化过程"找到任何解释。克里希那本人相信这是他必须要经历的，只有这样才能让他的身体为弥勒尊者的降临做好准备，不应试图去阻止或减缓该过程。只有一位执业医生见过他处于该状态，即玛丽·洛克医生，英国通神学会会员，同时也是东方明星国际会社的成员，他跟她很熟，非常信任她。她无法解释此事的原因，当他没有恢复意识的时候，她也不能对他做检查。假如某个陌生的医生或者心理学者进了那屋子，不做任何打扰，克里希那会马上意识到，于是"转化过程"也就毋庸置疑地停止了。

那么，这个"转化过程"到底是什么呢？尼亚在当时给出了一个解释，也为其他人采纳：这是克里希那生命力的觉醒、悟道，有时候被叫做"拙火"，是以脊椎的底部为中心，当被真正的瑜伽行为唤醒，会带来一股巨大的能量的释放，会开天眼。赖德拜特反对这个说法，他写信给贝赞特夫人，说自己悟道的时候仅仅感到不适。在"转化过程"之后，克里希那并没有发展起比孩提时更强大的眼通能力。不管怎样，"转化过程"持续了足够久，直到拙火觉醒的解释变得有效。医生、心理学者和其他一些人时不时地会对可能发

① 这篇文章，一篇 9000 字的散文诗，发表在《明星社先驱报》上，标题为《足迹》，从 1923 年 10 月起分三期刊出。1981 年，《足迹》一文被收录在《克里希那的诗歌与格言》中（戈兰茨，哈珀 & 劳，1981）。

生的情况提出一些建议，比如偏头痛、歇斯底里、羊癫疯、精神分裂，全都被提到了，但没有一个符合症状的。当然，许多神秘主义者也见过一些景象，听到过一些声音，但这些有伴随过这般身体的痛苦吗？有生理上的解释吗？一个人难道要被迫接受单纯用神秘来解释的结论吗？似乎确定的是，克里希那的身体所遭遇的过程，使得接下来的几年里他能够成为某种超能的渠道，而这便是他后来教义的源头。

第六章 "有一种孤独"

　　1923 年 2 月，购买松舍以及周围的六英亩土地（包括另外一栋大房子）的机会也来了。克里希那表达出想要得到它的愿望，指出这地方已经变得格外神圣，毕竟在那儿发生了那些事情，于是道奇小姐提供了资金。克里希那把大房子叫做"阿亚·威哈尔（圣僧院）"，不久又买下了另外十亩地，成立了"兄弟信托基金"来持有这些财产。这些全部都是通过克里希那的生活费，以捐款和遗产的形式，需要的时候就会提供，后来他写书挣钱，不过他从来没有为自己留些什么，除了道奇小姐每年 500 英镑的补助外。

　　自 1923 年年初起，克里希那开始在欧亥努力工作，处理许多行政信件，并为《明星社先驱报》撰写每月评论，同时改组了加州的东方明星国际会社，在周围地区发表演说，为在印度建立一所学校筹款。5 月，他和尼亚在美国旅行（这是艾布拉姆斯进一步治疗的结果，尼亚第二次被告知已治愈），终点是芝加哥的通神学大会。6 月，兄弟二人前往英国，并被安排出席 7 月在维也纳举行的通神学会和东方明星国际会社大会。埃米莉夫人在普利茅斯同他们见了面，她向贝赞特夫人报告说克里希那的外表看起来没多大变化，不过可能更加好看了，然而"一个人每分每秒都能察觉到有一股克制的但却无比集中的能量在他周身流淌"。会议之后——克里希那在那儿与海伦·克诺特重逢（她一直待在阿姆斯特丹）——他询问是否可以在某个他不知名的安静的地方过一个家庭假期。约翰·科德斯的一个朋友把自己的松布利克别墅借给他使用，位于奥地利蒂罗尔的埃尔瓦尔德村庄外面。在那儿，他和尼亚以及一大帮朋友度过了七周时间，包括埃米莉夫人、我的姐姐贝蒂和我、海伦、玛塞尔、拉加戈帕尔（如今他在剑桥）、科德斯以及鲁思·罗伯茨，一个曾在悉尼跟克里希那调过情的英国女孩。克里希那、尼亚、埃米莉夫人、海伦和拉加戈帕尔住在松布利克，在那儿，我们全都是自己做饭，其余人则睡在另一间木屋。最开始的两个礼拜是真正快乐的假期，那里是山间漫步的理想场所，还有一处平地，我们可以在上面打棒球。山间野餐的时候，克里希那、尼亚和拉加戈帕尔会吟诵印度祷文，回荡在林间，听起来格外优美。

尔后，8月中旬，"转化过程"再一次正式地开始了，每个晚上都有，一直持续到9月20日。如今，克里希那，更确切地说是"身体元素"，当他神识"离开"的时候，会把海伦误认为是他的母亲。埃米莉女士每天写信给贝赞特夫人，详细记述发生的一切。"看到他（克里希那）在山间一跃而下，极富优雅、美丽与活力，"

1923 年拉加戈帕尔在埃尔瓦尔德。作者的照片

她写道,"实在是难以相信他那可怜的身体每晚所经受的一切。"在某个饱受折磨的夜晚之后,他哭喊道:"不会跟这一样糟糕了。"尼亚之后写道:"在埃尔瓦尔德的最后几天,他们尝试着在痛苦依然十分巨大的情况下让克里希那保持意识,但这种意识只维持了10或20秒。不久,痛苦变得更加剧烈,克里希那的神识离开了肉身。"

9月20日夜里,克里希那给尼亚带来了一份讯息,这讯息应当来自指导灵库图弥。尼亚对此写道:

尼亚请听好。会在这里结束,这是最后一晚,但在欧亥还会继续。不过这取决于你。你们都应当拥有更多的能量。你下个月所做的,会决定成功与否。不要有任何碍事的东西。这里已经是成功了,但欧亥则完全取决于你,如果你准备好了的话,会以更大的元气来继续。

当你离开这个地方的时候,你必须格外小心。就像是一个刚刚用模具铸好的新花瓶,任何震动都会让它破裂。这将意味着准备和重构,会耗费很长时间。若你失败了,意味着一切又得从头开始。

这份讯息格外有趣,它的文风完全不像克里希那或者尼亚的。

离开埃尔瓦尔德的时候,大部分人前往荷兰的伊尔德堡,同范·帕兰特男爵住在一起,他曾为克里希那提供过地产。这是它最后一次被用作私人住宅,信托基金成立了,克里希那是主席,这处

1923 年在伊尔德堡范·帕兰特男爵的汽车里。从左至右为：海伦、玛丽、尼亚、贝蒂、克、埃米莉夫人

房产已经移交给了基金会，伊尔德成了东方明星国际会社的国际总部。

由于相信"转化过程"会在欧亥继续，尼亚感觉有必要在那里来一次开悟，于是拉加戈帕尔（在去英国之前，他就已经开悟了）离开剑桥一年去跟他们待在一起。他们如今住在阿亚·威哈尔，而罗莎琳德则跟她的母亲住在松舍。（海伦不得不回纽约的家。）

他们到达欧亥后不久，"转化过程"再次开始。情形是如此糟糕，以至于尼亚第一次变得焦虑，急切地写信给赖德拜特，询问一切是否"安好"。克里希那现在要自己去承受那变得越来越剧烈的痛苦。"如今,"尼亚告诉赖德拜特说,"没有海伦跟他一起,虽然罗莎琳德就住在我们隔壁,但他似乎并不渴望她。痛苦结束之后,克里希那离开了肉身,身体因精疲力竭而发出心碎的哭泣。他呼唤他的母亲,我发现他想要海伦,而不是罗莎琳德。根据克里希那的身体偶尔所说的话,我能够得出的是,依然有许多的转化过程要作用在身体上,或许意味着好几个月。"

11 月 26 日,克里希那的身体带回来一个讯息,尼亚在写给赖德拜特的信中有所记录:"现在转化过程处于最重要的时期,而且极为微妙。这是世界上头一次施行这种实验。屋子的一切都必须让位于此事,不应该考虑任何人的方便,甚至包括克里希那在内。"

奇怪的是,赖德拜特并不想前往欧亥亲自见证这一神奇的现象,他只是写信给贝赞特夫人,称他"对整件事情非常着急……它与我自己被教授的一切完全相反。我希望你能够向我保证一切都好"。贝赞特夫人虽然现在把自己的超能力放到了一边,但她显然可以让他放心。从那以后,赖德拜特把对克里希那的全部责任都交付给了她。他向尼亚写道:"我不明白在我们挚爱的克里希那身上发生的这可怕的一幕。"

1924 年年初,在经历了两个月的"转化过程"之后,克里希那写信给埃米莉夫人:

我变得越来越易怒,越来越疲惫。我希望您和其他人能在这儿。这些天来我好像哭得很频繁,这不是我的处事方式。这对我自己跟其他人都很糟糕……我希望海伦在这儿,但这是不可能的。而且或许他们并不希望有人来帮助我,所以我不得不自己一个人来完成……然而,一个人再怎样努力尝试,都会感到孤独,就像是原野上一棵孤独的松树……最近十天真的是非常艰难,我的脊椎和脖子已经很硬了。前天我度过了一个不同寻常的夜晚,无论它是什么,源头或者我们称作为伟大的能量,升到了我的脊椎,升到了我的后颈,然后分成两路,朝着我的头部,一路向右,一路向左,尔后交汇在两只眼睛中央,就在我的鼻子上方。我看见了尊者和指导灵。这是一个惊人的夜晚,当然,整个过程是痛苦到极致……我确信我们不久会过一个假期。

克里希那还把这番体验描述给了贝赞特夫人,尼亚也给她记述了该过程,尼亚推测这意味着"开了第三眼"。在关于瑜伽的著作中,"第三眼"通常指的是湿婆之眼,位于前额中间,就像拙火,与眼通有关。"克里希那的眼通还没有开始,"尼亚补充道,"但我认为这只是时间问题。自从我们到达这里,迄今为止已经历了110个夜晚的转化过程。"

3月底,洛克医生抵达欧亥,她是被赖德拜特从她原本所待的悉尼派来对克里希那作调查报告的。她待了两周,观察着每晚的"转化过程"。克里希那写信给埃米莉夫人,称"整件事情让她震惊不已,我们并没有完全发疯"。4月11日,洛克医生还在那儿——"对我们所有人来说,那是一个不可思议的夜晚"。正如尼亚告诉贝赞特夫人的那样，当时克里希那带回了一个讯息，尼亚相信讯息的最初部分来自于弥勒尊者本人：

我的孩子，你的忍耐与勇敢令我欣喜。这是漫长的努力，到目前为止我们所经历的都大获成功，尽管困难重重，但我们以相对的轻松战胜了它们……你已经顺利地度过了，虽然全部的准备过程尚未结束……我们对于这种痛苦、漫长的紧张深表遗憾，想必在你看来，这显然是永无止境的。然而，伟大的荣耀正在等待着你们每一个人……我的赐福与你同在。

虽然我们会在尔后的某个日期开始，但我不希望你离开这个地方前往欧洲，直到卫塞节（5月的满月之时举行的伟大的神秘学节日，这一年是落在5月18日）之后，那时候你会看见我。尽管我们保护了你身体的三处地方，但一定会是痛苦的。就像是一场手术，不过它会结束，你将会在外部感觉到效果。

不幸的是，我们没有洛克医生本人所写的关于她对"转化过程"看法的文字。

兄弟二人以及他们在纽约遇到的拉加戈帕尔、海伦，于6月15日抵达英国。贝赞特夫人也在英国，兄弟俩参加了她那无休无止的活动，以荷兰阿纳姆举行的通神学和明星社的大会告终。之后是欧门的第一次露营，距离范·帕兰特男爵提供的土地上的伊尔德堡一英里。直到欧战爆发之前，每年都会有一次露营。

这之后，克里希那最后一次自由地享受他盼望已久的"家庭"假期。这一年选中的地方是一栋矗立在陡峭山顶、建于11世纪的城堡旅馆，鸟瞰道罗麦特地区的佩尔吉内村庄。克里希那与他的朋友们在8月18日抵达那儿，前来度假的还是前一年的那一拨人，除了玛塞尔以外，新增的还有一位意大利女士和几个印度朋友。我们占据了位于城垛角落的两个塔楼以及旅馆的几个房间，我们在一间巨大的餐厅尽头用餐，用屏风跟其他客人隔开，还带上了我们自己只做素食的奥地利厨师。城堡的下面是一处平坦的田野，用来打棒球，就像在埃尔瓦尔德一样。但是克里希那还没过上一周的快乐日子，就又开始了"转化过程"。这一次要比从前更痛苦——在欧亥之后，这看起来几乎是不可能的事。不过如今海伦在那儿，能够给他以帮助。

1924年佩尔吉内城堡旅馆下面的球场。作者的照片

尼亚、埃米莉夫人、海伦和拉加戈帕尔住在圆塔，跟克里希那同一个屋檐下。当"转化过程"开始，塔楼里的居住者没有前来跟我们一起在旅馆里用晚餐。其他人知道每晚将会发生的事情——让克里希那的身体为弥勒尊者的降临做好准备——然而直到第二年我才被告知了有关"转化过程"的事，他们向我大声朗读了克里希那和尼亚所写的有关欧亥的经历的记录。

这一年的假期有一个明确的目的。在克里希那的竭力主张下，已经定下四个女孩——海伦、鲁思、贝蒂和我——应当前去悉尼，由赖德拜特按照门徒之路进行培养（兄弟二人在 6 月离开欧亥的时候，罗莎琳德已经到了那儿）。夏天克里希那跟着贝赞特夫人去各个地方做演讲时，在所有公开的演讲中他都强调，要想成为门徒，必须在黑暗中完成飞跃，必须活在危险之中，感觉到足够强大，能够跃出窗外，从根本上改变自我。此刻，在佩尔吉内，在埃米莉夫人的建议下，他开始跟聚集在那里的人们谈论这些路线。早上的棒球比赛结束后，他会坐在田野里的一株苹果树下，尝试着向我们灌输需要达到的能力。他告诉女孩们说，尽管对她们而言，渴望婚姻以及拥有一个属于自己的家，这只是人类的天性，然而当尊者到来的时候，她们无法拥有那些东西以及为其效忠。假如她们试图游戏人生，那么就会变得鄙俗，没有什么比平庸更可怕了。但她们不应该变得坚硬，在爱与幸福的照耀下成长，是得到进化发展的唯一途径。身心的彻底纯净，也是不可或缺的。

四个富有激情的年轻女孩（其中 16 岁的我是最年幼的），被告

1924 年克在佩尔吉内的城堡旅馆圆塔的门道上。作者的照片

知要在修道院外过禁欲的生活。克里希那对于性和婚姻的态度，在几年之后发生了改变。1922 年当听说玛塞尔订了婚，他说她还不如自杀（婚约在她前去埃尔瓦尔德之前就已经解除了）。在佩尔吉内的时候，他对我们所有人都非常严厉，他告诉我们的那些逆耳忠言经常搞得我们哭鼻子。他发现我们的反应迟钝简直到了可怕的程度，他告诉埃米莉夫人说，这就像是对牛弹琴。他希望自己能够更多地"挫伤"我们，"你就像是黑屋子里的人在等着有人为你点亮灯，而不是在黑暗中摸索，自己去打开灯。"①

尽管他很严厉，但可以感受到他对我们怀着深深的爱，以及他是多么渴望我们成长为美丽的人类——他担心我们会变得"庸俗不堪"。

"转化过程"于 9 月 24 日停止，这时克里希那"带回"了一个讯息，他相信这讯息来自弥勒尊者：

学会为我效劳，因为只需沿着这条路，你就会寻到我。

忘记你自己，因为唯有这时，我才会被你找到。

当那些伟大的神灵与你格外靠近时，不要去寻找他们。

你就像是寻觅阳光的盲人。

你就像是被提供了食物但却不去吃的饥肠辘辘者。

你所寻觅的幸福并非遥不可及，它就在每一块普普通通的石

---

① 引自埃米莉夫人的日记，1925 年（布洛克伍德档案馆）。

头里。

如果你只是去看，我就在那里。如果你让我予以帮助，我就会伸出援手。

这些句子与其他的讯息非常不同，它们更像是克里希那不久之后写作的诗歌体。

第七章　旧梦已逝

埃米莉夫人的丈夫听说了悉尼计划之后，予以强烈反对。然而当道奇小姐提出将支付她和四个女孩的往返票价，那么除非冒着婚姻解体的风险，否则他无法做任何事情去阻止这一切。值得疑问的是克里希那是否意识到了他对此事的反对，尽管他出于门徒守则反对婚姻，但他并不是一个家庭破坏者。

克里希那、尼亚、埃米莉夫人以及四个女孩，于 1924 年 11 月 2 日从威尼斯出发前往孟买（拉加戈帕尔因为是毕业季，故已返回剑桥）。旅程的最后一天，尼亚突然咳血。接下来的十二个月，克里希那对这位自己深爱的弟弟无比焦虑。

在第二年前往悉尼之前，我们待在印度，起初是阿迪亚尔（在那里我们发现了曼扎利夫人），然后是德里。抵达阿迪亚尔之后不久，克里希那的"转化过程"再次开始。这一次没有了海伦的帮助，她与鲁思已经直接去悉尼了。他也没有得到尼亚的帮助，因为尼亚现在又一次病重，跟着曼扎利夫人去了乌塔卡蒙德。"我认为某一天

1924 年尼亚在印度。作者的照片

它会彻底结束"，1925年1月，克里希那从阿迪亚尔致信身在德里的贝赞特夫人，"但目前非常糟糕。我无法做任何工作，现在它整日整夜地进行着。"不过这次转化过程并不像曾经那样剧烈。在撰写这封信之前不久，克里希那曾到他的出生地默德讷伯莱，想选一个地点建立一所大学。在距离城镇10英里、海拔2500英尺的特突山谷，他发现了一处可爱的地方。第二年，他创立一个基金会，在那儿购买了300亩地。他将该地重新命名为瑞希山谷，名字源于俯视它的瑞希康达山。后来那里建起了一所学校，而不是大学，这是克里希那总共创办的八所学校当中的第一所。

兄弟二人被邀请出席1925年4月在悉尼召开的通神学大会，于是他们同鲁琴斯一家一起出发前往。拉迦跟他们一道上路，帮助照看病情严重的尼亚。悉尼的一位专家宣称，尼亚需要使出全力才能恢复，必须立即离开城市，因此他出发去了蓝山的卢拉，那里已为他准备了一个条件良好的小木屋。依然身在悉尼的罗莎琳德与他一起，担当护理，此外还有一位已婚的年长女伴。克里希那的时间都用于在罗拉与悉尼之间奔波。尽管他已经尽了全力把女孩们送去悉尼，很明显的是，他憎恶那里的教会的氛围，同时也不被赖德拜特欢迎，因为赖德拜特发现他是一种破坏性的影响力。当我们坐在闷热的屋子里，尝试着跟莫斯曼郊外的曼诺的庞大社区中其他成员一起冥想，他会透过窗户冲我们露齿一笑和挤眉弄眼。[1] 他对大家

---

[1]　一份关于赖德拜特在曼诺社区的生活记录，见《保持年轻，玛丽·鲁琴斯》（1989年柯基再版）。

1925 年赖德拜特与他的两个年轻学生在悉尼。作者的照片

狂热关注于踏上赖德拜特散布的所谓门徒之路极其不耐烦，这只会走向嫉妒和势利。同克里希那相比，曼诺的每一个人看起来都是那样粗鄙和庸俗。他试图跟赖德拜特谈"转化过程"的事，但后者没有任何帮助性的东西可说；这远远超出其经验范畴，而且当然也不是开悟的必要准备。

克里希那获得了一批土地，以便他在澳大利亚的许多地方展开工作。在靠近曼诺的巴尔默拉尔港口边选了一处极好的地址，修建了一个由白色人理石铸成的圆形露天剧场，期待着当尊者降临时在那里发表演说。圆形剧场以及这片土地都是按照克里希那的要求，由不同基金会持有的。

1925年6月，专家认为尼亚的身体已经得到了足够的恢复，可以展开旅行。兄弟俩6月24日出发前往旧金山，同行的还有罗莎琳德以及一位身为医生的瑞典通神学者，我感到生命从此黯淡无光。我的母亲被认为在悉尼通过了第一次开悟，她已返回了英国，把海伦、鲁思、贝蒂和我留在了曼诺。

当尼亚日益虚弱，旅程变得令人担惊受怕起来。旅程将近尾声的时候，克里希那写信给贝赞特夫人："我们会熬过去的，尼亚会再度好起来的。这是一段格外焦急的时光，我亲爱的弟弟，但您和指导灵在这里。"在欧亥，经过了艾布拉姆斯为期两周的每日治疗之后，尼亚的情况得到了好转。然而缓解是短暂的，接下来的三个月，尼亚病到完全无法下床，克里希那的全部精力都用来看护他了。如果不是贝赞特夫人和赖德拜特向他保证指导灵们不会让尼亚死亡，那么克里希那一定已倍感绝望。他的生命价值是非凡的。

与此同时，贝赞特夫人已经与希瓦·拉奥一同前往英国，她将在女王礼堂发表系列演讲。正同妻子鲁克米妮一起展开世界巡回演讲的乔治·阿伦戴尔，正住在荷兰赫伊曾的一个通神学社区，距离伊尔德堡不远，是由自由派天主教会的一位通神学主教詹姆斯·英戈尔·韦奇伍德管理的。一个年轻的挪威人，奥斯卡·寇勒斯壮姆，曾是赖德拜特从前在悉尼的学生，如今是自由派天主教会的一名牧师，同样也在赫伊曾。阿伦戴尔给身在伦敦的贝赞特夫人发去电报，谈到了正在发生的惊人的事情：奥斯卡已经达到了第三次开悟，韦奇伍德是第二次，鲁克米妮是第一次，同时韦奇伍德和鲁克米妮体内的拙火已经觉醒（阿伦戴尔已经到了第二次开悟，他和奥斯卡都声称拥有了眼通能力）。在又一封令人兴奋的电报之后，贝赞特夫人取消了她在女王礼堂的演讲，前往赫伊曾，同行的还有艾斯特·布莱特、埃米莉夫人、希瓦·拉奥和拉加戈帕尔。

贝赞特夫人于 7 月 26 日抵达，两天后，阿伦戴尔被任命为了牧师，布莱特小姐、埃米莉夫人和拉加戈帕尔据说实现了他们第二次开悟，8 月 1 日晚上，阿伦戴尔和韦奇伍德完成了第三次开悟，鲁克米妮则是第二次。4 日，阿伦戴尔荣升主教。他们发了一封电报，要求赖德拜特对该程序表示同意，但未得到任何回音。阿伦戴尔声称他已经在星芒层收到了赖德拜特"诚挚的赞同"。当他们从典礼返回，贝赞特夫人看到了赖德拜特发来的电报，他强烈反对这一步骤，赫伊曾发生的一切从未得到赖德拜特的承认。

阿伦戴尔继续从指导灵那里"带回来"一些指示：新入门者不能跟非入门者共处一室；所有自由派天主教会的神父必须穿戴丝绸内衣（对于那些贫困者来说这是非常困难的，埃米莉夫人注解道）；长袍要仔细挑选，但不要佩戴帽子（当道奇小姐被要求为主教们购买华丽的圣衣时，她第一次惊住了）；贝赞特夫人、韦奇伍德和阿伦戴尔夫妇要放弃以任何形式进食鸡蛋（根据埃米莉夫人所说，贝赞特夫人是唯一一个遵循这一指示的人，结果便是从此以后她总是处于半饥半饱的状态）。

8月7日晚上，阿伦戴尔说克里希那（在欧亥）、拉迦（在印度）、阿伦戴尔和韦奇伍德实现了第四次开悟，证得了阿罗汉。两个晚上之后，阿伦戴尔"传达"了十个人的姓名，声称他们是尊者的十二门徒，这些人是贝赞特夫人、赖德拜特、拉迦、阿伦戴尔、韦奇伍德、鲁克米妮、尼亚、埃米莉夫人、拉加戈帕尔以及奥斯卡·寇勒斯壮姆。他们没有找克里希那商议，想当然地认为他会从星芒层得知这一切。

在6月份的《明星社先驱报》上，阿伦戴尔宣称克里希那因尼亚的健康问题无法出席当年的欧门夏令营，但贝赞特夫人和他将会到那里，他希望大家务必参加。所以几乎没人缺席，8月10日，赫伊曾的那群人来到了欧门，当天下午召开了夏令营和大会（贝赞特夫人待在伊尔德堡）。在第二天的谈话中，贝赞特夫人公开宣称尊者已经挑选好了他的门徒，不过她仅仅被允许说出其中七个人姓名，他们已经证得了阿罗汉——她自己、赖德拜特、拉迦、阿伦戴尔、克里希那、奥斯卡·寇勒斯壮姆以及鲁克米妮，并保证鲁克米妮将会在几天的时间里证得阿罗汉。[①] 直到有人向她指明后，她才意识到自己漏掉了韦奇伍德，以及把克里希那命名为了他自己的门徒。在 14 日的另外一场公开演说中，她纠正了这些错误。夏令营在当天结束，赫伊曾的那群人返回。阿伦戴尔继续兴奋地说着："我知道有其他事情已经发生了，但似乎不可能。"第二天早上，贝赞特夫人把艾斯特·布莱特、埃米莉夫人、鲁克米妮和希瓦·拉奥叫到她的房间里，害羞地告诉她们，她、赖德拜特、克里希那、拉迦、阿伦戴尔、韦奇伍德和奥斯卡已经在 13 日晚上完成了第五次也就是最后的开悟，但这不会影响对待他们的方式。

埃米莉夫人已经被那一时期在赫伊曾的歇斯底里给感染了，她满腔热情地致信克里希那谈到这个。他回了电报，询问她是否赖德拜特确认了所有这些福祉。她回复说是贝赞特夫人自己宣布的，并补充道"请你相信她"。当埃米莉夫人返回伦敦时，见到克里希那写来的一封充满质疑、十分不悦的信。应他的要求，她毁掉了在这个疯狂的时期他写给她的所有信件，因为他担心这些信件会落入他人之手，伤害到贝赞特夫人，她正写信给他，请他确认阿伦戴尔传达的所有讯息。他不愿意伤害她，仅仅回复说自己忙于照顾尼亚，没有察觉到这些。早些时候，他曾询问是否可以派拉加戈帕尔到欧亥来帮助他照看尼亚，这一请求得到了准许，拉加戈帕尔在夏令营

---

① 《明星社先驱报》，1925 年 9 月。这一章节里面还根据埃米莉夫人的日志记录了另外一件"超自然的"事。

开幕之前就已经出发前往美国。

贝赞特夫人非常希望克里希那能够在冬天跟她一起前往印度，出席在阿迪亚尔召开的通神学会成立五十周年的庆典。他压根不愿意离开尼亚，但在 10 月底，尼亚似乎好转了一些，曼扎利夫人提出要来欧亥照顾他，于是克里希那极不情愿地跟着罗莎琳德和拉加戈帕尔来到英国，以取悦贝赞特夫人。他一抵达，埃米莉夫人就跟他进行了一番长谈，发现他对最近在赫伊曾和欧门发生的一切感到十分的不快。对他来说一些美丽的、私人化的、神圣的东西，已经公然变得丑陋、庸俗和荒诞。埃米莉夫人问他为什么不把他的感受告诉贝赞特夫人，他回答，那有什么益处呢？他们只会说他被黑暗的势力裹挟了。尽管如此，他还是多次尝试着跟贝赞特夫人交谈，但她似乎并未采纳。埃米莉夫人觉得贝赞特夫人已经被阿伦戴尔给催眠了，她变得这般容易受骗上当。

10 月 8 日，一群人从那不勒斯出发前往科伦坡，包括贝赞特夫人、克里希那、埃米莉夫人、罗莎琳德、拉加戈帕尔、希瓦·拉奥、韦奇伍德、阿伦戴尔和鲁克米妮。两位身穿红色长袍的主教（韦奇伍德、阿伦戴尔）在那不勒斯游走，他们告诉克里希那，如果他承认他们是行家里手，承认他们是他挑选出来的使徒，那么尼亚的生命就可以得到幸免。克里希那不会做这样的事情，他努力避免跟他们交谈。希瓦·拉奥相信克里希那从未有哪怕片刻时间质疑过指导灵们有能力去挽救尼亚。13 日晚上，就在他们驶入苏伊士运河的时候，克里希那收到了一封发给贝赞特夫人的电报，宣告了尼亚的死讯。根据与他同住一个舱室的希瓦·拉奥的回忆，接下来的十天极为痛苦。晚上，克里希那会抽泣、呜咽、哭喊着尼亚的名字，有时候是用意识清醒时他不会使用的泰卢固母语。然而到他们抵达科伦坡的时候，他已经把自己的悲伤转化为了一种祈福，他写了一段关于尼亚的文字，发表在 1926 年 1 月他给《明星社先驱报》撰写的编者按里：

我弟弟与我拥有过的尘世的美梦已经逝去了……我们在生命中有过巨大的欢愉，尽管性情各异。不知为何，我们能够不费吹灰之力就彼此懂得……这是一段快乐的生活，终其一生我都会想念他的。

旧梦已死，新梦诞生，就像花朵破土而出……痛苦中生出了一股新的力量，它正在血脉里搏动。过去的痛苦孕育出了一种崭新的同情与理解，更加迫切地渴望看到他人少受痛苦，假如他们必须受苦，那就希望看到他们能够勇敢地承受住痛苦，从痛苦中走出来，不伤痕累累。我已经哭泣过，可我不愿意别人落泪，但倘若他们哭泣，现在我已经会感同身受了……身体层面我们会分离，如今我们已密不可分……作为克里希那穆提，此刻我拥有了更加伟大的热诚、同情与爱，因为尼亚已经跟我融为了一体……现在我比以前更加地确定生命中蕴含着真正的美、真正的幸福，它不会被任何身体上遭遇的事情摧毁；蕴含着伟大的力量，任何过往的事情都无法将其削弱；蕴含着伟大的爱，它是永恒的、不朽的、不可征服的。

尼亚的死对贝赞特夫人来说是极为可怕的打击，虽然这还没有动摇她的信念。然而从那时候开始，克里希那似乎完全不再相信赖德拜特指出的那些指导灵们了，尽管还不至于不相信弥勒尊者以及他将作为尊者再临的肉身。阿伦戴尔和韦奇伍德确定尼亚之所以去世是因为克里希那拒绝承认他们。

赖德拜特以及一个七十人的群体，包括海伦、鲁思、贝蒂和我，几天后到达了科伦坡。（我们在墨尔本听闻到尼亚的死讯。）贝赞特夫人、克里希那和其他去往阿迪亚尔的人们，返回科伦坡与我们会合。赖德拜特迎接克里希那的时候是这样说的："至少你已经证得了阿罗汉。"

横渡印度之后，所有人乘坐一趟专列前往马德拉斯，每一个站台都挤满了人、摆满了花环以及受到人们的俯身致敬。克里希那知道我格外喜欢尼亚，于是火车上特地坐在我身旁。"克里希那太让人愉悦了，"我在日记里写道，"他跟我谈起了尼亚，现在他们始终在一起了。克里希那本人是这样的美妙、这样柔和。"

阿迪亚尔的情形非常令人痛苦。鲁思指出赖德拜特并不相信在赫伊曾实行的任何开悟，于是便有了两个阵营——阿伦戴尔－韦奇伍德派与赖德拜特派。克里希那跟他的拥护者们则立于这两派之外，而对克里希那的热爱与尊敬丝毫不减的贝赞特夫人则试图让所有人和解。一天早上她去到克里希那的房间，牵起他的手，将他领到她自己的客厅，在那儿，赖德拜特、拉迦、阿伦戴尔和韦奇伍德聚集一堂。她把他安置在自己与赖德拜特之间的沙发上坐下，问他是否愿意接受他们为门徒。他回复说一个也不愿意接纳，或许贝赞特夫人本人除外（关于此事的记忆是克里希那余生记得的极少事情之一，因为不久之后他就实质上不再记得过往的一切了）。

紧接着通神学大会之后，明星社大会于 12 月 28 日召开。第一次明星社会议上，早上 8 点，在一株菩提树下，有超过三千人出席，当时克里希那即将结束一场关于世界导师的演讲，这时候他突然发生了转化。他一直说的是："他来到这世上是为了那些怀着渴望、希冀、憧憬的人们"，这时候他的脸色变了，声音高昂起来，带着一种非凡的权威感："我来到这世上是为了那些祈求慈悲与幸福的人们，那些渴望获得解放的人们。我来是为了改造而不是摧毁，我来是为了建立而不是破坏。"①

对于注意到这种变化的我们来说，这是令人震撼的时刻（韦奇伍德和阿伦戴尔声称他们认为他只是引用了经典）。贝赞特夫人当然也注意到了这个，在明星大会的最后一次会议上，她说道："……那一事件（12 月 28 日）清楚地揭示出这一被挑选出来的容器已经实现了神圣的转化……这个很久之前就被拣选出来的肉身得到了最后的接纳……弥勒再临已经开始了。"在 1926 年 1 月的《通神学者》期刊上，她写道："没有任何兴奋、骚动，哪怕是在 12 月 28 日，当时我们的兄弟克里希那正要结束他的演讲，这时候他的话被

① 《明星社先驱报》，1926 年 2 月。

我们的世界导师给打断了，尊者降临在了他的肉身，说了一些话语。"赖德拜特同样深信不疑，在返回悉尼后，他宣称"他"毋庸置疑地在五十周年庆上不止一次使用了这个容器。[1]

克里希那自己也没有任何怀疑。在阿迪亚尔同东方明星国际会社的国内代表谈话的时候，他说道："关于 28 日的记忆对你们而言应当是仿佛在守护某种珍宝，每一次你看到它，必定会感到浑身战栗。尔后，当他再次降临，我很确定他马上就会再临，对你们来说，甚至会是比上一次更加神圣、更加美妙的际遇。"[2] 在一次跟学生们的会议上他说道："从那天起，我个人的感觉就开始格外不同起来……就像一个被清洁干净了的水晶花瓶、罐子，现在世上任何人都可以把美丽的花朵插进去，它将会在花瓶里存活，永不凋谢。"[3]

埃米莉夫人在日记中记录道，克里希那告诉她说现在他感觉犹如一个蛋壳——绝对不带个人色彩。当她向他描述说他的脸跟声音是如何改变的，他十分渴望地说道："我希望我可以看到那一幕。"他相信那是弥勒尊者的脸吗？直到几乎生命的终点，他都在强调贝赞特夫人与赖德拜特对于"那张脸"的重视，但这似乎指的是他自己面容的俊美，他总是这样不带个人色彩地看待自己的脸，就像看待他的整个身体那样。身体显然已经交由他来负责照顾了，这种与身体彻底脱离的感受，是贯穿他一生的现象。

---

[1] 《明星社先驱报》，1926 年 6 月。
[2] 《明星社先驱报》，1926 年 3 月。
[3] 《太阳下的烛光》，第 144 页。

第八章　内心永远的混乱

　　克里希那在印度一直待到了 1926 年 5 月，然后他旅行去了英国，随行的有罗莎琳德和拉加戈帕尔（我的母亲、贝蒂与我在 1 月底的时候离开了，那时海伦和鲁思返回了悉尼）。拉加戈帕尔接任了尼亚的工作，成为了明星社的组织秘书，这似乎是极为自然的事情。他还担任了明星社的国际财务主任，这是一个新的职务。他天生就是个组织者，把一切财务上的事情都交到他那双有效率的手里，这让克里希那再高兴不过了。

　　应克里希那的要求，拉加戈帕尔安排了一场为期三周、在伊尔德堡的集会，从 7 月 3 日开始，就在这一年的欧门夏令营之前。邀请函覆盖了从温布尔登公地西厅到几个特别的友人，他们被要求每周支付两英镑作为膳宿的费用。来自不同国籍的三十五人接受了，他们当中有玛塞尔、约翰·科德斯、罗莎琳德、拉加戈帕尔以及鲁琴斯家的三人。城堡里如今通了电，基金会还给安装了适合的卫生管道（之前是煤油灯以及直接通往护城河的地下密牢，在那里，巨大的鲤鱼会吞咽掉倾泻在它们身上的东西），卧室已经改成了集体寝室，只有克里希那拥有属于自己的一个房间。头三天他都因为支气管炎而卧床，之后的每个早上他会在那间大大的客厅里跟我们说上一个钟头，盘腿坐在暗青绿色挂毯下的沙发上。埃米莉夫人、玛塞尔跟我在日记上做记录，各自独立证实了有几次是弥勒尊者借由他在讲话。

天气很好，我们有足够的人数可以玩令人兴奋的排球游戏。"世界上没有比一个人在这里的感受更好的事情了，"我在日记里写道，"那便是身体、思想和情感上都实现了真正的鲜活。就像克里希那说的那样，获得这种方方面面的幸福感。"这次集会期间，我变得跟克里希那十分亲密。埃米莉夫人在日记里回忆说，最后一天的演讲中，克里希那的"讲话跟从前完全不一样，人们感觉到他的意识与尊者的意识是这般彻底地融合在一起，以至于不再有任何的区别。他说道：'跟随我，我将向你指明通往幸福国度的道路。我将交给你开启花园之门的钥匙。'尊者的面容通过克里希那的脸显露出来，熠熠闪光"。

克里希那的大部分朋友和追随者们现在都唤他为"克里希那吉"——后缀"吉"表示充满深情的尊敬。在这本书中继续称他为"克里希那"似乎太过熟悉，"克里希那吉"又太过印度化，而"克里希那穆提"则太过谨慎，所以书余下的部分将会用"克"来指代他，他也是这样指代自己的。

夏令营于 7 月 24 日开始，伊尔德的这帮人，除了克继续待在古堡以外，其他人都住进了距离松树林一英里的帐篷里。大约有两千人① 参加了这次组织得十分完美的夏令营。贝赞特夫人于 7 月初来到欧洲，直接去了赫伊曾。不过，她和韦奇伍德在古堡逗留的时候出席了夏令营的演讲。夏令营的中心是一个圆形的露天剧场，由粗凿而成的原木建成，天气好的时候在那儿召开会议。每天日落时分会有一场营地篝火。克会换上印度服饰参加夏令营的篝火，点燃 15 英尺高的原木，吟诵着献给火神阿格尼的赞美诗。尔后，在火焰熊熊燃烧时，他会发表讲话。

　　27 日晚上，根据埃米莉夫人日记的说法，她清楚地知道"克里希那的样子表明他（尊者）已然降临。他看起来这般严峻，充满了力量"。柯尔比夫人，一位嫁给热那亚的英国银行家的意大利人，她是自 1909 年认识克的，曾经在佩尔吉内的时候与我们一起，她写道，那晚他看起来有一种不同寻常的高贵，他声音里的力量不断地在增强，听上去更加深沉与充实，直到"尊者已经再临，他在说话……当讲话结束的时候，我发现自己从头到脚都在发抖"。第二天早上她看见他的时候，"他跟往常一样可爱与亲切，当我告诉他他的整个样子都变了，他说道：'我希望我也可以看到那一幕'……克里希那吉看上去仿佛迫切需要休息……这是怎样的日子啊，可怜的克里希那吉，他的牺牲是毫无疑问的"。②

---

　　① 　东方明星国际会社 1926 年的年度报告给出的成员总数字为 43000，来自 40 个国家。这些人中有三分之二也是通神学会的成员。

　　② 　摘自玛丽亚·路易莎·柯尔比 1926 年 7 月 31 日写给 R.G. 麦克比恩的信件（《通神学者》，1948 年 7 月 19 日）。

以下是那晚他的部分讲话：

我希望你前来，透过我的窗子去看，这会让你看到我的天堂、我的花园、我的住所。尔后你将会懂得，重要的不是你做了什么，读了什么，别人说你是什么抑或不是什么，而是你应当强烈地渴望迈入真理之域……我要你来认识到它，我要你来感受到它……不要跟我说什么："哦，你不同，你立于山巅，你是神秘的。"你们这般说我，用你们的话语遮蔽我的真理。我不希望你与自己的全部信仰决裂，我不希望你去否定自己的性情，我不希望你去做那些你不认为是正确的事情。然而，你们当中有人是快乐的吗？你们当中有人品尝过永恒吗？我属于所有人，属于所有满怀真爱的人，属于所有感到痛苦的人。假如你愿意前行，那么你应该与我一起上路。假如你愿意去理解，那么你应该洞悉我的思想。假如你愿意去感受，那么你应该看穿我的心思。因为我真的在爱，所以我渴望你也去爱。因为我真的在感受，所以我渴望你也去感受。因为我珍视一切，所以我渴望你也能珍视一切。因为我渴望去保护，所以你也应当去保护别人。这是唯一值得的生活，唯一值得去拥有的幸福。[①]

讲话结束的时候，韦奇伍德被发现身体倾向贝赞特夫人，对她耳语了些什么。当贝赞特夫人与克一回到城堡，她就告诉他这是一

---

① 《智慧之池》(明星社出版基金会，1928 年)。

个她所熟知的拥有强大力量的黑魔法师，他曾经通过克讲过话。克十分吃惊，声称如果她真的这么认为，那么他将永远不会在公开场合讲话了。后来就再也没有提到过黑魔法师了。那晚我碰巧在古堡就寝，克亲自告诉了我这件事情，说道："可怜的妈妈。"他意识到她的思想正在消失，并且相信韦奇伍德告诉她的一切。

贝赞特夫人突然决定跟克一起去美国，自1909年以后她就没有到过那里了。很快就给她安排了巡回演讲，8月26日，她跟克、拉加戈帕尔、罗莎琳德一同启程。抵达纽约时，有二十位记者前往采访，他们失望地发现克身穿着裁剪得体的灰色西服。一名记者将他描述为"一个羞涩、被吓坏的长相好看的印度男孩"。克因为如下标题深感尴尬："明星社狂热地等待着再临尊者的荣光"、"身着法兰绒网球衫的新弥赛亚"、"穿着灯笼裤到来的新上帝"，等等。

第二天在华尔道夫—阿斯托利亚酒店，四十位记者单独采访了克。没有贝赞特夫人在身边，他就不那么害羞了。《纽约时报》报道说，许多采访者"试图用那些措辞精明的问题来让他出错，而他十分有技巧地避开了所有的陷阱，赢得了他们敬仰，让其心悦诚服"。在后来的岁月，克经常提到这一次他获得了一家电影公司提供的每周5000美金的薪资，让其在一部反映佛陀生平的影片中扮演角色。这让他很高兴，因为这使他感到自己有谋生的能力，而这是他一直渴望的。

10月3日，在贝赞特夫人举行了三十场演讲之后，克才在旧金山跟她会面，尔后十分高兴地带着她去往了欧亥。（他已经跟拉加戈帕尔在弗吉尼亚的温泉镇休养过。）他离开欧亥有大约一年的时间了。抵达那里两天之后，他给埃米莉夫人写信说："我在这里，没有尼亚相伴……当我进到他患病以及最后离开的那个房间时，我害怕我的身体会哭泣。身体真是个奇怪的东西，我并没有真的难过，但我的身体却处于一种不同寻常的状态……我正在习惯他肉体的消失——要做到这个相当困难，因为我们住在这里的时光要比其他任何地方都多，在这里我们一同受苦，一同欢愉。"

由于胸部胀痛（最终症状减退），因此当克计划在冬天去往印度时，遭到了好莱坞的两名医生的禁止。贝赞特夫人决定跟他一起待在欧亥，他致信埃米莉夫人，恳求她带着贝蒂和我去跟他一起住。贝蒂刚刚考入了皇家音乐学院，不想去，但母亲跟我却十分开心地在 11 月底出发前往，在欧亥跟克以及贝赞特夫人、拉加戈帕尔、罗莎琳德一起度过了将近五个月的天堂般的日子。克与贝赞特夫人从来没有过这般漫长、和平、快乐的时光。之后他开始写诗，每天晚上我们都会步行去看日落，这让他大获灵感，回去后他就会作诗。[①] 我们在那里的时候，他的人类自我是最自在的。当他教我开他的那部帕卡德，会对我非常生气。然后，我出于报复独自把他的车开出去，这让他都要发狂了。

1927 年 1 月，被他称为"旧疾"的颈部和脊椎底部的剧痛再

---

① 他的第一首诗《开悟狂喜的赞美诗》，发表在 1923 年 1 月的《先驱报》上。他创作的其他大约六十首诗歌都发表在《明星社先驱报》上，并结集成书出版。1931 年，他停止了写诗。

一次开始了，尽管现在他似乎能够承受住，不会再昏迷过去。只有在结束之后，他才需要休息，他的意识会离开身体一个钟头左右，变成一个孩童的状态。在这个过程中，我可以帮助到他。当我第一次去到他身旁，他的"身体元素"询问我是谁，然后说道："嗯，如果你是克里希那和尼亚的朋友，那么我认为你是可以的。"就像是一个约莫四岁的孩子在说话，把我唤为"妈妈"。这孩子似乎十分敬畏克，会说类似这样的话："注意，克里希那回来了。"当克返回，他完全不记得那孩子说过些什么。

有一天，埃米莉夫人问他，他所谓的占有性的爱是指什么意思。他回答道："人人皆一样——他们都认为对我有特殊的主张，有特别的路途通向我。"这种情形持续了他一生——人们觉得以某种方式拥有他，觉得要比其他人更理解他。事实上，有人充分了解他吗？显然没有一个人拥有他。

2月9日，他写信给赖德拜特："我明确地知道我与导师的意识已经融合为一，他将彻底填满我的身心。我感觉到而且认识到我的容器几乎要注满，不久就会溢出来了。我渴望让每个人得到幸福，而且我也将会这么做。"

贝赞特夫人抵达欧亥后不久，便在欧亥山谷较高的地段购买了四百五十英亩的土地，以便克能够修建他渴望已久的学校。尔后她试图筹款，进一步购买山谷较低一头的二百四十英亩的地，作为每年一度的营地，就像欧门营地那样。不过又组建了另外一个信托基

1927年贝赞特夫人与克在欧亥。照片来自布洛克伍德档案馆

金，叫做欢乐谷基金会，发起了二十万美金的筹款诉求。[1] 最终认捐到了全部资金，买下了土地，然而在二十年的时间里都没有开办欢乐谷学校。

在 4 月份跟克离开欧亥之前，贝赞特夫人对美联社发布了一则声明，开头道："圣灵再一次地降到了一个人的身上，那就是克里希那穆提。从字面意义上来讲，他这一生堪称完美，关于这一点，那些认识他的人们可以作证。"末尾她写道，"世界导师已然再临。"

这一年的欧门营地开营之前，在伊尔德堡举行了为期一个月的集会。古堡入口一侧的一处大型谷仓，被改造成了带许多小房间的两层楼，这样就能够容纳六十人居住了。第一周，克的支气管炎又犯了。当他生病时，埃米莉夫人会在白天向我们朗读他的诗歌，而他则躺在床上阅读埃德加·华莱士的作品。6 月 30 日，他的身体有了好转，能够下床以及举行讲座。

集会期间，埃米莉夫人和拉加戈帕尔之间就东方明星国际会社的重组问题展开了诸多讨论。由于如今有许多人都相信导师已经再临，因此它的宗旨不再是有效的了。6 月 28 日，起草了新的目标："1. 把所有相信世界导师再临的人们汇集起来；2. 竭尽所能为他服务，实现其关于人类的理念；明星社没有任何教条或者信仰体系；它的启示就是世界导师，它的目的就是体现他万能的生命。""东方

---

[1]　发起这笔款项诉求的时候，贝赞特夫人在 4 月份的《通神学者》上写道："在这项新的具有冒险性的事业上，我赌上了五十三年从事公共事务的声誉以及我所有的财政前途。"

明星国际会社"改名为"世界明星社"，杂志名则从《明星社先驱报》更换为了《明星社评论》。从此以后，每个国家都会出版自己的杂志版本，除此之外还会有《国际明星社公报》，由1926年成立于好莱坞的明星社出版基金会发行，该社多年来都在出版克的讲话集。

克今年在伊尔德堡的演讲主题是"自由"，去年的主题则是"幸福的疆域"。关于他的讲话，埃米莉夫人做了一些记录：

你必须获得解放，不是因为我，而是哪怕没有我……终其一生，尤其是在最近几个月里，我都在努力觅得自由——摆脱我的朋友、我的书籍、我的学会获得自由。你应该为了同样的自由而努力。一定会有内心的混乱。始终在你面前立一面镜子，假若你在那里看到了任何事物，它与你为自己建立起来的理念不相称，改变它……你不应该把我变成权威。如果我成了对你而言不可或缺的，那么一旦我离开了，你要怎么办呢？……你们有些人认为我会给你一杯酒，喝了你就能得到自由，我能够给你一条公式或准则，执行了你就能得到解放——不是这样子的。我可以是那扇门，但你必须通过这扇门，寻找到门后面的自由……真理像窃贼一般——在你出其不意的时候到来。我希望我能够发明一种崭新的语言，但因为我办不到，所以我想破除掉你旧有的措辞和概念。没有人可以带给你自由，你必须在内心找到它。然而由于我已经寻找到心灵的自由，因此我会向你指明道路……已获自由的人成为导师——就像我自己。进入这团火焰的力量就存在于每个人自己的身上，变成火焰熊熊燃烧……因为我在这里，倘若你把我放在心中，那么我会给予你获得自由的力量……自由不是只针对少数的、被挑选出来的人。

克自己的哲学终于开始显露出来，这让集会的大多数人感到惊愕，尤其是通神学会秘授部的成员，他们习惯于被告知该做什么以及在开悟的征途上该走哪步。实际上，他主张尊者以及其他所有的上师都是没有必要的，每个人都应该依靠自己探明真理。集会期间，他跟埃米莉夫人谈了许多，关于他想成为一名出家人，他说这是他必须抵抗的最后一个大诱惑。

阿伦戴尔、韦奇伍德甚至拉迦就个人而言是献身于克的，但这一次他们从所待的赫伊曾发来声明，称不相信克的意识与尊者合而为一，称他们应该坚持统一战线。克本人如今已经改变了自己的术语：对他来说，意识的融合变成了"与我的爱结合一体"，这便是自由。

老派的通神学会的领袖们，孤注一掷地依附于他们的力量，而他们的影响力正在被削弱。假如他们不再能够训练学生履行门徒的身份以及在开悟路上迈开步伐，那么他们的权威会遭遇什么呢？若导师要发表革命性的声明，冲击到秘授部的核心，他们如何能够继续发表关于"世界导师再临"的演说呢？

贝赞特夫人再次参加了这一年的营地活动，但她显然也想出席伊尔德堡的集会。克想必劝说她不要前来，因为 7 月 28 日她从伦敦给他写了一封可怜兮兮的信件，就在营地开幕的前三天：

我亲爱的……相当长的时间我都觉得高潮会在今年的伊尔德来临，我十分渴望去到那里，只为这一美妙的时刻。不以任何身份，而是只作为你的子民。因此，未能跟所有得到那一伟大福佑的幸运儿一样身处那里，这让我一直感到格外的伤心。或许我太愚蠢了，但我真的非常希望去到那儿。我认为你并不知道我有多么地爱你，亲爱的，因为我没有在你身边闲逛和瞎忙活。所以我为自己糟糕的因缘而独自悲泣。你不知道我是这样的傻瓜，或者我是多么渴望去到那儿，而不是仅仅跟着人群出现。①

营地开幕的头一天，在贝赞特夫人抵达之前，克第一次公开回答了那个令许多人困惑不已的问题：他究竟是否相信那些尊者以及神秘学的等级制度？这或许是他所做过的代表自身立场的最为重要的声明：

当我还是个小男孩的时候，常常看见吹着长笛的克利希那神，就像印度人描画的那样，因为我的母亲是克利希那神的信徒……待我长大，与赖德拜特主教和通神学会相遇，我开始见到了指导灵库图弥——同样是以置于我面前的形式，从他们的观点来说是实

---

① 克里希那穆提基金会美国档案馆，在加州欧亥。

相——之后指导灵库图弥对我来说就终结了。后来，随着年纪的增长，我开始见到了弥勒尊者。那是两年前，我不断看见他，以置于眼前的形式……再后来，我一直看见的是佛陀，与他结合是我的狂喜和荣耀。我被询问说我所谓的"我的爱"是指什么意思。我将给出一个意义、一个判断，你可以随自己高兴去进行解释。对我来说它是一切——它是克利希那神、它是指导灵库图弥、它是弥勒尊者、它是佛陀，然而它超越了所有这些形式。你怎样去命名它，这有什么重要呢？……困扰你的是是否有这样一个作为世界导师的人，他在某个叫做克里希那穆提的人身上显灵。然而世界上没有人会对这个问题烦心。我不得不去解释，这真是一件不幸的事情，但我必须如此。我希望尽可能含糊一点，我已经这么做了。"我的爱"是广阔的天空、是花朵、是众生……直到我能够确定无疑地声称我与我从未提及的"我的爱"融合为一，没有任何过度的兴奋，抑或为了让他人信服而去夸大其词。我谈到了每个人都渴望的模糊的一般性。我从没有说过：我是世界导师，但现在我感觉我与"我的爱"合而为一。我这么说，不是为了让你铭记我的权威，也不是为了让你信服我的伟大，或是世界导师的伟大，甚至也不是生命之美，而是仅仅为了唤醒潜伏在你们内心的探明真理的渴望。如果我说，我将会这么说，我与"我的爱"合为一体，这是因为我感受到了、认识到了它。我探明了我所渴望的，我已经与之结合，所以从今以后不会再有分离，因为我的思想、我的渴望、我的憧憬——个体自我的一切都已经泯灭……我就像清晨散发芬芳的花朵，它不会关心路过的是谁……迄今为止，你们都依赖于明星社的两位守护者（贝赞特夫人和赖德拜特）的权威，依赖他人告诉你真理，然而真理就蕴藏在你自己身上……询问我"我的爱"是谁，这没有任何意义。解释有什么用处呢？除非你能够在每一个动物、每一片叶子、每一个受苦的人、每一个个体身上见到他，否则你将无法认识他。[①]

　　贝赞特夫人从赫伊曾出发前往营地，随行的有拉迦与韦奇伍德。尽管会议期间她的主要演讲是《世界导师再临》，但她无法将克的实际主张与她预想的尊者会说的话调和起来。8 月 15 日她返回了赫伊曾，因此错过了克在两天后向营地的志愿者们所做的演讲。这些讲话通常会被速记下来和发表，但这一场演讲并没有任何官方的记录（或许是因贝赞特夫人的缘故而被禁止发表）。我们只有演讲当中的一句话，是记录在埃米莉夫人的日记里的："直到你自己不再需要帮助，方能去帮助他人。"这次演说的记录送到了贝赞特夫人手里，令她十分难过，正如她所言，也让其他许多人伤心。正跟拉加戈帕尔一起在维拉尔休养的克，致信给她，称他无法记起他都说了些什么。"我担心他们全都反对独立思考，"他补充道，"坐享其成他人的思想，这要容易得多……母亲，我们俩应该团结一致，其他一切都不重要。"

　　然而，根据通神学会威尔士分会秘书长彼得·弗雷曼的说法：

---

　　① 《谁带来了真理》（明星社出版基金会，1928 年）。

"他（克）告诉我们，他这辈子从来无法阅读一本通神学的书籍——无法理解我们通神学的'行话'。尽管他听过许多通神学的演讲，但无一使他信服了他们关于真理的认知。"[1]

维拉尔之行后，克去往巴黎，因为他曾答应给一位雕刻家安东尼·布代尔当模特。这位六十六岁的雕刻家立即被克给迷住了。"当一个人聆听克里希那穆提说话，他会感到震惊，"他说，"如此睿智、如此年轻的一个人……克里希那穆提真是一位伟大的智者。如果我是十五岁的话，那么我一定会追随他的。"[2]

拉加戈帕尔和罗莎琳德 10 月 3 日在伦敦的婚姻登记处结婚，当时克并不在场，之后二人在圣玛丽自由派天主教堂举行了宗教仪式。贝赞特夫人将罗莎琳德交到了新郎手里。催促他们结婚的是贝赞特夫人，这样一来罗莎琳德就可以名正言顺地跟随克一起旅行了，尽管拉加戈帕尔当然是深爱着她的。欧亥的阿亚·威哈尔将成为他们的家。克根本不记得他对这场婚姻的想法了，然而如今他对婚姻的感受已经改变，他不再视其为一场灾难了。

---

① 《安妮·贝赞特最后的四世》，A.H. 尼德科特，第 193 页（哈特—戴维斯出版社，1961 年）。

② 《不妥协者》中与布代尔的会谈，1928 年 3 月，引自《国际明星社公报》的英文翻译，1928 年 4 月。布代尔所做的克的半身雕像是他最好的作品之一，如今陈列在巴黎的布代尔博物馆内。

第九章 "我拒绝做你的精神拐杖"

1927 年 10 月，克与贝赞特夫人前往印度。27 日抵达孟买的时候，贝赞特夫人对前来会面的记者们做了一番关于克的声明："我作证，他绝对是值得的……他的意识已经与世界导师那无所不在的意识的碎片融合为一了……如今他回到了你们身边，回到了他自己的人民、自己的种族这里。可是他超越了这二者，因为他属于整个世界。"

这番声明对于天性就爱在崇拜中匍匐在地的印度人的影响是可以想见的。然而阿伦戴尔却在《印度通神学》上撰写了一篇文章，说明了克在这年冬天面临的不可能的处境以及通神学者们的迷惑："我们的主席宣称尊者再临……现在对我来说，无法将这番言论与我自己关于尊者托身在他那光荣的肉身中的认知给调和起来。"

12 月，赖德拜特在阿迪亚尔出席通神学大会。8 日，他致信埃米莉夫人："我与他长谈了一次……他跟我的意见达到了惊人的一致。他问我想要什么，我告诉他不存在什么克利希那神——掌管江河湖海的神灵。[①] 他说，是的，就像旧书，全是真实。他十分可亲，同时异常可敬。"

1928 年 1 月，克再次写信给埃米莉夫人，告诉她说他的头一直疼得厉害，有几次一定都昏厥过去了。如今这症状也不能说彻底地离他而去了，不过并没有阻碍他在印度展开巡回演讲。赖德拜特无法解释为什么痛苦会继续，这让他很失望。为了让肉身准备好成为尊者再临的容器，克接受了他所遭受的一切身体上的痛苦。但既然他已经实现了与"我的爱"的融合，所以他很困惑为何痛苦会继续。

由于拉加戈帕尔和罗莎琳德待在欧亥，因此这次随他一起出行的旅伴是一位老友，雅杜南丹·帕尔萨（雅杜）。雅杜曾经在佩尔古内待过，还参加了上一个夏天在伊尔德的集会。他是个十分有吸引力的年轻人，性情上更像尼亚而不是拉加戈帕尔，所以克感到跟他有一种自然的亲和。2 月底，他跟着克回欧洲旅行。在被不断要求之后，克第一次在旅行途中与其旅伴展开了讨论。

3 月 31 日，克在英国的友谊大厅举行了首场演说。人们如此兴致勃勃，以至于成百上千人被拒绝入内。四天之后，雅杜与他一起乘船去了美国。明星社的第一次营地活动将于 5 月份在欧亥举行，就在贝赞特夫人购买的那块位于山谷低段的土地，包含有一片橡树

---

① 东方哲学的传统，认为到了进化的终点，经过了漫长而成功的无数世后，自我将会离开生命之河，消泯在涅槃的海洋中。

1928 年前后克在欧门。照片来自布洛克伍德档案馆

林，那是加州四季常青的美丽的橡树。但是在开营之前，克于 5 月 5 日晚上在好莱坞露天音乐厅做了来美国的首场演说。根据《洛杉矶时报》报道，听众多达 16000 人，他们"显然全神贯注地"聆听了他所做的题为《通过自由获得幸福》的演讲。

只有大约 1000 人参加了欧亥举办的首次营区活动。不过，这次活动取得了巨大成功，克每天早上在橡树林举行演讲。5 月 30 日，也就是营区关闭后的第三天，克、拉加戈帕尔和雅杜出发前往英国，而罗莎琳德则留在了欧亥。贝赞特夫人同一时间也去往英国，克与她在那里一道出发前往巴黎。6月27日，他在埃菲尔铁塔广播电台用法语做了一次演讲，题为《幸福的秘诀》，估计有两百万听众。

在欧门营区开幕之前，1928年夏天在伊尔德堡的集会规模更胜往昔。如今又改造了一间谷仓，以便给明星社成员以外的人们提供房间。利奥波德·斯托科夫斯基与他的妻子前来待了几天，此外还有路透社主席罗德里克·琼斯爵士与夫人、作家伊妮德·巴格诺尔德。如今克有了无数来自不同国籍的朋友，不过与他结成了多年亲密关系的则是居住在巴黎的一对埃及夫妇，卡洛和纳丁·苏亚雷斯。

在克的特别请求下（他是在一封充满爱意的信件中表达这一请求的），贝赞特夫人原本打算出席欧门营地的活动，但却因病未能成行。尽管他非常关心她的健康，然而她的缺席却令他能够在营地篝火演说中畅所欲言，无需害怕伤害到她。开始之前，他告诉营地的组织者，一旦明星社"宣称是一个掌握真理以及唯一真理的容器"，他会立马将其解散。会议期间，他被询问了以下问题："您是真的不希望有门徒吗？""您如何看待仪式和典礼呢？""您为何告诉我们开悟之路上没有各个阶段？""既然您告诉我们没有神、没有道德准则、没有善恶，那么您的教诲与普通的唯物主义怎样区分开来呢？""您是耶稣转世吗？"以下是克的回答的摘要，从中可以看出那些提问者对于他的理解真是少得可怜。

我再次声称我没有门徒，如果你认识了真理，不去追随他人，那么你们每个人都会成为真理的门徒……真理不会给出希望，它给出的是认知……个人崇拜里面是没有认知可言的……我依然坚持认为，对于灵性的成长，一切仪式都是不必要的……若你想要寻觅真理，你就得出发，远离人类思想与心灵的局限，去发现真理——真理就蕴藏在你自己身上。让生活本身成为目的，难道不比拥有那些中介、上师简单得多吗？这些人势必会阻碍真理，从而背叛真理……我认为，一个实现了认知的人，那么他在革新的任何阶段都能够获得自由。崇拜各个阶段，正如你们所做的，根本不是必要的……之后不要引用我的话作为权威。我拒绝做你们的精神拐杖。我不打算为了你们的崇拜而被关进笼子里去。当你带来山峰清新空气，把它放进一个小房间里，那么空气的清新将会消失不见，将会出现停滞……我从没有说过不存在神，我说的是只有在你身上显现出来的神……但是我不打算使用"神"这一字眼……我宁可称其为生活……当然，没有所谓善恶。善是你不害怕的事物，恶是你恐惧的。因此，一旦你消灭了恐惧，就会获得精神上的充实……当你热爱生活，把这种爱置于万事万物之前，用爱去评判，而不是用你的恐惧，那么这种你称之为道德的停滞就会消失不见……朋友们，不要去关心我是谁，你永远不会知道的……你觉得真理跟你认为我是谁有任何关系吗？你关心的不是真理，而是那个容纳真理的容器……倘若水是澄澈的，就将它一饮而尽吧。我对你说我有那澄澈的清水，我有那能够带来纯净、有着非凡治愈力的芬芳。你问我道：你是谁？我是一切，因为我是生活本身。[①]

大会结束语他是这么说的："到这里露营的有好几千人，假如他们全都实现了认知，那么他们在世界上还有什么做不了的事情呢！他们能够改变明天的世界的模样。"

可怜的贝赞特夫人如今已八十高龄，她的老年生活非常不幸，因为她试图让不可调和的两派和解。为了与克所有的主张保持一致，在 1928 年 10 月他抵达印度之前，她关闭了全世界的秘授部（不到一年她又重新开启了该部门）。克把这视为她所做的一件非常不错的事情。当他到达阿迪亚尔的时候，她无法去迎接他。但是她写道："亲爱的……我将无期限地暂停所有的秘授部，把所有教义都给你。"第二天又写道："欢迎回家，亲爱的。我已经尽全力为你清理了场地，你是唯一的权威。"[②] 正如克告诉埃米莉夫人的那样，贝赞特夫人希望辞去通神学会主席的职位，以便追随他到任何地方，然而她的指导灵不会允许这样。冬天在印度召开的所有会议上，她都坚持要求跟其他听众一起坐在地上，而不是像过去那样与他一道坐在讲台上。与此同时，她又支持对克说过如下话的阿伦戴尔，就像克报告给埃米莉夫人的那样："你走你的阳关道，我们过我们的独木桥。我同样也有一些东西去教授。"贝赞特夫人也支持曾经这样致

① 《让认知成为法则》（明星社出版基金会，1928 年）。
② 克里希那穆提基金会美国档案馆。

信给她的赖德拜特："当然，我们的克里希那吉还不具备尊者的全知全能。"在12月份的《通神学者》中，她亲自写道："克里希那穆提的身体意识并没有分享弥勒尊者的全知全能，"同时引用了克利希那神的格言，"人们沿着许多路途达至我。"克致信埃米莉夫人，声称不久他与通神学会之间将会彻底"分道扬镳"，"这会比伪装好得多"。他的头和脊椎非常痛，没有人能够给予帮助，"不像过去那样"。

克这年在贝拿勒斯的时候，瑞希山谷基金会得到了军事当局提供的三百英亩土地，克一直希望用来修建另一所学校。这地方位于拉杰哈特，是坐落在恒河岸边的一处美丽所在，就在贝拿勒斯北部。朝圣之路穿过整块地方，连接着卡希和鹿野苑，在那里，佛陀进行了开悟后的第一次布道。基金会的全部资金都花费在这上面，但"无法获得帮助"。

1929年2月，克与雅杜出发前往欧洲。在简短访问了巴黎、伊尔德、伦敦之后，他们去往了纽约。在伦敦，我告诉克我订婚了。他在船上写信给埃米莉夫人："起初我对这一切感到十分难过——您知道我的意思——当我跟您一起的时候，我仔细想过，如今没事了。我的想法、我的观点不应该干扰到玛丽的成长。极少有人愿意跟随我走完整条路。我希望她会脱颖而出，成为一朵完全绽放的花儿。"同一天，3月5日，他致信玛塞尔："我永远不会放弃任何人，但是大家都放弃了我。"老友当中只有玛塞尔始终追随他，直到他去世。曼扎利夫人在普世基督教运动中为她的能量找到了一个出口，鲁思

1929 年前后克在伊尔德。照片来自布洛克伍德档案馆

已经嫁给了自由派天主教会的一名主教，克与海伦渐行渐远（20 世纪 30 年代初期，她嫁给了斯科特·尼尔宁），我的姐姐贝蒂强烈地反对他，拉加戈帕尔日渐疏远他。当然，许多老辈人至死都忠心耿耿，后来他遇到的许多人对他也是十分忠诚，直到他去世为止，甚至在他死后依然如此。但还是有其他一些人转为跟他作对，通常是出于嫉妒，这实在是太伤感情了。早年的时候，当他跟人们说了些什么，说了些他们爱听的，他们就会坚称是弥勒尊者在通过他发言。当他告诉了他们一些不想听的东西，则会说是克在讲话。将来也是一样的，当他说了些逆耳忠言，就会被指责说受了他人或其他事物的影响。

尽管克确定自己与"我的爱"融合为一，但他没有丧失过也永远不会失去他人性的那一面。这年在欧亥，他、拉加戈帕尔和雅杜

"谈论着，争吵着、兴奋着"，就像他告诉埃米莉夫人的那样。他们还会大笑、相互捉弄和逗笑，拉加戈帕尔的笑声令人难忘——更像是一种咯咯傻笑——而克的笑声则要更大声、更深沉一些。他一生都保持着害羞的性格，在陌生人面前不爱出风头，连简短的社交谈话都没有。在我们位于伦敦的房子里，有贝赞特夫人在的时候，他曾与萧伯纳会面。萧伯纳声称他"是他见过的最美丽的人"[1]，然而克却太过害羞，以至于都没有跟他说过几句话。

　　克在生理方面是完全正常的，他在成长过程中所受的教育是相信所有致力于成为尊者门徒的人们，在性方面都必须得到净化，作为尊者的化身更是需要如此。后来他彻底摒弃了这种对于性的偏执，但他从来不认为性是一个问题。由于他的长相，假如没有其他的话，许多女人都会爱上他，这是毋庸置疑的。不止有一位疯狂的女性写信说要做他的妻子，倘若他被看见在公开场合有某个女孩相伴，那么媒体就会立即报道说他订婚了。[2]

　　这一年克在欧亥待了六个星期，这期间，头部和脊柱的疼痛变得非常厉害。他感到十分疲累，以至于一位新的医生警告说，假如他不得到更多的休息，他患的支气管炎会频繁发作，最终将会导致肺结核。于是他取消了夏天的全部演说，包括在伦敦的女王礼堂的三场演讲，决定把活动范围限定在欧亥和欧门的营地以及伊尔德的

---

[1] 《萧伯纳》，赫斯基思·皮尔逊，第 115 页（柯林斯，1942 年）。
[2] 曾经有纽约的报纸报道他与海伦·克诺特订婚，1927 年的时候我的父亲成功地阻止了一则有关我跟他订婚的消息。

集会。

5 月 27 日，欧亥营地开营，参加人数翻倍。他在橡树林的一场演说中宣称："现在我宣布，没有丝毫自负，而是带着恰当的认知，用我的整个身心去宣布，我是整团的火焰，这火焰是生命的荣光，它必定会向所有人，所有个体和全世界走来。"[①] 开营期间，有传闻说不久他就会解散明星社。几周之后，他果然这么做了。8 月 3 日，在欧门营区的第一次会议上，有贝赞特夫人以及超过三千名明星社会员在场，此外有成千上万的荷兰民众通过电台在收听，他终结了自己历史上的一个时代。他的部分讲话如下：

我主张真理是无路可循的，你无法通过任何途径达至它，无论是通过某种宗教还是法门。这就是我的观点，我绝对坚持这一看法……假如你首先认识到了这个，就会明白信仰根本无法组织化。信仰纯属个人事务，你不能也不应该使它组织化。一旦你这么做了，它就会变成死寂的、僵化的东西，变成强加在他人身上的教条、门派、宗教。

这就是世界上的每个人都在试图做的事情。真理被狭隘化，变成了那些软弱之徒、那些仅仅只是一时间不满之人的玩物。真理无法屈就于人，而是人必须努力去攀登真理的高峰。你不能让山巅变为低谷……因此，这就是为何在我看来明星社应当被解散的第一个

---

① 《国际明星社公报》，1931 年 6 月。

原因。尽管如此，你们或许会组建其他的明星社，会继续从属于其他探寻真理的组织。我不愿意属于任何灵性组织，请务必理解这一点……

假如是为了这个目的成立组织，那么它就会变成精神的寄托，变成一种虚弱与约束，必定会束缚个体，妨碍其成长，妨碍他确立自己的独特性，使其无法依靠自身的力量去发现那绝对的、无限的真理。所以，这就是为什么我身为明星社的社长却决定将其解散的另一个原因。

这并非是什么了不得的举动，因为我不希望有追随者，我是认真的。一旦你去追随他人，就不再追随真理了。我不在乎你们究竟是否有在注意听我说的话。我想在世界上完成某件事情，就会毫不动摇、全神贯注地去做。我关心的只有一件重要的事：如何让人获得自由。我希望把他从所有的牢笼和恐惧之中解放出来，不去创立宗教、新的教派，不去确立新的理论和哲学。尔后你自然会询问我，那么为什么我还要不停地在全世界举行巡回演说呢？让我来告诉你我这么做的原因：不是因为我想要有追随者，也不是因为我想要有与众不同的门徒。我没有任何门徒，无论是在地上还是在星芒层。不是金钱的诱惑，不是渴望过上对我有吸引力的舒适的生活。若我想要过舒服日子，就不会去营地或者住在潮湿的乡下了！我讲得很明白了，因为我希望一劳永逸地把这件事情给说清楚，不想年复一年地继续这些幼稚的讨论。

有位记者在采访我的时候说，他觉得解散一个拥有数千名会员的组织是件了不得的举动。在他看来，这是一件壮举，因为他说道："之后您要怎么办呢，如何谋生？您将不会再有追随者，人们不会再聆听您的话。"只要有五个人能够听进去我的话，照着我的话去生活，迈向永恒，那便足矣了。有几千个追随者有什么意义呢？假如他们不理解你的教诲，完全被偏见蒙蔽，不愿意接受新事物，宁可改变新事物以迎合他们自己那贫乏、停滞的自我！……

你们为这件事情准备了十八年之久，那就是迎接世界导师的再临。十八年来，你们加以组织，寻找某个将会给你们的思想和心灵带来新的愉悦的人，他将会改变你的整个生活，将会带给你崭新的认知。你们寻找一个将会把你提升到一种新的生命维度的人，他会带给你新的激励，会让你获得自由——现在看看发生的情形吧！独立去思考、去推理，探明一下信仰以什么方式使你变得不同——不是戴着标签的表层的不同，这是琐碎的、没有价值的。这样的信仰用何种方法扫清了生命中一切不必要的事物呢？唯一的判断方法是：你以何种方式变得更自由、更伟大，对每一个建立在虚幻和非必要事物之上的社会更加有威胁力？明星社这一组织的成员们，是用什么方式变得不同了？……

你依赖他人得到灵性与幸福，依赖他人得到启蒙……当我说从你们内心寻求启示、光荣、圆满以及自我的不朽，你们当中没有人会去这么做，或许有很少人会如此，但寥寥无几。所以，为什么要有组织呢？

你使用打字机去写信，可你不会把打字机放在祭坛上去膜拜。

可一旦组织成为你主要关注的对象，那么你就是在做这样的事情。
"它里面有多少成员？"这是所有新闻记者问我的第一个问题。我不
知道有多少人，我不关心这个……你们习惯了被告知你前进了多远，
你的精神状态是怎样的。何其幼稚！除了你自己以外，谁能告诉你
你是否是不朽的呢？

……然而那些真正渴望去认知的人，渴望去发现那无始无终的
永恒的人，会怀着更大的热烈走到一起，会对一切不必要的事物、
虚幻的事物、影子造成威胁……我们应该塑造这样的孩子，这才是
我的目的。由于真正的友谊——你们似乎并不懂得它——各人彼此
将会形成真正的协作。这不是基于权威，不是出于饥饿，而是因为
你真正理解了，于是便能实现永生。这是比一切欢愉、一切牺牲更
加伟大的事物。

所以这些便是为何要解散明星社的原因。在仔细考虑了两年之
后，我做了这个决定。不是源于一时的冲动，没有任何人说服我去
这么做——这种事情我是不会被说服的。两年来我一直都在思考这
个，缓慢地、仔细地、耐心地思考。现在我已经决定解散明星社。
你们可以组建其他的组织，对其他人予以期待。对此我毫不关心，
我也不关心制造新的笼子以及给这些笼子做新的装饰和点缀。我唯
一关注的是让人获得绝对的、无限的自由。①

---

① 《国际明星社公报》，1929 年 9 月。

第十章　我将踏上我的征程

　　解散明星社之后，伊尔德堡及其所有的土地，除去修建营区的400英亩之外，都返还给了范·帕兰特男爵。而澳洲的所有土地以及悉尼港口边上的圆形露天剧场，则还给了它们的捐赠者。尽管克在1929年冬天和贝赞特夫人一起去了阿迪亚尔，因她的缘故，与通神学会保持了一种表面的和谐，然而当贝赞特夫人在年末的时候重新开启了世界范围内的秘授部，他便退出了学会。不过，他们对彼此的私人的热爱从不曾动摇过。1930年2月，在离开印度时他写信给她，称其为"我挚爱的母亲"，他说道："我知道，赖德拜特反对我以及我的主张，这对我无关紧要，但请不要为此焦虑。这一切是不可避免的，某种意义上甚至是必需的。我不会改变，并且认为他们也不会改变，所以必定会有冲突。众人怎么说并不重要，我明确地知道自己是什么，知道我将踏上我的征程。"

　　身在悉尼的赖德拜特如今声称"导师再临出了问题"；阿伦戴尔说他会允许克"在通神学会的神庙里头有一个龛位，但不会更多

了"；拉迦则表示克的教义是"光谱中多出来的一种颜色"；韦奇
伍德声称贝赞特夫人"精神失常"了，因此当她说克的意识与弥勒
尊者融合为一的时候，是不值得信赖的。①

　　成百上千的人因为明星社的解散悲痛不已，其中之一便是
德·拉·沃尔夫人，她死于 1930 年。道奇小姐始终保持了对克的
忠诚，直至五年后去世。最痛苦的人或许是埃米莉夫人，她的痛苦
更多的不是因为组织的解散，而是因为克宣称他不希望有追随者。
十八年来，她一直等着他说"跟随我"，为此她欢欣鼓舞地放弃了
家、丈夫和家庭，如今她的存在变得全无意义了。她在自己的自传
《太阳下的烛光》中写道："克里希那成功地超越了个人之爱，但我
却没法做到。不是因为他没有爱，而是对他来说不再有人是必需的
了。他已经达至了博爱的境界。正如他所说的那样：'纯粹的爱犹如
玫瑰的芬芳，是散发给众生的。太阳不会在意照耀在何人身上……
真正的爱、纯粹的爱，其品质里面不会有妻子、丈夫、儿子、父亲、
母亲这些区分。'"埃米莉夫人感到这太过抽象了，无法对那些必须
带着家庭责任活在世上的人们予以帮助——实际上，克在逃避生活。
他以最大的耐心努力带着她一道，他从欧亥写信给她：

　　我很抱歉我的话带给你的感受。我感受到的狂喜源自于这个世
界。我希望去认识和战胜痛苦，这种分离、依附、死亡、生命的延

　　①　这些声明发表在《通神学者》，1931 年 6 月，1931 年 12 月；《印度通神
学》，1931 年，以及韦奇伍德 1929 年 10 月写给埃米莉夫人的信件。

续的痛苦，一个人终日在经历的这一切。我想要认识和战胜它，而我已经实现了。因此，我的喜悦是真实的、永恒的，而非逃避。我知道如何挣脱这种无止境的痛苦，我希望帮助人们走出这片痛苦的沼泽。不，这并不是逃避。

现在她告诉他，她感觉到自己让他失望了，这令她何等的痛苦。对此他回复道："亲爱的母亲，我并不是对您'失望'——不是像您写信给我、跟我说的这样。我知道您经历了什么，但请不要对此焦虑……只不过您必须转移您的重点。看吧，一个人应该不去抱持任何信仰，抑或甚至是观念，因为这些东西属于各种反应……假如您是机敏的、警觉的，摆脱当前观念、信仰等等，就会获得无限的领悟，而这种觉知便是喜悦。"然而当被告知不应该抱持任何信仰或观念的时候，她更加伤心了。

一年一度在欧门和欧亥举行的营地活动如今向公众开放，人数并不比以前少，因为它们吸引的是另一种听众——那些对克的主张比对他是谁更感兴趣的人，这正是他所渴望的。现在他在欧门，住在为他建造的小屋里面（几个人在松树林中建了这些小屋）。支持其工作的捐款仍在不断汇来。拉加戈帕尔打理他全部的财务，安排他的旅行，监督明星社出版基金会对其演讲进行整理出版，同时还主编《国际明星社公报》。

1930 年的欧门营区活动之后，克与拉加戈帕尔旅行去了雅典、君士坦丁堡和布加勒斯特，在那里他被邀请做公开演讲。他从雅典写信给埃米莉夫人："我从来没有见过比帕特农神庙更美丽、简洁和有力的事物了。整个雅典卫城令人震惊和窒息，在自然万物面前，人是多么的模糊、平凡和混乱啊。那些希腊人真是太了不起了。"其他让他觉得陶醉不已的艺术杰作则是卢浮宫的希腊胜利女神像，以及陈列在波士顿博物馆的一尊石制的佛陀头像（他曾在 1924 年 3 月的《明星社先驱报》上撰写过一篇关于这尊佛陀头像的文章）。

在布加勒斯特，他与罗马尼亚的玛丽女王有过两次私人会晤，玛丽女王是维多利亚女王的孙女，她在王宫召见他。他不得不在警卫的护送下去到了那里，一次是晚上，一次是白天，因为有一些持民族主义的天主教学生威胁说要刺杀他。他把警察的警备视为一个大笑话。1931 年 1 月和 2 月，他在南斯拉夫和布达佩斯演讲；无论他旅行到哪儿，都会进行公开讲话和私人会面。

在 3 月份于伦敦举行的一次公开演说中，可以看到克的教义有了一些巧妙的发展，风格也有所改变：

生命的圆满，蕴含在万事万物之中，蕴含在众生之中……我所说的圆满，指的是思想意识的自由，是个性的解放。这种存在于万事万物中的圆满不会进一步发展了，它是绝对的。努力去获取是无意义的，但倘若你能够认识到真理、幸福就蕴含在万事万物之中，认识到对真理的感悟只能通过舍弃，那么你就会获得永恒的觉知。这不是消极。大部分人害怕自己籍籍无名，当他们努力的时候，会把这个叫做积极，称努力是美德。只要有努力，就不会是美德，美德是无为。当你甘于做个无名之辈，你就会是万事万物，不是通过夸大，不是通过强调"我"，强调个人，而是通过不断地消解掉意识，因为正是意识制造出了权力、贪婪、嫉妒、占有欲、空虚、恐惧和情欲。通过不断地自我回忆，你将实现彻底的觉知，尔后你就能让思想与心灵得到解放，就能认识和谐，而这便是圆满。①

正如他致信拉迦的那样，当一位记者询问他是否是耶稣基督时，他回答道："是的，从纯粹意义上，而不是从传统的、既定的字面意义来讲。"后来他告诉埃米莉夫人："您知道，妈妈，我从来没有否认过这个（即作为世界导师），我只是说我是谁或者我是什么并不重要，而是他们应当去检验我所说的，这并不意味着我否认我是世界导师。"他并未否认过这一点。

8月份，有消息传来，这年一直待在美国的雅杜因中风去世。他的死对克是重大的打击，因为他感觉跟雅杜很亲近。在经历了更多的旅行以及参加了欧门营区的活动之后，精疲力竭的克在10月份回到了欧亥，他决定好好休息一下，而不是前往印度。拉加戈帕尔如今有了一个女儿，名叫拉达，克非常爱这孩子。他们一家人去了好莱坞，因为拉加戈帕尔要在那儿割扁桃体，于是克生平第一次独自一人。12月11日，他从松舍写信给埃米莉夫人（拉加戈帕尔一家不在的时候，他就住在那里）："像这样的独处让我受益良多，

---

① 《国际明星社公报》，1931年6月。

这正是我所需要的。迄今为止在我的生命里，一切都已来临，而且来得正是时候。我的心灵一派澄澈，但同时也全神贯注。我注视着它，就像猫盯老鼠那样。我真的很高兴这种独处，我无法描绘我的感受，但我并没有在骗自己。接下来的三个月，抑或只要我愿意的话，我都会这么做。我永远无法实现终结，但我希望终结我拥有的一切肤浅的、表面的东西。"他补充道，当拉加戈帕尔一家回来的时候，他在小木屋里面用餐。似乎从这一次的独自生活开始，克彻底失去了对过往的记忆。这跟他后来的教诲是一致的，即除了实用性的目的之外，记忆是一种不应当从今天背负到明日的负担。

只有从克写给埃米莉夫人的信件中，我们才能获知他在 30 年代初期的一些情况。1932 年 3 月，他写信给她说："我努力修建一座供他人跨越的桥梁，不是远离生活，而是获得更多的生命的充盈……我越是去思考我意识到的东西，越是能够把它讲清楚，从而帮助着去修建一座桥梁，不过这需要耗费不少时间以及不断地改变措辞，只有这样才能给出真正的涵义。你不知道表达不可言说的东西是多么的困难，表达出来的就不是真理了。"终其一生他都在不断尝试着用不同的语汇去表达那不可言说的事物。

埃米莉夫人非但没有与克随行，而且还对他颇有微词。她告诉他，毫无疑问，许多人都在他背后有想法和说辞，但却没有勇气当面跟他直说。例如她在这一年的 9 月写道：

人们并不理解你，这似乎令你感到吃惊。但倘若他们理解你，我会更加吃惊的！毕竟，你伤害了他们信仰的一切——击碎了他们的基础，取而代之一个模糊而抽象的事物。你说你自己的主张是无法描述的——直到一个人依靠自己的力量去探明，否则他不会理解。那么你如何指望他们去理解呢？你是从另外一种维度去谈的，完全忘记了活在三维空间是怎样的……你倡导彻底消泯自我，以便达至某种境界，一种除非你达至了它否则无法认识的境界！人们自然宁可保留他们的自我，这是他们多少懂得的事物……任何人类的问题对你来说都没有意义，因为你已经实现了无我。你那抽象的极乐，对那些依然渴望活在他们已知的世界里的人们来说，毫无价值。[①]

就在她写这封信的同一天，克也在旅美途中给她写了信："我浑身充满了惊人的事物，我无法用语言告诉你这像什么，快乐得都冒泡了，一种鲜活的静寂，一种强烈的觉知，犹如一团燃烧的火焰……我在用我的手治愈病人，有两三次，请他们对此三缄其口，效果不错。有位即将失明的女士，我觉得她会好起来的。"

克无疑拥有某种治愈的能力，但他总是对此保持沉默，因为他不希望人们是把他当做一个治疗身体的人来接近他。在某次集会上回答问题的时候，他是这么说的：

你更愿意拥有哪一个呢：一位会向你指明如何永葆健康的老

---

① 埃米莉夫人写给克里希那穆提的信件，保存在克里希那穆提基金会美国档案馆，副本保存在布洛克伍德档案馆。

师，还是一个暂时治愈你伤口的人？奇迹是迷惑孩童的把戏。奇迹每天都在上演，医生在制造奇迹，我的许多朋友都是精神治疗师。然而，尽管他们或许能够治愈身体，但除非他们也能治愈心灵与思想，否则疾病会卷土重来。我关心的是心灵和思想的治愈，而不是身体。我坚持认为没有任何伟大的导师会制造奇迹，因为这是对真理的背叛。[①]

年轻的时候克当然拥有过眼通的能力，他可以培养这种能力，但他却故意压制了。当人们前来找他求助的时候，他并不希望知道得比他们愿意展示给他的更多。他说大部分人都是戴着面具来找他的；他希望他们能够摘掉面具。如果不能，他就只阅读他们的私人信件，不会做更多努力来看透他们的真实面目。[②]

直到战争爆发，克的生活都是旅行、旅行、旅行，每到一处都会发表讲话以及进行私人会面，间或在欧亥休息。他请埃米莉夫人给他寄一些她认为他应当阅读的有关当前事务的书目，以及《新政治家与国家》。她照办了，但他实际上并没有时间阅读任何东西，除了一些侦探小说外，因为他有大量的通信要处理，还要对他这一时期的公开演讲进行修改。每到一处他都会有新的联系、新的朋友，对许多人讲话，由此获得了比书本更多的关于世界上正在发生的事情的知识。

---

① 《国际明星社公报》，1931 年 6 月。
② 来自克里希那穆提与作者的谈话。

1932 年 11 月，克与拉加戈帕尔去往印度。贝赞特夫人病了，心智退化得很快，但她依然坚持出席了阿迪亚尔召开的通神会大会，赖德拜特和克也参加了。克与拉迦有过一次长谈，正如他告诉埃米莉夫人的那样："他们心里全都有句话——你走你的阳关道，我们过我们的独木桥，但我们会殊途同归……我相信他们并不希望我来这儿，有一种明显的敌意……阿迪亚尔是可爱的，但人却已僵死。"

大会之后他在印度旅行，1933 年 5 月回到了阿迪亚尔，在那里，他在返回欧洲的途中与贝赞特夫人见了最后一面。她只能认出他来，充满了感情（她于 9 月 20 日去世）。[①] 之后克有四十七年没有再回过通神学会的总部。

克与拉加戈帕尔下一次待在阿迪亚尔，是在贝赞特夫人去世后的三个月。他们第一次住在了瓦桑塔·威哈尔，位于绿廊路 64 号，是一座刚刚建成的房子，作为克在印度的总部，带六英亩的土地。它坐落在阿迪亚尔河的北岸，而通神学会的地产（260 英亩）则在南岸，一直延伸到了海边。瓦桑塔·威哈尔是一所比克希望的还要大的房子，埃米莉夫人责备他竟然将房子建得如此靠近通神学会的场地。他回复说，他和拉加戈帕尔曾认为马德拉斯对于"出版、人民、工人等等"来说是最佳之地，这是他们能够找到的唯一一块地。"我们没有任何与通神学会及其信条作对的地方，"他补充道，

---

① 乔治·阿伦戴尔成为了下一任通神学会的主席，在 1945 年去世的时候，他的位置被拉迦取代，拉迦担任通神学会主席一直到他 1953 年去世前的几个月为止。

"我反抗的不是他们，而是世界的理念。"依然是在这封信中，他请求埃米莉夫人尽可能地对他予以批评："一个人越是去批评，我们越是能够相互理解。"她利用了这一点，几乎不曾停止过对他的批评，尽管她的信件跟过去一样总是充满了对他的爱。

这次访问印度期间，克驾车去往了马德拉斯以西 170 英里的瑞希山谷。如果还记得的话，这块地是在 1928 年为了他的工作购买的。J.V. 苏巴·拉奥是那里开办的男女合校的第一任校长，一直干了三十年，这期间学校不断地成长壮大。克在到访期间，每天都跟教师们谈上五个钟头。

教育是克一生当中投入最多热情的关注点之一。他对孩子总是十分喜爱，认为假如他们能够像怒放的花朵一样被教育长大，不怀有任何偏见、宗教、传统观念、民族主义和竞争意识，世界就会迎来和平。可是上哪儿去找老师呢？一个成年人要让自己不受束缚，显然要比一个孩子保持无拘无束难得多，这将意味着彻底的改变自我。摒弃一个人的偏见，从道德意义上讲就是放下他的自我，铭记以下认知，即在克看来，理念，诸如爱国主义、英雄主义以及宗教信仰，全都是偏见。在教育这片领域，克有点儿反常。他期待他所创办的学校能够在去除掉竞争的情况下取得"学术上的卓越"。如果父母不去坚持要求他们的孩子拿到大学文凭的话，这或许是可能的。尤其在印度，学位对找到好工作来说是不可或缺的。

随后而来的是 1934 年年初在澳大利亚和新西兰的演说。澳大利亚媒体非常友好，尽管那里有不少通神学会的成员。赖德拜特刚刚在珀斯去世，他去阿迪亚尔出席了贝赞特夫人的葬礼，返程途中逝世。当他的尸体被送到悉尼火葬的时候，克碰巧在悉尼，他向埃米莉夫人报告，他去了葬礼现场，但却站在教堂外面。"他的去世让曼诺的人们手足无措，询问如今他去了，那么以后谁来告诉他们何时踏上门徒之路呢？"在新西兰，媒体甚至更加友好。不过他没有被允许发表广播讲话，因为他是"反宗教的"。"萧伯纳在一次访问期间告诉人们，这是诽谤，因为我是伟大的宗教导师，他在信中跟我说了这个。遗憾的是我并没有跟他见面，我有许多会议，兴趣也颇广。我认为那里的朋友会保持下来的。"

回到欧亥，克开始根据灵格风语言教程学习西班牙语，以便为安排给他的在南美的旅行做准备。他那入迷一般的热情从未丧失，11月他写信给埃米莉夫人："我迸发出无尽的热爱，随便人们怎么称呼这个。我的欣喜若狂是充满智慧的，这令人震惊，想用语言表述它简直是荒唐，它会变得如此平庸。想象一下一个编写赞美诗、歌颂佛陀、耶稣之歌的人的心灵状态吧，那么你就会明白我的心灵是怎样的了。这听起来相当夸张，但并非如此——如此简单与强烈。"

在写这封信的时候，他明显没有对埃米莉夫人在8月份寄给他的信提出反对：

你怎么知道你不是仅仅在寻求逃避呢？你无法面对生活的模样——面对它全部的丑陋——你总是得到了过多的保护，打个比方，你总是飞去那些最美的地方，以逃避丑陋。你总是在"退避"，你寻求逃避，这带给你狂喜和迷醉——但所有宗教的神秘主义者也都有这个……作为圈外人，我如何能够知道你比其他声称自己已达至极乐的人更加正确呢，比如达至神——真理等等？［没有针对这封信的回复］

1935 年年初克在纽约发表完三次演说，跟老友罗伯特·洛根和他的妻子莎拉待了一段时间，他们在萨罗毕有一栋房子和一大片地，靠近费城。这之后，克于 3 月 3 号跟拉加戈帕尔一起出发前往里约热内卢，开始了为期八个月的旅行，期间他在巴西、乌拉圭、阿根廷、智利发表演讲，回程的时候还在墨西哥城有一场演说。[①]

成百上千出席这些演说的人们无法理解他，因为他只用英语发表讲话，但显然他们"入迷地"端坐着。每次演说开始，他都会宣称自己不属于任何的教派或者政治党派："组织化的信仰是巨大的绊脚石，"他说道，"将人们分隔开来……我想做的便是帮助你们，帮助每一个人经由深刻的、充分的圆满去跨越这条痛苦、混乱、冲突的河流。"

在蒙得维的亚和布宜诺斯艾利斯（在那里他受到教育部长的邀请发表讲话），公众甚多，人们不断给他拍照，还有许多场广播演说，以至于只要他出去就会吸引大批民众。与此同时，天主教的报

---

①　克里希那穆提在拉丁美洲和墨西哥发表的演讲的可靠公报，经他本人校订，由明星社出版基金会发表于 1936 年。

纸上刊登了许多敌对性的文章，天主教徒们也努力想要将他驱逐出去。人们具有这么大的兴致与热情，这让克颇感吃惊。然而对他来说，此次旅行的高潮则是用一小时二十分钟搭乘一架道格拉斯双引擎飞机飞越了安第斯山脉（这是他第一次飞行体验）。他欣喜不已，尽管被告知这是"世界上最危险的飞行"。

在某场讲话当中，他第一次公开发表了对于性的看法，那是在回答以下提问的时候："性在我们的日常生活中有着如此重要的位置，您是如何看待性的问题的呢？"他回答道：

性之所以成为问题，是因为没有爱。一旦我们怀有真爱，就不会存在任何问题了，只会有适应与理解。只有当我们失去了真正的爱，失去了那种没有丝毫占有意识的深刻的爱，才会滋生出性的烦恼。只有当我们完全屈服于单纯的感官，才会出现许多关于性的难题。由于大多数人都失去了创造性思考的快乐，于是他们自然会转向感官的性的刺激，而性也就变成了问题，渐渐吞噬着他们的身心。

此次旅行令克精疲力竭（旅行结束的时候，他的体重不到112磅），他花了很长时间才恢复了力气，在欧亥和瑞士的维拉尔休养。然而在1936年冬天，他已经足够恢复了，能够跟拉加戈帕尔一起去往印度。在那里，他在瓦桑塔·威哈尔的花园做了几场演说。拉迦看望过他多次，两人尽管有分歧，但拉迦一直友好地陪伴着克，直到1953年去世。"这种旧事物的冲击，"克在1937年年初致信埃米莉夫人道，"这种凝固，并不是日子的进程。需要不断的、无选择的觉知，这让我沉醉与激动。"

"无选择的觉知"是克之后频繁使用的字眼，埃米莉夫人并不理解这话，确实需要做一些澄清。选择意味着方向，意味着意愿的行动。就像克解释的那样，他谈论的是时时刻刻的觉知，察觉到自己内心发生的一切，不去努力加以改变或者引导。这是单纯的观察的问题，将会带来自我的转变，无需任何努力。

克对于这一次所目睹的印度的情形感到十分震惊，那里有可怕的贫穷、苦难以及仇恨，而印度人相信通过民族主义能够将其解决。"我们必须发现崭新的人（为了他的工作），而这相当不易。我们应该从这里开始，仿佛在过去十年里头没有任何事情发生过一样。"克坚持认为，任何社会变革都无法终结人类的苦难，人们总是会把某种新的制度转变成他们自己的模样。纵观历史，每一次乌托邦的革命运动都回到了事物的旧秩序，因为它们当中的人压根儿没有改变。任何社会都是个体的产物，而个体则是社会的产物，个体就是你和我。社会无法从外部改变，只有彻底地改变人类，只有我们每个人在内心发生转变，才能带来社会的变革。

第十一章 "内心的狂喜"

　　1937 年春，克与拉加戈帕尔来到了罗马。这个时期，墨索里尼取缔了意大利所有的公开讲话，所以在拉福尼女伯爵的屋子里给克安排了一场集会。在这里他遇到万达·帕斯吉利，此人后来在他的生活中扮演了十分重要的角色。她是艾伯托·帕斯吉利的女儿，后者是一位贵族地主，在佛罗伦萨社会享有盛名，而且是佛罗伦萨两个重要的音乐团体的创始人，当时所有伟大的音乐家都是他的朋友。万达本人就是一位有着专业素养的钢琴家。1940 年，她嫁给了路易吉·斯卡拉维利侯爵，此人同样也是一名优秀的音乐家，并且是罗马大学的哲学教授。集会之后，帕斯吉利夫妇邀请克拜访他们位于艾尔莱西奥的菲耶索莱的家。未来，在万达与其兄弟从父母那里继承了这处房产之后，克经常会在那里逗留。

　　夏天在欧门，克头一次遭受了花粉热，这种病让他余生都备受折磨。跟往常一样，他的支气管炎又发作了。庆幸的是他重返了欧亥，1937 年、1938 年之交的冬天，他在那儿休养，谁也没见，除了拉加戈帕尔一家。"反观内心让我感到无比的激动，"他写信给埃米莉夫人说，"有许多想法，我正慢慢地努力找到合适的词语去表述它们。有一种深深的内在的狂喜。有一种成熟，不是被迫的，不是人为推动的。单单这本身就能带来生命充分的圆满与实相。这种宁静以及显然是无目的的冥思，着实令我欣喜。"

这或许是克第一次去思考对他来说什么是"真正的"冥想——"不期然地反观内心，没有任何方向或目的。在这样的时刻，他的心灵处于最敏锐的状态，最具探索性、最鲜活。我们所理解的关于冥想的流行看法，即通过让心灵集中在某个词语或对象上面让它静下来，或是实施其他形式的技巧，在他看来都是死寂的、无用的。"

1938 年春，当克遇见阿道司·赫胥黎的时候，对他来说，一段最具活力的崭新的友谊就此开始了。这一年的 2 月，赫胥黎的朋友、居住在加州的杰拉德·赫尔德请求前来看望克。赫胥黎当时在医院，所以直到 4 月份赫尔德才带着赫胥黎以及他的比利时夫人玛丽亚来到了欧亥（赫胥黎夫妇与他们的儿子是在 1937 年抵达加州的）。克与赫胥黎可谓一见如故。11 月份，赫胥黎开始了眼睛的治疗，方法是由一名美国医生 W.H. 贝茨介绍的眼保健操。克后来每天也用这种方法保养自己的眼睛，不是因为他的眼睛出了什么毛病，而是为了预防。不管是不是这些练习的结果，活到高寿的克一辈子都没有戴过眼镜。

起初克更多的是被赫胥黎非凡的智慧给震慑住了，可一旦他发现赫胥黎会为了某个不是由毒品带来的神秘体验而献出他全部的知识，便觉得能够跟他谈谈他所说的"关键点"了。克用第三人称指代自己，描述了一次跟赫胥黎的漫步：

> 他（赫胥黎）是位非凡之人，能够对古典或现代音乐侃侃而谈，能够详尽地解释科学及其对现代文明的影响，当然，他还可以对哲学、禅、吠檀多，自然还有佛教如数家珍。跟他一道散步，愉悦至极。他会谈论路边的野花，尽管他无法看得仔细。无论何时我们经过加州的山间，他都可以叫得出任何一个路过的动物的名称。他还会谈论现代文明的破坏性本质以及它的暴力。克里希那穆提能够帮助他穿越河流或洞穴。这是两个有着奇特关系的人，有爱与体贴，似乎心有灵犀一点通。他们会经常一起坐着，不发一言。[①]

8月，欧门营区举行了最后一次，即第十五次的活动（在1940年德国入侵荷兰之后，营地变成了集中营）。1938年发生了慕尼黑危机，克当然是个和平主义者。拉加戈帕尔这年没有跟他一起去往印度，相反，克是跟着一位曾在佩尔吉内待过的老友V.帕特瓦尔汉（即帕特）一块去的。他们于10月6日抵达孟买，克发现他的印度朋友们沉溺于政治的"琐碎的嫉妒心"之中。他们当中的几个人是甘地的追随者，已经身陷囹圄。克见过甘地几次，但并不崇拜他。克从来没有陷入政治，他觉得德国人的侵略跟英国人的帝国主义之

---

① 由克里希那穆提校正，1976年（布洛克伍德档案馆）。

间没有差别。"已经抢夺了半个地球，"他致信埃米莉夫人道，"所以英国能够做到少点侵略势头了"，虽然内心他们跟其他任何国家一样的"残忍与贪婪"。11月份，依然身处印度的他再一次写道：

> 我非常同意您的看法，可怜的犹太人正在经历一段可怕而屈辱的时期。整件事情实在是太疯狂了。在这种野蛮行径中，人类的表现应当是反抗。非洲黑人们遭受着最野蛮的非人道的待遇。对于贱民而言，南部的婆罗门在某些方面已经失去了所有的人性。那些用官僚主义统治着土地的白种人与褐色人种，是一部部运作着残忍和愚蠢的机器。美国南方的黑人也在受苦受难。一个强势的种族剥削着其他种族，这种现象全世界都在上演。没有什么合理的原因，这一切的背后都是对权力、财富与地位的贪婪。个体很难不被卷入这股仇恨和混乱的漩涡之中。人应该是一个心智健全与平衡的个体，不从属于任何种族、国家或是意识形态。尔后，或许理性与和平将会重返世界。

后来他写道："咒骂希特勒和墨索里尼很容易，但是这种统治的观念以及对权力的渴望，存在于几乎每一个人的心中，所以我们才会有战争与阶级敌对。除非将根源去除掉，否则混乱和仇恨将会始终上演。"

除了去印度的许多地方旅行和发表演讲之外，1938 年年末，克还拜访了他创办的第二所学校，位于贝拿勒斯附近的拉杰哈特，

1934 年正式开办。1939 年初，他从那里去了瑞希山谷学校——两所学校一在河畔，一在山间，每个都有着自己独特的美，这是他在印度最爱去的两个地方。4 月 1 日，他与帕特一起从科伦坡出发前往澳大利亚和新西兰。当他最终返回欧亥的时候，帕特回去了印度，在那里，他因一场突如其来的脑出血而过世。又一个朋友离开了，尼亚、雅杜、帕特，老友的圈子正在逐渐缩小。

1939 年，克因为战争的威胁没有离开美国。之后的九年他和拉加戈帕尔一家在加州度过，几乎一直待在欧亥。1940 年 5 月希特勒占领荷兰与比利时之后，克便失去了他那些荷兰朋友们的消息，印度方面也鲜有消息传来。法国于 6 月 22 日被占领。曼扎利一家成功逃到了美国，苏亚雷斯一家则逃去了埃及。克在欧亥和好莱坞开始了每周两次的集体讨论。他还经常跟赫胥黎一家见面（克的反战主义让赫胥黎战争期间一直留在加州的罪恶感减轻了不少）。1940 年春，克在橡树林做了八场演说，然而当他宣扬和平主义时说："你内心的战争才是你应当去关心的，而非外部的战争"，不少听众怀着反感离席。8 月底，他去了萨罗毕的罗伯特·洛根家，他们为他安排了一场集会，这是他在 1944 年之前最后一次公开讲话。

1941 年至 1942 年，克与拉加戈帕尔一家两次旅行前往欧亥以北 250 英里、海拔 6000 英尺的红杉国家公园。在那里，据说有些红杉木的历史有 3000 年之久。1942 年 9 月第二次旅行时，拉加戈帕尔一家因为拉达的学校开学而不得不半道返回欧亥，留下克独自一人在小木屋里过了三周，他自己做饭吃，每天步行大约 10 英里，冥思两三个钟头，观察许多野生动物。克非常喜欢独处，这次独自一人的时光也令他十分欢喜，并给他留下了深刻的印象，以至于他在好几本书中都对此做了描绘，详述他跟一只松鼠的友谊，以及与一头母熊和她的幼仔的危险相遇。这是他极为少有的没有磨灭的记忆之一。

当美国参战的时候（日本于 1941 年 12 月 7 日偷袭了珍珠港），克的美国签证延期遇到了困难。考虑到他的反战宣传，签证得到延期简直是奇迹。美国出现了食品短缺，生活成本上涨，汽油不久开始限量供应。克与拉加戈帕尔一家自己种菜，养殖蜜蜂、鸡，还养了一头母牛。克每天在欧亥独自散步很久。他告诉埃米莉夫人，他正在过一种非凡的内心的生活，格外有活力、格外欢愉。然而经历了闪电战以及在战争中失去了两个孙子的埃米莉夫人，痛苦地给他写信，责备他在逃避一切恐怖。1942 年 4 月 12 日，他回复道：

我不认为邪恶可以通过残忍、折磨或奴役被克服，邪恶只能由某种不是源于邪恶的事物战胜。战争是我们所谓的和平的产物，而我们的和平实际上是日常一系列的残忍、盘剥、狭隘等等。假如不改变我们的日常生活，就无法拥有和平。战争是我们日常行为的放大的表现。我不觉得我是在逃避一切恐怖，但最终的解决办法不是在暴力中，无论这暴力是谁施加的。我找到了这一切的解答，不是入世，而是出世。超然度外，真正的超然，它源于身心的自在，或是试图做到这个，源于更多 [这里有漏词] 的爱和理解。这是很艰难的，不易培养出来。阿道司·赫胥黎与他的妻子在这里度周末，我们多次长谈了这些问题以及我近来一直在大量进行的冥想。

战时那几年无所事事闲躺的时光，对作为导师的克来说是无价的。赫胥黎也通过鼓励他写作而对他有所帮助。克当作家要比当演说家好得多，虽然他的个人魅力经由其演讲会吸引听众。克记录说，有一天赫胥黎跟他讲道："为什么您不写点东西呢？"于是我便照做了，并把写的东西拿给他过目。他说道："太棒了，继续保持。"因此我就继续了。这之后，克每天都坚持在笔记本上写作。他拿给赫胥黎看的想必是《生命的注释》，尽管这本书直到1956年才出版，在其他两本书由英国和美国知名出版社推出之后。

《生命的注释》是许多短篇的合集，摘自克在世界多个地方的私人会谈。每一篇开首都对前来跟他见面的那个人、那群人或是那个地方做了一番描述。为了让这些会谈匿名，他将他们给"打乱"了。于是，我们有了瑞士的印度教神秘主义者以及在印度盘腿而坐的明显的西方人。这本书的开首是这样一行醒目的话："有一天，三个虔诚的自我主义者前来见我。"在一篇文章中，他以爱为主题进行了写作："思想始终在否定爱，思想是基于记忆，而记忆不是爱……思想无疑会滋生出占有的感觉，而这种有意识或无意识的占有会培养起嫉妒。只要有嫉妒，显然就不会有爱，然而对于大多数人来说，嫉妒被视为爱的标志……思想是爱最大的绊脚石。"

在另外一篇文章中，他就关系里的爱和思想的问题发表了更多看法：

　　我们用头脑里的东西把心灵给塞满了，于是我们的心灵始终是空虚的、怀着期待的。正是思想在依附，在嫉妒，在抓住和破坏……我们没有在爱，把爱置于一边，但又渴望被爱。我们给予是为了获得，这是思想的慷慨而不是心灵的。思想始终在寻觅着确定和安全，但思想能够让爱获得确定吗？其本质是时间的思想，能够抓住那拥有自身永恒性的爱吗？①

　　我们尚不确定，克是在何时撰写他的第一本书、出版于1953年的《一生的学习》。在这本书的第17页，他写道："无知者并不是指没有受过教育的人，而是指没有认识自我的人。当一个受过教育的人依赖书本和知识、依赖权威去让他获得认知，那么他便是愚蠢的。唯有通过认识自我，方能实现认知。认识自我，便是去觉察自己全部的心理过程。所以，真正意义上的教育便是认识自己。因为，生活的全部都聚集在我们每个人的身上。"

　　第二本书《最初和最终的自由》出版于1954年，阿道司·赫胥黎写了一篇很长的前言。这本著作或许要比他的其他作品更加吸引人们去聆听克的教诲。该书涵盖了到撰写时为止他的整个教义的范畴。他坚决拒绝提供慰藉，这是将他与其他的宗教导师清楚区分

────────

　　① 《生命的注释》，第15页、16页和44页。《生命的注释》第二、三卷于1959年和1960年出版。三卷都是由拉加戈帕尔编辑的。

开来的一个独特之处。他拒绝做我们的上师，他不会告诉我们该怎么做，他只是向我们竖起一面镜子，然后指出暴力、孤独、嫉妒以及其他所有折磨人类的灾难的症结，说道："要么接受，要么离开。你们大部分人都会选择离开，明显的原因就是没有从中得到满足。"除了我们自己以外，没有人能够解决我们的问题。

1944 年夏，克开始连续十个周日在欧亥的橡树林再次举办讲座。尽管汽油限购，人们依然从美国各地前来参加这些会议，并且寻求与克的私人会晤。一位提问者询问："那些对于集中营的恐怖犯下罪孽的人们，应当如何处置呢？"克回答说："谁来惩罚他们？判官难道不是经常跟被告一样有罪吗？我们每个人都参与了文明的建造，这场灾难我们每个人都有份……你们以为对其他国家的残忍大喊大叫，就能将自己的残忍给掩盖掉。"

人们可能会支持另外一名发问的听众，此人说道："您真是令人沮丧，我是来寻求启迪的。您没有给予勇气和希望来让我们获得鼓舞。寻求启迪是错的吗？"克的严厉回答无法让他获得鼓舞："为什么你想得到启发呢？难道不是因为你的内心空虚、不确定和孤独吗？你渴望把这种孤独、这种痛苦的空虚给填满，你一定尝试过许多法子去填满它，你希望通过来这里再一次地去逃避它。把这种乏味的孤独掩盖起来的行为，就是你所谓的启迪、鼓励。于是，启迪变成了单纯的刺激，由于所有这些刺激，不久它就会导致自身的乏味与迟钝。"

关于 1944 年这些演说的可信记录，先发表于印度，第二年由克里希那穆提著作公司出版，即原本的明星社出版基金会。这之后，克不再修正他自己的讲话了。克里希那穆提著作公司是一个慈善基金会，就像明星社出版基金会一样，成立的唯一目的便是将克的教义传播到全世界。克与拉加戈帕尔以及其他三个人是基金会的理事，后来，很不幸的，克辞去了他的理事职务，因为那些财务会议令他不堪其扰。拉加戈帕尔当上了克里希那穆提著作公司的主席，所有支持克里希那穆提事业的捐赠都被寄到了这一国际组织。

1946 年 9 月，在经历二十年后，终于在欧亥山谷之上开办了欢乐谷学校（地皮是贝赞特夫人在 1926 年至 1927 年间购买的）。这是一所小型的、男女合校的中学，财政支持源于欢乐谷协会，克、阿道司·赫胥黎、罗莎琳德·拉加戈帕尔是最初的理事，由罗莎琳德负责运营。克计划学校一开办就马上离开欧亥，前往新西兰、澳洲和印度旅行，然而在他预定出发前的几天却患上了严重的肾感染。卧床两个月之久，头一个月痛苦不堪，这之后花了六个多月才恢复过来。对于这场疾病，克只保留了模糊不清的记忆。"我病了一年半，"他在 1979 年说道，"病得很厉害。有一名医生，但他们什么也没提供给我。"由于他不想去医院，所以罗莎琳德负责看护他，或许是他拒绝服用药物，害怕它们会对他那敏感的身体有任何不好的影响，哪怕他并不觉得承受这种痛苦就跟承受转化过程的痛苦一样必需。

如今克的计划取决于他是否能够让其签证延期。在 1947 年 8

月 15 日印度被准许独立后，就像所有的印度教教徒和穆斯林一样，克面临两个选择，要么保留英国护照，要么持另外一个国家的。虽然他认为国家是最大的邪恶之一，但他当然必须得有一本护照才能旅行，于是他选择了印度护照。当他那么多的印度朋友在为自由而战中受苦受难时，他几乎只能这么做。他的签证被准许延期，这使得他能够在欧亥逗留到 1947 年的 9 月，调养身体。尔后他经由英国去了印度，放弃了原本前往新西兰和澳大利亚的计划。

　　克在伦敦与埃米莉夫人待了三周的时间（她的丈夫于 1944 年死于肺癌），他们已九年未见，一见到他，她全部的愤怒都烟消云散了。如今他已 52 岁，而她 73 岁高龄，尽管他们彼此的通信越来越少，但她一直全身心地爱着他，直到 1964 年过世为止。他和她一道前来，与我和我的第二任丈夫在我们位于苏塞克斯的房子里度了一个周末。我还邀请了前来英国看望他的玛塞尔，因为他不会去往巴黎。当然，他看起来老迈了一点儿，有了一些灰发，但他依然那么俊美，人格与个性不曾改变分毫。他像过去一样充满深情，对生活有着满满的激情与热烈，依然举止优雅以及毫不造作的谦恭有礼。我们穿着睡衣坐在早餐桌前，谈笑风生，他说仿佛回到了我们跟尼亚一起度假的那些旧时光。他无法记起埃尔瓦尔德或佩尔吉内，抑或他在那里的转化过程，但他依然拥有我们曾有过的幸福和欢愉的记忆。他问我尼亚长什么样子，当我告诉他说他有一点儿轻微的斜视，他十分的吃惊。

　　克在欧亥被拉加戈帕尔一家困住了太久，他们很容易对他盛气

凌人，所以他似乎因为重获自由、能够旅行而如释重负。1947 年
10 月，他单独飞往了孟买——这是他第一次搭乘飞机去印度，在
那里逗留了十八个月。这次访问至关重要，因为他在那儿遇到了余
生中的新的追随者，他们不仅成为他挑选出来的伙伴，而且对他在
印度的工作来说是极为宝贵的。

　　这群人当中比较突出的是两姐妹，二人是第一次同他见面，都
已婚——普普尔·贾亚卡尔和南迪妮·梅塔。她们是 V.N. 梅塔（同
南迪妮的丈夫无关）的女儿，他是一位古吉拉特的婆罗门，曾经
是印度行政部门的显赫人物，同时还是梵文和波斯文学者。他死
于 1940 年，他的遗孀做过长时间的社工，住在孟买，女儿们也都
住在那儿。小女儿南迪妮的婚姻很不幸，有三个孩子，丈夫是巴格
万·梅塔，丘尼拉尔·梅塔爵士的儿子。丘尼拉尔战前就是克的信
徒，在克抵达孟买的时候，丘尼拉尔爵士带着南迪妮来见克。他的
魔力令她醉倒，后来她跟着自己的公公去听了他几次讲座。几个月
之后，她告诉丈夫说她想过独身的生活。克离开印度后，她向孟买
高等法院递交了针对其丈夫的一纸诉状，要求离婚以及三个年纪分
别为 9 岁、7 岁和 3 岁的孩子的监护权，理由是被虐待。她的丈夫
抗诉，声称她受了克里希那穆提教义的不良影响。他的律师在法庭
上念了一段克的讲话的摘要，里面他谈到了印度妇女的弱势地位以
及对丈夫的依附。但审讯期间，根本没有提出任何不妥当的事。南
迪妮打输了官司，孩子们从她身边被带走了。她已经离开了自己的
丈夫，在母亲的住所寻求庇护。她发了一封电报给克，告诉了他这

一结果。对此他回复说："未来会好起来的。"① 一条谣言在英国甚嚣尘上，说克在一场离婚官司中作为通奸者被传唤。余生中克都感到对南迪妮怀有一份非常特殊的亲切。1954 年，在孟买成立了一所给贫困孩子开办的小型的克里希那穆提日间学校——拜阿南德，南迪妮当上了该校的校长。

直到 1948 年年初，克才见到了姐姐普普尔·贾亚卡尔。自 40 年代初叶开始，她就一直在做社会工作，为印度手工织品及工艺品的发展和出口担负着重要责任，后来她成为了印度节日委员会的主席。她是英迪拉·甘地的老友，在甘地夫人于 1966 年当选为总理后，她在印度获得了相当的影响力。她比南迪妮的个性强硬许多，虽然南迪妮一定具有伟大的内在力量才能离丈夫而去。

在这一时期克聚集在克身边的还有苏南达·帕特瓦尔丹以及她的丈夫帕玛，东方朗曼山版公司的搭档（与帕特无关），以及他的哥哥阿秋，他是克的一位老友，一名伟大的自由斗士，未来的两年一直卷入政治。苏南达从马德拉斯大学拿了博士学位，如今在攻读法律。未来她会在克身处印度时充当他的秘书，跟着他到处旅行，为他主持的小组讨论做速记。后来，她与丈夫前往瓦桑塔·威哈尔居住。这群人中的另外两个成员是 V. 巴拉桑达拉姆博士，任教于班加罗尔科技学院的年轻教师，后来成为了瑞希山谷学校的校长；以

① 《克里希那穆提传》，普普尔·贾亚卡尔，第 57 页。文章来自克里希那穆提写给南迪妮·梅塔的那些美丽动人的信件，写作时间是在 1948 年至 1960 年之间，引自这本书（第 251—273 页）。

及 R. 马德哈瓦查理，印度克里希那穆提著作公司的秘书，居住在瓦桑塔·威哈尔。马德哈瓦查理可以全权代表拉加戈帕尔，负责安排克在印度的所有演讲与旅行，并对其讲话进行编辑整理，通过媒体发表。

克是在印巴分治之后仅仅两个月抵达孟买的，此时印度教教徒与穆斯林正在北部相互残杀。但他依然前往卡拉奇和德里，不过在 1948 年 1 月 30 日甘地遇刺之前就离开了德里。（ 有记载说，"当光随着甘地的遇刺而消失时，在克里希那穆提看来，是贾瓦哈拉尔·尼赫鲁私下里带来了他那孤独的痛苦。"[①] ）克证实说这或多或少是真的，他对尼赫鲁怀有很深的感情。

克在北部做了几次演讲，尔后在孟买发表了十二次公开讲话，时间是在 1948 年的 1 月 1 日至 3 月 28 日之间，出席者超过了三千人。之后的 4 月，克大部分时间在马德拉斯的瓦桑塔·威哈尔开展私人讨论（ 他告诉埃米莉夫人说，这辈子他都没有这么累地工作过 ）。每次演讲他都试图从不同的视角去阐发有关生活的种种问题，但由于他是对着新的听众在讲话，因此不可避免地会有许多的重复。从本质上来讲，他在印度的演讲跟在其他地方没有什么不同。在欧亥那几年的宁静岁月获得的新的体悟，在他的著作中开花结果，尤其是在《最初和最终的自由》以及《生命的注释》这两本书里。他的印度听众要恭敬许多，不过他被当做一位庄严崇高的上师对待。

---

① 《甘地的磨难》，弗朗西斯·沃森，1969 年。

5 月份，克去了马德拉斯的山中避暑地乌塔卡蒙德，充分地休养了一段时间。他跟几个朋友住在一栋名为赛奇莫尔的房子里，应他的要求，普普尔·贾亚卡尔和南迪妮·梅塔也跟他会合，住在附近一家旅馆。贾亚卡尔夫人记录了在赛奇莫尔发生的一些事情，证明转化过程再次开始，就像曾经在欧亥、埃尔瓦尔德和佩尔吉内那样。对这两位并不那么熟悉他、想来对于之前发生的转化过程一无所知的姐妹来说，这一定是段可怕的体验。

克与姐妹二人出外散步，这时候他突然说自己病了，必须返回屋子里去，但不要叫医生。他说头很疼，过了一会儿，他告诉她们他要"离开了"，他的脸"疲惫不堪，满是痛苦"。他问她们是谁，是否认识尼亚。然后他谈起尼亚，告诉她们说尼亚已经死了，他很爱他，为他的过世而落泪。[①] 他问她们是否感到紧张，但看上去却对她们的回答全无兴趣。他阻止自己去呼唤克里希那回来·"他告诉过我不要喊他的。"尔后他谈到了死亡，称死亡近在咫尺——"就只是一线之间"——对他而言死亡是何等容易，但他不希望这样，因为他还有工作要去完成。末了他说道："他要回来了。你们难道没有看到他们跟他一起吗——无瑕、完美、纯洁——既然他们在这里，那他就会来的。我很疲惫，但他却犹如小鸟一般——始终保持鲜活。"然后，突然间又是克里希那了。

---

① 1925 年年初，尼亚在欧提再度患病，克曾跟曼扎利夫人去过那里。克在尼亚死后返回那里时，写信给埃米莉夫人说："我住在尼亚生前的同一个房间，我感受到了他，看到了他，跟他讲话，但我无比悲伤地想念他。"再次住到那里，尽管是在不同的房子，或许会让克重新回想起这段时光。

这段经历的记录没有注明日期，下一段的日期则是 1948 年 5
月 30 日：

　　克里希那准备去散步，这时他突然说自己感到很虚弱，完全无
法成行。他说道："我太痛苦了。"然后抓着他的后脑勺倒下了。几
分钟内，我们所知道的那个克消失了。有两个小时，我们目睹他经
历了强烈的痛苦。他遭受的痛苦是我从不曾体会过的。他说脖子后
面疼，牙齿难受，胃部又肿又硬，他呻吟着躺下了。有些时候他会
叫喊，他还昏厥了好几次。第一次苏醒的时候，他说道："当我昏过
去的时候，把我的嘴巴合拢起来。"他继续说道："阿妈，哦，神赐
我安宁吧。我知道他们想干什么。唤他回来吧，我知道痛苦会在何
时到达极限——然后他们将会回来，他们知道身体能够承受多少。
假如我变得神经兮兮，请照顾好我。不是说我一定会变得神经兮兮。
他们对这具肉身格外小心——我感到非常冷——我只有很小的一部
分还在活动。我就像是孩子们玩的印度橡皮玩偶，它的生命是孩子
给的。"他的脸彻底的精疲力竭，备受痛苦的折磨。他一直紧握着
拳头，泪水夺眶而出。"我感觉犹如一部费力上坡的引擎。"两小时
后，他再度昏迷了过去。当他苏醒时，说道："痛苦已经消失了。在
内心深处，我知道发生了什么。我已经储备好了汽油，油箱已满。"

　　之后他开始谈论和描述在旅行途中的一些见闻，他谈到了爱：
"你知道什么是爱吗？你无法把云彩放进一个镀金的笼子里去。那

种痛苦把我的身体磨炼得跟钢铁一般，但又是这么柔软，这么具有韧性，没有一丝妄念。这就像是在打磨，像是一种检验。"普普尔·贾亚卡尔询问他是否能够抑制住那种痛苦，对此他回答道："你生过孩子，一旦开始了，你能够停止阵痛吗？"现在他盘腿而坐，身体笔直。痛苦已经从他的脸上消失。贾亚卡尔夫人记录道："这是一种永恒。他双目紧闭，嘴唇微动，似乎在生长。我们感觉到有一种巨大的能量注入到了他的体内。空气里有一种能量的振动，充满了整个房间。然后他睁开了眼睛，说道：'有事情发生了——你们看见没有？'我们把自己的感受告诉给了他。他说：'明天我的脸将会不太一样。'他躺了下来，比了一个圆满的手势。他说道：'我将会像一滴雨水那样无瑕纯净。'几分钟之后，他告诉我们他已经没事了，我们可以回家了。"

本质相同的另外两次情形发生在 6 月份。6 月 17 日，克独自出外散步，要普普尔和南迪妮在他的房间等他。当他返回时，完全变成了一个陌生人。"克的神识已经不在，他开始说他体内很难受，灼热难捱，疼痛一直通到头顶。他说道：'你们知道吗，你们明天或许不会看到他了，他很可能回不来了。'他不断摸着自己的身体，看看它还在不在。他说道：'我必须回去，得弄明白散步途中到底发生了什么。一定有事发生了，他们匆匆忙忙走了，但我不知道我是否回来了，或许有一部分的我还躺在路上。'"

第二天晚上，当他独自散步时，普普尔与南迪妮再一次在他房间里等待。大约 7 点的时候他回来了，他又一次变成了"一个陌生人"。他躺了下来，"他说他感到灼热，他哭喊着，说道：'你们知道吗，我弄清楚了散步途中发生的事情。他完全来临，掌控了一切，这就是为什么我不知道自己是否回来了。这就是为什么我不知道自己是否回来了。我什么都不知道。他们灼烧着我，以便能够获得更多的空无。他们希望看一看他能够示现多少。'"普普尔和南迪妮再次感觉到房间里充斥着一种能量的振动，就跟 5 月 30 日那天夜里一样。①

两姐妹对过去的事情一无所知，这一事实使得该记录格外的珍贵，因为它与对在欧亥、埃尔瓦尔德和佩尔吉内发生的转化过程的记录有着诸多的相似之处——因痛苦导致的频繁昏厥，身体对于克里希那的敬畏，害怕唤他回来，他意识到如果克返回，那么痛苦将会结束，意识到这便是整个的转化过程，尔后是对死亡终结的暗示（在埃尔瓦尔德，当教堂钟声突然敲响的时候，而克里希那"不在"，钟声会导致身体因痛苦而休克，以至于克里希那不得不返回。根据埃米莉夫人的记录，之后他说道："真是险啊，那些钟声几乎是在为我的葬礼而鸣。"）。普普尔·贾亚卡尔的记录告诉了我们，除了克之外，还有其他人在场，就像其他几次被记录的时候那样——对克的肉身格外小心的"他们"，普普尔提到的在第一次的时候跟克一同返回的"他们"想必指的也是同样的——"无瑕、完美无缺、

---

① 摘自普普尔·贾亚卡尔所做记录的一份副本，首次发表于《圆满的年月》。这份记录同样还出现在她的著作《克里希那穆提传》中，第 125—130 页，不过有些微的不同。

纯洁"。然后还有 6 月 17 日散步期间到来的并且"完全掌控"的"他"。痛苦地躺在床上，燃烧着，产生了更多的空无，如此一来这个"他"就能够更多地进入到克或者肉身中去。

所以如今除了那数目不明的"他们"之外，似乎还有三个实体存在——被留下来承受身体痛苦的实体，离开又回来的克，以及那个神秘的"他"。所有这些实体究竟是克的意识的不同方面，还是各自独立的存在呢？克本人，这个或许能够启迪我们的人，对于在欧提发生的事情全无记忆，就跟他不记得之前时候的转化过程一样。既然他离开了自己的肉身，所以这也不奇怪了。他一直意识到受着他之外的某种事物或者某个人的保护，他相信无论是谁跟他一起旅行，都分享着同样的保护。但这种保护是从何处散发的，他却无从说起。更加重要的，我们从这段记录中获知的是，克的身上依然在为尊者的雨临做着准备。

在欧提的这段日子之后，克继续在印度的许多地方做讲座，以及访问他位于拉杰哈特和瑞希山谷的两所学校。直到 1949 年 4 月他才回到了欧亥，距离上次离开已有 19 个月。

第十二章　迈入死亡之境

1949 年克从印度回到欧亥，拉加戈帕尔夫妇注意到他身上有了一种崭新的独立，这让他们感到担忧。他们听说了有关南迪妮的谣言，作为这么长时间克生命里唯一的女人，罗莎琳德生出了人性中的嫉妒。嫉妒导致了占有，而克是无法被占有的，无论他怀着多么深的爱。11 月份他重返印度，12 月在马德拉斯以北 350 英里的拉迦穆迪举办演讲的时候，他被问到："您声称人是世界的尺子，当他转变了自我，世界就会迎来和平。那么您自己的转变是否说明此言不虚呢？"克回答道：

你与世界并非两个不同的实体，你即世界，不是观念上的，而是实际上……正如世界就是你自己。当你转变了自我，就会带来社会的改变。这位提问者的意思是，既然剥削没有停止，那么我的话就是一番徒劳。真是这样子的吗？我满世界地跑，努力去指明真理，而不是进行什么宣传。宣传其实是谎言，你可以宣传某种理念，但你无法宣传真理。我四处巡讲，只为指明真理。得你自己去认识到它。一个人自然无法改变世界，但你我可以携手起来让世界发生转变。你与我必须探明什么是真理，因为只有真理才能消除世上的苦难与悲伤。

1950 年 1 月，克第一次在科伦坡发表讲话，这时候被问到一个从本质上来说十分相似的问题："您为什么要浪费时间去传道，而不是用实际的方法去帮助这个世界呢？"对此克回答道：

你所说的带来世界的改变，指的是更好的经济调整、更好的财富分配、更好的关系——哦，说得残忍些吧，你指的是帮助你找到一份更好的差事。你想看到世界有所改变，每一个有识之士都会如此，你渴望某种能够带来这种改变的法子，于是询问我为什么要浪费时间去传道，而不是对此做些什么。那么，我所做的真的是在浪费时间吗？假如我发明了一套全新的理念去取代旧有的意识形态、旧有的模式，这才是真正的浪费时间，不是吗？更为重要的难道不是去探明是什么实际上阻碍了真正的变革，而不是去指出所谓的实际的方法以展开行动、生活、得到一份更好的工作、创造一个更好的世界吗？真正的变革——不是左翼或右翼的革命，而是不以理念为基础的根本性的变革。正如我们曾经讨论过的，原因在于，观念、信仰、意识形态、教义，全会妨碍我们展开行动。

　　1950 年 8 月在欧亥，克决定隐退一年。不发表演讲，也不接受任何采访，大部分时间都用来独自散步、冥想以及"在花园里闲荡"，就像他告诉埃米莉夫人的那样。1951 年冬，他再一次回到印度，这一次是跟着拉加戈帕尔，后者已经有 14 年没有来过印度了。不过他依然处于半隐退的状态，不发表讲话，非常的避世，这一时期他似乎都在深刻地观照自身。

　　50 年代早期发生在克身上的最好的事情，便是与万达·斯卡拉维利结成了亲密的友谊。万达的娘家姓是帕斯吉利，1937 年克在罗马见过她。1953 年秋天，在跟她以及她的丈夫待了两大之后，克被她带去了她在艾尔莱西奥菲耶索莱的大房子。在那里，在橄榄树、柏树和群山之间，他获得了宁静。在他不断地前往欧亥和印度旅行的空档，莱克西欧成为他的一处庇护所。尽管他会在英国，有时候是在巴黎和欧洲的其他地方停留，但只有在莱克西欧他才能摆脱那些讲座、讨论和会晤。

　　1954 年 5 月，克在纽约的华盛顿欧文高中举办了为期一周的演讲和讨论。这些讲座吸引了大批民众——自从不久前出版《最初与最终的自由》后，许多人都开始对他有了兴趣。评议该书美国版的安妮·莫洛·林德伯格曾经写道："……他那简洁至极的话语实在是激动人心，只需一段话甚至一句话，都足以让读者去探索、询问和思考好多天。"当这本书在英国出版时，一位评论家在《观察家》上写道："……对于那些渴望聆听的人，这本书有着无法用语言描述的价值。"另外一位评论家则在《时代文学副刊》上说："无论是想

1953 年克与作者在荷兰斯海弗宁恩。很罕见的克在 48 岁的照片。作者的照片 ①

————————

① 近三十年的时间里,克里希那穆提很少允许他人为自己拍照,故他中年的照片极少。

象力还是分析力，他都堪称一位艺术家。"两年后，经拉加戈帕尔一丝不苟的编辑，美国版的《生命的注释》推出了，知名美国作家和记者弗朗西斯·哈克特在《新共和》上这样写到克："我感觉他拥有一种神秘的魔法……他便是他看上去的那样——一个自由的人，这是第一等的品质之一，这种品质不断增强，就像是打造钻石一样，但却有着永远不会熄灭、始终在燃烧的宝石一般的火焰。"《时代文学副刊》的评论家就英国版发表了看法："他那些充满了洞见、灵性与诗意的论述，其表达方式却是十分简单朴素的，就像是在寻求自身的满足。"

在写给埃米莉夫人的信中，克从来没有提到过他出版的著作，尽管在 30 年代的时候他有提过修改自己的那些讲话，他已经很久没有这么做过了。克对自己发表的作品毫无兴趣，除了有时候会应要求给书的标题一些建议之外。他的失忆，是否导致了一旦事情结束他就不会去想了呢？

1954 年 10 月到 1955 年 4 月，在印度又做了一个冬天的演讲后，克在拉加戈帕尔的陪同下再次拜访了莱克西欧，在阿姆斯特丹做了几场演说。6 月克去了伦敦，在友谊大厅发表了六场演说（在伦敦，他跟一位在明星社早期就结识的老友吉恩·宾德利夫人住在一起，因为埃米莉夫人已经搬去了一间很小的公寓，不能为他提供房间了，不过他每天都会去看望她）。在第三场演说中，他第一次公开提到了活着的时候就要迈入死亡之境——一个他在将来经常会谈论的主题。它源于对一个问题的回答："我惧怕死亡，您能否让我安心呢？"克的部分回答如下：

你害怕放手你已知的全部……在内心深处，你害怕放手这一切，害怕未知——毕竟，这就是死亡……作为已知产物的你，能够步入未知也就是死亡吗？如果你想这么做的话，显然就应该在活着的时候进行，而不是在临终之时……活着的时候，迈入死亡之境，这并不是什么病态的念头，而是唯一的解决办法。当你过着充实、圆满的生活——不管这意味着什么——抑或是当你过着不幸的贫困的生活，我们难道不能够去认识那不可度量的事物吗，那只有在罕有的时刻才会被体验者瞥见的事物吗？……心灵能否每时每刻都去终结它所体验的一切，能否永远不去累积？

在《生命的注释》第二卷（1959年）里，克更为简洁地表达了同样的观点："每天都终结，这是多么有必要啊。每一分钟都去终结万事万物，终结许多的昨日，终结刚刚逝去的时刻！没有终结、没有死亡，就不会有新生。没有终结，就不会有创造。过去的重担使其自身得以延续，昨日的焦虑滋生出了今天的焦虑。"

接下来的两年，除了欧亥、印度和英国之外，克还去了许多地方——悉尼、亚历山大港、雅典、汉堡、荷兰和布鲁塞尔。每到一处都会进行公开演说、私人会晤、组织集会和小组讨论。1956年的整个6月，他是跟一位比利时的朋友罗伯特·林森在他位于布鲁塞尔附近的别墅度过的。林森先生为他在布鲁塞尔的艺术博物馆安排了六场演说，又在别墅里举行了六场私人谈话。比利时的伊丽莎白女王每场不落，而且还要求跟克进行私人会晤。

1956 年、1957 年之交的冬天，克与拉加戈帕尔和罗莎琳德待在印度，带着他们以及他那群印度追随者们去到各个地方。

1957 年 1 月，在科伦坡，斯里兰卡政府允许克发表五场广播讲话，这对克来说太不可思议了，因为这些讲话是如此具有颠覆性。3 月他在孟买做了最后一场演说，尔后，直到 1958 年 9 月他才有其他的演讲活动。这是当时的环境所限，而非他的个人决定。他的外部生活即将发生重大改变。

3 月 6 日，克与拉加戈帕尔从孟买飞往罗马，他从那里前往莱克西欧。此前他曾计划在那里呆到月末，再与拉加戈帕尔一同去赫尔辛基参加一场集会。但在印度他生了重病，于是取消了赫尔辛基的活动，同时也取消了未来在伦敦、比亚里茨、欧亥、新西兰以及澳大利亚的所有演讲活动。他在莱克西欧住了几周时间，什么也不做，甚至一封信都没写（当克在那里的时候，万达·斯卡拉维利的丈夫在佛罗伦萨去世）。直到 5 月底他才在苏黎世跟拉加戈帕尔会面，然后跟着他去了瑞士的格施塔德，他们被邀请在那儿逗留。这是克第一次被介绍一处地方，不久他对该地就十分熟悉了。或许是在这次访问期间，他生出了要参照欧门营区的方法在瑞士举办一年一度的国际集会的念头。这将省去他许多的旅行（在欧门沦为集中营之后，他再也不希望回到那里了）。

6月11日，克与拉加戈帕尔搬去了维拉尔的蒙特萨诺旅馆，克第一次住那里还是1921年跟尼亚一起的时候。两个礼拜后，拉加戈帕尔返回了欧亥，留下克一个人，钱刚够付旅馆住宿费。他们的关系显然出现了某种危机，自从克在1949年从印度回来以后，两人之间就日趋紧张。这一回，原本拉加戈帕尔已经给克安排好了所有的旅行，却不得不突然取消了这一切，他不相信克在莱克西欧真的病倒了，一段已经紧张的关系的脆弱因此暴露无遗。看起来他在维拉尔告诉克，他很厌烦当克的旅行代理人，将来克的各种安排会由伦敦的克里希那穆提著作公司的秘书桃瑞丝·普拉特负责，自早年的欧门岁月起她就在为克工作了。克在伦敦的开销以及从伦敦开始的旅行，是由一笔以股票分红的形式支持其工作的捐款承担的，由桃瑞丝·普拉特负责操办。拉加戈帕尔在英国的花费同样也是由这笔经费承担。拉加戈帕尔指示桃瑞丝·普拉特记录下每一笔用在克身上的花费，他从欧亥寄钱到印度，以支付克在那儿的开销。

克与拉加戈帕尔之间发生的事情，使他不愿意返回欧亥。在维拉尔，拉加戈帕尔离开克的时候，曾经告诉他要学会孤独。但克从来不会寂寞，他独自一人在维拉尔待了整整一个月，十分的快活。他写信给埃米莉夫人说："我处于静思之中，谁也不见，唯一的谈话是跟侍者。无所事事真是太好了，但我会做一些别的事情。这里散步是极好的，路上几乎不会遇到任何人。请不要告诉别人我在哪儿。"他所说的"做一些别的事情"指的是冥想，只要他安静的时候，内心就会开始强烈的冥想，对自身做越来越深入的观照。桃瑞丝·普拉特知道他在哪儿，她寄信给他，阅读完之后他会回信，告诉她说他不打算回复任何一封，因为他渴望"一段漫长和彻底的休息，哪怕身体健康"。他指导她怎样去回复这些信件，没必要一一阅读。

7月20日，与克相识有一阵子的利昂·德·维达斯（他在巴黎经营纺织业）和他的妻子，不知怎么发现了在维拉尔身无分文的克，于是将他带到了他们位于多尔多涅的宅子（克原本可以要拉加戈帕尔给他寄些钱来的，但显然他并不希望跟他交流，而由于外汇管制，从英国寄钱是不可能的）。克在多尔多涅一直待到了11月份，10月底的时候他写信给埃米莉夫人："这里十分安静，除了我的两位东道主外，我谁也没见。这儿远离城镇，是一个大隐之处，非常适合散步跟独处，简直棒极了，在印度我也要这样。"

这年冬天拉加戈帕尔最后一次与克去了印度，但只待到了1958年的1月份。克过着退隐的生活，一直到9月，起初是在瑞希山谷，之后则是在拉杰哈特，然后他单独在瑞尼凯特的北部山中避暑地过了一个月。这之后他重新开始了自己的公开演讲。11月13日，在马德拉斯高等司法法院公证人的证明下，他在瓦桑塔·威哈尔签署了一份文件，将其在该日期之前及之后的全部著作的版权授予了克里希那穆提著作公司，委托克里希那穆提著作公司的主席拉加戈帕尔负责安排其作品的出版。克不记得自己是在什么时候辞去克里希那穆提著作公司的理事身份，也不记得为什么他要这么做。在他与拉加戈帕尔的关系如此紧张的时候，签署这样一份文件实在是有些奇怪，但或许正是这个原因才使得拉加戈帕尔希望自己的地位能够得到法律的确认。另外一个原因或许是这一年国际版权协议开始执行了。

1959 年年初克在德里举办演讲，像往常一样跟他的老友希瓦·拉奥待在一起。气温如此高，于是 3 月份的时候给他在克什米尔的斯利那加安排了一栋房子。然而当发现屋子又脏又有老鼠出没时，他便搬去了克什米尔海拔 7200 英尺的帕哈尔甘姆山谷。在那里他住在一间政府的营房里，"根本不奢华"，正如他告诉埃米莉夫人的那样，"不过周围环境美极了，有白雪皑皑的山峰以及绵延几英里的松树"。在斯利那加的时候，普普尔·贾亚卡尔和马德哈瓦查理跟他一起。然而到了帕哈尔甘姆，他却是跟瑞希山谷的主厨帕拉姆施瓦兰单独一起。8 月中旬，肾感染再度袭来，他高烧得厉害，被送去了斯利那加。从那里去了新德里的希瓦·拉奥的住宅。在那儿他第一次服用了抗生素，这些药物对他的作用如此强烈，以至于他的腿部暂时麻痹了（他相信自己会终身瘫痪，正如他后来承认的那样，但却冷静地接受了事实）。他十分虚弱，帕拉姆施瓦兰不得不像喂婴儿那样给他进食。他卧床了差不多七周之久，随后去瑞希山谷休养，复原后才去印度其他地方做更多讲话。直到 1960 年 3 月 11 日，他终于飞往罗马，在那里，万达·斯卡拉维利与他会面，并将他带往了莱克西欧。

拉加戈帕尔对于克的计划一无所知，直到收到他的来信，说他会在莱克西欧住上几周，然后入住苏黎世的伯奇－班纳诊所。拉加戈帕尔不知道夏天克究竟是否想回欧亥，他要桃瑞丝·普拉特从英国的基金里面给克寄一些钱作为诊疗费，然而外汇管制的继续使得这无法实现。克告诉她不要担心，波多黎各的朋友们已经给他支付了诊所的费用。

克在 4 月 11 日入住了诊所，在那里他的饮食格外严格。他一直待到了 5 月 1 日，尔后途经伦敦去往美国。在希思罗机场与他见面的桃瑞丝·普拉特看到他这般形容枯槁，倍感震惊。他不得不去买新的鞋子，因为他的脚变得如此瘦。尽管十分虚弱，但"他坚定地拒绝乘坐头等舱旅行"，桃瑞丝·普拉特向拉加戈帕尔如此汇报。在他离开伦敦那天，她再一次写道："我必须告诉您，非常、非常、非常私人的，我觉得他病得很重，完全不适合在欧亥做演讲，但他似乎决意要这么做……据说他差一点儿就死在德里了，从他目前的状况来看，我完全相信这个。我认为重要的是在欧亥他必须得到最无微不至的照料。"①

克在纽约中断了他的旅行。与他同住的一个朋友告诉他，除非他采取行动，否则不久就会发现他在克里希那穆提著作公司的事务上完全没有发言权。这位朋友恳请他担负起更多的责任，因为大笔大笔的钱捐给了克里希那穆提著作公司以支持他的工作。而从拉加戈帕尔的角度来说，他已极有效率和成功地打理克的事务达 35 年之久，他看不出有何理由要让克插手。没错，拉加戈帕尔有一位副

① 与桃瑞丝·普拉特的书信往来（布洛克伍德档案馆）。

主席以及一个理事会，但他专横跋扈地管理他们。不幸的是，他拒绝提供克所询问的信息，当克进一步要求恢复其理事身份时，这份请求被驳。只要拉加戈帕尔让克重回理事会，克马上就会失去兴趣的。但拉加戈帕尔的不妥协引发了怀疑，于是进一步伤害了这一基于彼此信任的关系。

当克坚持要在欧亥发表讲话，举办八场演说，却在第三场的时候宣布他最多只能再做一场时，人们可能会同情拉加戈帕尔。（这第三场的讲话相当出色，主题是心灵怎样才能"通过终结已知来实现澄澈"以及人类心理的根本变革迫在眉睫。）后四场演讲的取消引起了混乱，让那些千里迢迢前来聆听整个系列讲座的人们无比失望。拉加戈帕尔是最恼火的，因为，正如他告诉桃瑞丝·普拉特的那样，克取消后面的讲座不是因为患病，而是仅仅因为他没有"足够的精力"去继续，他"把三天时间用来与人进行数小时的会面"。拉加戈帕尔以为克的公开演讲跟私人会晤一样容易，这让人们怀疑他究竟是否理解克真正的内心世界。对众多听众发表公开演说需要格外的精力，这似乎是显而易见的事情。

让拉加戈帕尔分外恼火的是，克原本打算6月底返回伯奇－班纳诊所，但他不断推迟自己的离开日期。现在他不再进行任何会面，也不回复信件，甚至不回复埃米莉夫人和万达·斯卡拉维利的来信，结果他的邮件堆积如山。最后他一直待到11月去印度，虽然阿亚·威哈尔的气氛想必十分的不快，因为不仅他跟拉加戈帕尔之间的紧张在加剧，而且拉加戈帕尔与罗莎琳德也争吵不休，不久便分道扬镳了。

克不觉得自己能够胜任在印度举办讲座，但他准备在小型集会上发表讲话。显然他从印度致信拉加戈帕尔，要他明年为自己在英国安排一场集会，因为他收到了一封电报："现在个人无法安排任何事情，已经跟桃瑞丝·普拉特讨论过，她会提供帮助，请致信她。新年快乐。"拉加戈帕尔希望不再插手克在欧洲的任何事情，当他寄出这封电报的时候，人正在伦敦，同桃瑞丝·普拉特进行了许多"痛苦的交流"，她发现他十分不快。我自己曾经见过他，对于他跟克之间的关系的变化一无所知，当他开始对克恶言相向，我深感悲伤。我一直特别喜欢拉加戈帕尔，因为他曾经在剑桥待过，我常常去拜访他。他还当着我的母亲责骂克，这让我母亲同样十分伤心，她也曾格外喜欢他。我们希望这只是暂时的阶段。

1960 年年末，克在新德里对小规模的群体发表讲话，1961 年年初则在孟买举行演讲。这一时期他格外关心的问题是人类的心灵迫切需要发生改变，以及崭新的心灵的创造力。3 月中旬，他离开印度再次前往莱克西欧，在那里过了几周，之后在 5 月份去了伦敦。桃瑞丝·普拉特倾尽全力给他安排了一场集会，知道他往日跟道奇小姐住在西厅时是多么喜欢在温布尔登公地散步，于是她给他在温布尔登租了一栋房子，还租了那里的市政厅作为十二场小型会面的场地，给大约 150 人发去了私人邀请。她和一位克相识多年的荷兰朋友安内克·科恩道夫负责照料他。这是克第一次允许将其会上的发言录制在磁带上。

桃瑞丝和安内克与克一道在温布尔登住了八个礼拜，当他们听到他在夜里大声叫唤，就餐的时候经常掉落刀叉，看上去"呆若木鸡"，差一点昏倒，感到十分烦心。桃瑞丝询问他自己是否能做些什么，他的回复是"什么也不要做，除了保持安静、轻松、不要担心，同时不要触碰他"。他说自己清楚地知道发生的事情，但却无法向他们解释。5月18日他写信给身在印度的南迪妮·梅塔："在欧提发生的奇怪的事情正在这里上演，虽然没人知道它——太奇怪了。"①

6月14日克离开伦敦去往欧亥，途经纽约。应拉加戈帕尔的要求，他随身携带着在温布尔登的讲话的录音。第二天桃瑞丝写信给万达夫人（克如此称呼她），说他害怕访问欧亥，因为，她总结道，在那里得面临某些事情。他曾表示会马上返回。

6月18日，在从纽约飞往洛杉矶的头一天，克开始写下一段关于其意识的内在状态的极不寻常的文字。他是用铅笔写在练习本上的，没有删除一个字，日记整整记录了7个月。这之前他从来没有做过这样的记录，他也不记得究竟是什么促使他开始这么做的。直到最近我们才得知很可能就是那个"他"。此事表明外部生活对他内心的影响是何其微小。② 人们只有随意地打开这本书，才会被那种惊奇与神秘感给惊呆。开头十分意外："夜里，突然有一种美、

---

① 《克里希那穆提传》，普普尔·贾亚卡尔，第242页。
② 这本日志，标题是《克里希那穆提笔记》，1976年由戈兰茨以及哈珀＆劳出版。

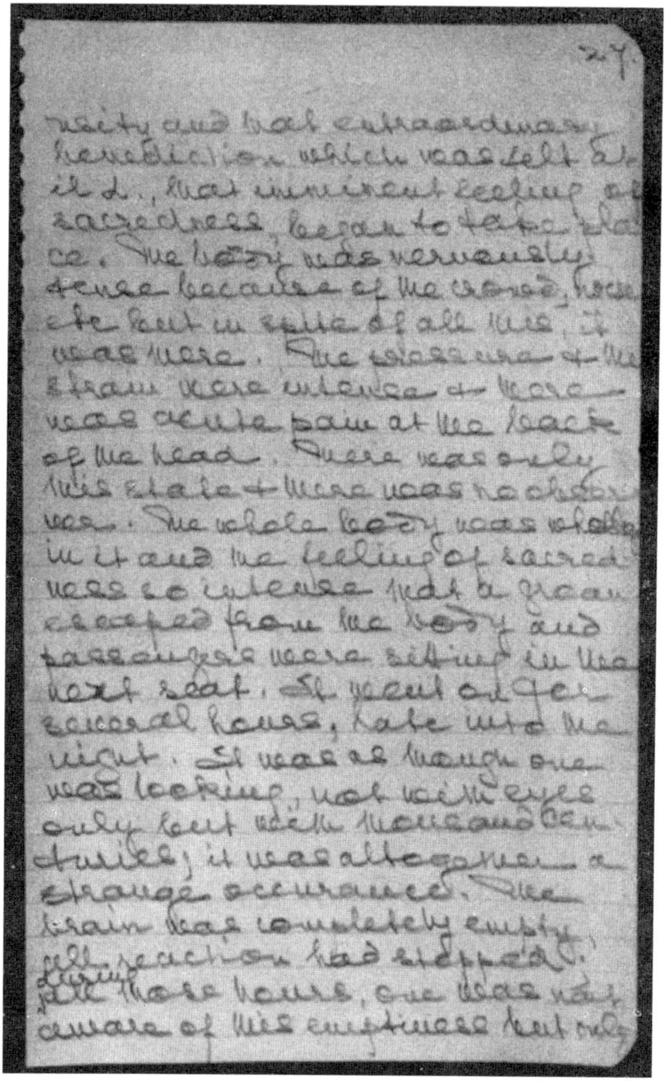
27.

nity and that extraordinary
benediction which was felt by
it d., that imminent feeling of
sacredness, began to take pla
ce. The body was nervously
tense because of the crowd, noise
etc but in spite of all this, it
was there. The pressure & the
strain were intense & there
was acute pain at the back
of the head. There was only
this state & there was no obser
ver. The whole body was wholly
in it and the feeling of sacred
ness so intense that a groan
escaped from the body and
passengers were sitting in the
next seat. It went on for
several hours, late into the
night. It was as though one
was looking, not with eyes
only but with thousand cen-
turies; it was altogether a
strange occurrence. The
brain was completely empty,
all reaction had stopped.
during all those hours, one was not
aware of this emptiness but only

克的笔记的一页（原大），1961年7月9日。由马克·爱德华兹拍摄力量和高贵的感觉充满了房间。其他人也注意到了这个（跟他一起待在纽约的朋友们）。""浩瀚"、"神圣"、"恩赐"、"相异"、"他者"、"广阔"，都是克在日记中用来指代那个神秘之物的名称，它是无法被寻求的，而是每一天都向他走来，如此强烈，以至于有时候其他的人也会注意到。他还写到了"转化过程"，与此同时他头部和脊柱的剧痛也在持续。他的全部教义都书写在了这本日记里，还有格外优美的对于自然的描绘。21 日在欧亥，他写道："大约 2 点醒来，感到一种奇怪的压力，疼痛更加强烈，更多是在头部中央。持续了超过一个钟头，因为压力的剧烈，醒来好几次。每一次都伴随着巨大的蔓延开来的狂喜，欢愉在继续。"第二天他记录："一片柔嫩的叶子的力与美，就在于它很容易被摧毁。就像从人行道上长出来的草叶，它拥有的力量超过了对随时来临的死亡的抵抗。"23 日写道："当一个人上床睡觉，那种感觉洋溢在整个莱克西欧。不仅是在房间里，而且似乎将地平线都覆盖了。这是一种恩赐。"27 日他写道："在莱克西欧的那个神灵出现了，耐心地候着，但却很慈祥，带着巨大的温柔。"这最后两段摘录，表明发生的事情在莱克西欧之前就已经经历过了。他经常发现自己在夜里叫喊，但由于他在松舍是独自就寝的，所以不会在阿亚·威哈尔被听见。

虽然克在欧亥待了 19 天，每天都在他的笔记本上写东西，但却只字没有谈及他在那里都干了些什么，除了提到有一次去看牙医，当他坐在椅子上的时候，那个"它"就和他在一起。还提到有一次散步，"被这些紫色的、光秃秃的、岩石丛生的山峦包围，突然有一处幽静，有一种深不可测的丰富，一种思想和感受无法描述的美……它是唯一的独自，不是孤绝，而是独自，犹如一滴水却汇集了地球上所有的水一样。"一定要读读这册笔记。不计其数的不经意的引用都能够自证其说，它是一份无比宝贵的文件，是所有时代最为神秘的著作之一，显然终有一天人们将会认识到它的涵义。

待在欧亥的时候，克告诉罗莎琳德她可以在阿亚·威哈尔住一辈子。她依然在经营欢乐谷学校，但该校早就不是克里希那穆提的学校了。拉加戈帕尔搬去了他给自己建造的一栋房子，距离山谷西端的橡树林不远。罗莎琳德如今已经独立了，因为罗伯特·洛根（他的妻子已经过世）临死时给她留了一笔钱和财产（洛根先生把两块百达翡丽手表给了克——一块是他从未戴过的金表，另一块是钢制怀表，有一条短链子，尾端则是一枚古希腊硬币，这块表他一直佩戴着，直到最后患病）。

在7月8日飞行了一夜去伦敦之后，第二天克在他的日记中写道：

在所有这些嘈杂、烟雾袅袅、高声的谈话当中，最出人意外的，那种广阔无垠的感觉，那种非凡的恩赐是在莱克西欧感受到的，那种无限的神圣感开始出现。身体因为人群、噪音等等紧张地绷紧了，但尽管有这一切，它还是出现了。压力巨大，后脑勺疼痛剧烈。只有在这种状态，才会没有观察者。整个身体彻底在它里面，神圣感如此强烈，以至于身体发出了一声呻吟，乘客们坐在下一个位置上。持续了好几个小时，直至深夜。就仿佛一个人在看着，不是用眼睛，而是用无数个世纪。这是一番神奇的景象。脑袋空空如也，一切反应都停止了。在这几个钟头里面，人没有察觉到这种空无，然而只有在写作的时候，它才是已知的，但这种知识只是描述性的，而非真实。头脑可以清空自己，这是一个奇特的现象。当眼睛闭起，身体、头脑似乎陷入那不可测的深处，陷入那不可思议的感觉和美的状态。

第十三章 "终结痛苦"

———————

在伦敦待了三晚后，克在日内瓦与万达·斯卡拉维利见面，跟她一道去了格施塔德，在那里她为他租了一个名叫"唐纳格"的山地小屋度夏。在邻近的萨能村的市政厅，为他安排了一场小型集会。曾在希思罗机场与他会面的桃瑞丝·普拉特发现，他"彻底的精疲力竭"，就像她告诉万达的那样。他曾说过："你不知道有一个像万达夫人那样的人同行会是怎样的，过去我从来没有得到过这么棒的款待。"桃瑞丝总结说，他在欧亥过得不开心。他请她不要告诉拉加戈帕尔他在英国的花费（1961 年 5 月和 6 月的全部花销，包括温布尔登的住宅以及租用市政厅，共计 477 英镑，而捐款总金额是650 英镑）。他究竟是否有跟拉加戈帕尔谈过克里希那穆提著作公司的事务，这不得而知，但他后来有跟他写信，要求始终告知他该公司的事情，坚持认为他的信件应当给所有理事过目，同时再次要求恢复理事职务。但他没有收到任何回复，尽管之后有一次，当他在印度的时候，拉加戈帕尔给他寄来了一份财务状况表——当然，他对此看不懂。

来自 19 个国家的 350 人出席了在萨能的第一次集会，这个人数是市政厅能够容纳的全部（萨能的集会后来成为了国际性的年度事件，在之后的 24 年里，每一年人数都在增加）。集会开始前，克在唐纳格度假屋过了差不多两周时间。1961 年 7 月 14 日，抵达后的第二天，他在笔记本上写道："迫切渴望重复某种体验，不管它是多么欢愉、美好、有意义的，都会成为播种痛苦的土壤。"两天后他写道：

夜里大部分时候都在发生转化过程，非常强烈，身体能够承受多少！整个身子都在发抖，这个早晨醒来的时候头在摇晃。

今天上午，那种奇特的神圣感充满了房间。它拥有巨大的渗透的能量，进入一个人身心的每一处角落，占据着、净化着、造就着它的一切。另一个人（万达）也感受到了它。它是每个人都渴望的，由于他们渴望它，所以它便躲避他们。僧侣、牧师、出家人为了得到它而让自己的身体和心灵受着苦刑，但它却躲避他们。因为它是无法被买到的，牺牲、美德或祈祷也不能带来这种爱。假如死亡是手段，就无法获得这种生命与爱。一切寻求、一切恳请都应该彻底终止。

真理不会是确定的。能够被度量的不是真理，非鲜活的事物才能被度量，才能探明它的高度。

正是在这一天，万达第一次经历了克的转化过程，对此她记录道：

午饭后我们在谈天。房间里没有人。突然克昏厥过去。尔后发生的情形很难去描述，正如没有词语能够接近这一切。但它也是这般庄重、非凡和重要，以至于无法被留在黑暗里，被埋葬在静默中，或是不去提及。克的脸起了变化，他的眼睛变得更大、更宽、更深，呈现出一种巨大的表情，超越了任何可能的空间。就仿佛有一种属于另一个维度的充满能量的神灵。同时还有一种无法解释的既空无又充盈的感受。

克显然"离开"了，因为万达草草地记下了那个实体留下的话："不要离开我，直到他回来为止。如果他让你触碰我，说明他一定很爱你，因为他在这方面格外注意。在他回来之前，不要让任何人靠近我。"尔后万达补充道："我完全无法理解发生的事情，我太震惊了。"

第二天，同样的时段，克又一次"离开"了。万达再次记录下了当克的神识离开时身体所说的话："我感到十分奇怪，我身在何方？不要离开我，你能够好心地跟我待在一起，直到他回来吗？你舒服吗？拿把椅子坐吧。你跟他很熟吗？你会照料他吗？"万达继续写道："我依然无法领会发生的事情，这太难以预料了，太难理解了。当克恢复了意识，他请我告诉他发生的情形，于是我便写了这些记录，尝试着传达出我看到和感受到的一些模糊的念头。"[1]

7月底，阿道司·赫胥黎和他的第二任太太来到了格施塔德，多次在萨能的市政厅聆听克的演讲。这是"我听过的令人印象最深的演讲之一，"赫胥黎写道，"就像是聆听佛陀的讲话——具有这般内在的权威，这样不妥协地拒绝让人的平庸肉欲有任何的逃避或者替代，不管是上师、救主、元首还是教会。'我把痛苦以及痛苦的终结向你指出来'——如果你不去选择为了终结痛苦而去满足条件，那就准备好，不管你可能信仰何种上师、教会，痛苦都会无限继续下去。"[2]

赫胥黎清楚地记录下了克在8月6日的第六场演讲，期间他谈到了有关痛苦的问题："时间不会消除痛苦，我们可能会忘记某种具体的痛苦，但痛苦总在那里，深埋于内心。我觉得能够彻底地消除痛苦，不是在明天，不是在时间的进程里，而是认清当下的现实，尔后超越。"

在最后一场讲话后，8月15日，克在日记中写道："今天早上散步的时候，这种难以理解的力量再一次地出现了。其能量是一种赐福……演说期间它也在场，无法触及，纯洁无瑕。"

在出版的著作中，这次演讲不像其他讲话那样具有力量。经常发生的情形是，当时人们会觉得讲演格外有启发性，然而当之后在

---

[1] 来自万达·斯卡拉维利的笔记的复印件。

[2] 《阿道司·赫胥黎》，西比尔·贝德福德，第二册，第71页（查托 & 温达斯出版公司，1973年）。

印刷物上阅读到它的时候，则会感到失望。极有可能的是，许多次
当克讲话时，他都在体验这种奇特的恩赐。让听众们深受启迪和鼓
舞的更多的是这个，而非他的话语。

1961 年夏天成立了萨能委员会，宗旨是为让克在萨能发表一
年一度的讲话作一切必要的准备。当拉加戈帕尔听说了这个，他感
到心烦意乱，害怕克将会停止欧亥的活动。这并不是克的意图所在，
不过，就像发生的那样，他五年没有回去欧亥。

集会后，克安安静静地跟万达待在唐纳格度假屋。这期间，万
达本人不断察觉到了克每天记录下的那种"恩赐"、"他者"。9 月份
他单独飞往巴黎，与他的老友卡洛和纳丁·苏亚雷斯住在他们那套
位于拉布多奈斯大街八层楼的公寓里。在享受了自己深爱的山间的
宁静之后置身于都市，这是巨大的改变，然而，正如他写到的那样：
"安静地坐着……目光越过屋顶，最意外的是那种福佑、那种他者
清楚地来临了。充满了整个房间，停留了下来。在我书写的这一刻，
它就在场。"

克在巴黎做了九场演说，之后再次去往莱克西欧，10 月份他
飞往孟买，从那里去瑞希山谷待了一个月，之后则是瓦桑塔·威哈
尔、拉杰哈特和德里。根据他在笔记里的描述，人们可以得知瑞
希山谷与拉杰哈特的情形，就仿佛身临其境一般。1962 年 1 月 23
日，在德里，他的日记突然停止了，就像日记的突然开始那样。希
瓦·拉奥的房子寒冷彻骨，以至于他无法再握笔。最后一条摘录
如下：

……突然间，那不可知的广阔出现了，不仅在屋子里，而且超越了，往深处蔓延，在内心最深处，曾经那里是心智所在……那浩瀚之物没有留下任何的印记，它就在那儿，清楚、强烈、难以理解、不可触及。它的强度如火焰，不留一丝灰烬。伴随它的是狂喜……过去与未知在任何时候都不会相遇，任何行动都无法将它们合在一起，没有桥梁去跨越，没有路途去通往。二者从不曾相遇，也永远不会相遇。要想迎来那不可知的、广阔无垠的事物，就必须终结过去。

1976 年这份极不寻常的札记出版，但被英美媒体忽略，仅美国的《出版人周刊》有个短评，结尾写道："克里希那穆提的教诲十分严厉，某种意义上是无效的。"读过手稿的一两个人反对作品的发表，他们害怕这会让克的追随者们失去信心。他坚持认为人类能够从根本上改变自我，不是在时间的范畴，不是通过进化，而是通过即刻的觉知。然而《克里希那穆提笔记》表明，克里希那穆提不是一个转变了自我的普通人，而是活在另一个维度的独一无二的存在。这是有根据的，当把这一点向其指出来的时候，他回复道："我们不必全都是爱迪生才能打开电灯。"后来在罗马有位记者暗示说他出生就已注定了他的样子，所以其他人是无法达至他的这种意识的状态的。他对这位记者说道："克里斯托弗·哥伦布是坐船去的美洲大陆，我们则可以乘坐飞机。"

这个冬天克在印度做了二十三场公开演讲，此外还举办了无数的讨论，因此，毫不奇怪，当他在 1962 年 3 月中旬抵达罗马的时候已经精疲力竭。在那里，他同万达会面。第二天他发起高烧。那种状态下，像过去在转化过程期间时常发生的那样，他"离开"了。万达记录下了被留下来掌控肉身的那个存在所说的话，但这次不再是一个孩童的声音在说话，而是听上去相当自然：

不要离开我。他已经走了，非常遥远。告诉过你要照看他。他不应该离开，你应当告诉他。餐桌旁他就不在了。你必须用表情告诉他，这样其他人不会看到，而他会明白的。看上去多么漂亮的脸庞啊，一个男人生有那样的睫毛着实是浪费。你为什么不带走他们呢？那张脸真是精雕细琢，他们工作了这么久，这么多个世纪，才造就了这样一具肉身。你认识他吗？你不会认识他，你怎么可能认识那奔流的河水呢？你去聆听，不要提问。如果他让你如此靠近他，那么他一定很爱你。他格外谨慎，不会允许自己的身体被其他人触碰。你知道他是怎样待你的，他希望你不会遭遇任何不好的事情。不要做过度的事，这所有的旅行对他来说实在是吃不消，那些飞机上的人、烟雾缭绕、始终都在打包行李、抵达、离开，身体吃不消了。因为那位女士（万达），他希望到罗马。你认识她吗？为了她，他想马上前去。如果她有恙，他会受影响。所有这些旅行——不，我不是在抱怨。你知道他多么纯洁，他对自己无欲无求。身体始终行走在悬崖的边缘，它受着控制，这几个月来它都被视为疯狂，倘若放任不管，他会走得很远。死亡近在咫尺，我告诉他这会吃不消的。当他在那些机场的时候，他是孑然一人。印度满目都是贫穷，许多人死去，太可怕了。假如没有被发现的话，这具身体就已经死了。到处都是污垢，他却这般洁净，他的身体保持得这样干净，他如此仔细地擦洗身体。今天早上他想要给你传达些什么，不要打断他。他一定很爱你。告诉他，拿支笔出来，告诉他："死亡总在那儿，离你非常近，在保护着你。一旦你去寻求庇护，死亡便会到来。"

当克感觉身体足够好转，他们便搬去了莱克西欧，然而他在那里病得很重，肾方面的毛病再次发作，而且因为严重的腮腺炎导致病情更为复杂。他病得如此厉害，以至于好几个晚上万达都睡在他的门外。直到 5 月中旬他才前往英国，在那里，桃瑞丝·普拉特为他在温布尔登租了另外一套带家具的房子。埃米莉夫人现在已八十七岁高龄，实际上已经身无分文，不过他经常会去看望她，握着她的手坐上一个多钟头，跟她聊天。她认得出他来，对于他的出现非常开心。她于 1964 年初去世。有时候我会从温布尔登去接他，把他载往苏塞克斯，然后在我们那座风信子树林里散步。我们从来不会严肃地交谈，散步期间我们根本不会说话。我知道他想好好品尝这种静默、风景以及风信子的芬芳，树林的安静、鸟鸣，还有柔嫩的山毛榉树的新叶。他会经常停下来，在蓝色的迷雾中看看自己

的脚后跟。在我面前他一直都是这样子的，不是作为一个老师，而
是一个挚爱的人，比我的兄弟姐妹还要亲近。想到我或许是他从来
不用费力去交往的一个人，这让我十分开心。

当我听说他在温布尔登以及友谊大厅发表讲话，突然有一股去
聆听的冲动，自从 1928 年在欧门以后我就没有听过他演讲了。友
谊大厅座无虚席，后面还站满了人。我没有看到他去到讲台上，有
一个时刻，放置在讲台中央的那张单独的硬椅子是空的，下一个时
刻他便坐在了那里。进来的时候无声无息，只是做了一个非常轻微
的手势。穿戴得一丝不苟，黑色西服、白色衬衫、黑色领带、锃亮
的褐色皮鞋整齐地各放一边。他独自在讲台上（从来没有介绍词，
正如我说过的那样，他也从来没有讲稿）。大厅鸦雀无声，一种满
怀期待的颤动拂过了所有的听众。他十分安静地坐在那儿，身体一
动不动，头部微微地从这边移动到那边，以便对听众做出判断。一
分钟、两分钟，我开始为他感到恐慌。他会失败吗？当他突然开始
时，我因为沉溺在关心他的痛苦中而全身刺痛。他不慌不忙地开始，
轻快活泼的声音带着隐约的印度口音，打破了静默。

后来我发现，演讲之初的这种漫长的静默是一种习惯，会给人
深刻的印象，但这么做的理由并非是为了留有印象。开始说话前他
很少知道要说些什么，似乎求助于他的听众们得到指引。这便是为
什么一场谈话常常是以很蹩脚的方式开始："我想知道像这样子的集
会的目的是什么？"他或许会这么说，抑或是"你对此的期待是什
么呢？"又或者他可能开始系列的谈话："我觉得假如我们能够在说

者和听者之间建立起一种真正的关系，那么演讲就会很顺利。"其他时候他明确地知道自己想要说什么："今天晚上我想要谈谈知识、经验与时间。"但随后的讲话并不会必然地局限于这些主题。他总是坚持认为自己不是一种教导性的演讲，而是他跟听众一起参与到探究的过程中去。演讲的过程中，他会有两三次提醒听众意识到这一点。

在友谊大厅的这个特别之夜，他已经知道自己想要说的内容：

要想理解今晚以及之后几个晚上我们将会思考的问题，需要一颗澄澈的心灵，一个能够直接觉知的心灵。认知并不是什么神奇的事，它需要一个能够直接看待事物的心灵，不怀有偏见，不抱持个人倾向，没有观念。今天夜里我想说的问题涉及到充分的内在的变革，打破心理的社会结构，也就是打破我们自己。这种心理上的社会结构的破除——社会也就是你跟我——不是通过努力得来的。我认为对于我们大多数人来说，这是最难理解的问题之一。

我觉得，对大部分人而言，他们通过克个人自身的物质存在来理解克话语背后的涵义——就像一种发射，把涵义直接地闪现到一个人的认知中，绕过了意识。而一个人认为演讲是否有意义，更多地取决于他自己的接收状态，而不是演说者究竟说了些什么。尽管当他第一次走上讲台时，他会把手放在膝盖上坐着，但演讲过程中他会用单手或者两只手做出各种富有表现力的手势，手指常常分得很开。注视他的手部是非常有意思的事。讲话结束时，他会像进来的时候那样不引人注意地飘然而去。他在印度的听众总是要比西方的听众更加热情，他们会聚集在门外谈论，于是他离开讲台变得格外困难。在印度受到的如火般的热情让他十分尴尬，人们会匍匐在地，努力去触碰他或者他的衣服。当他在孟买坐车离开一场会议的时候，无数双手伸出来，透过开着的车窗握住他的手。有一次一个男人抓住他的手放进自己的嘴巴里，这可把他给吓坏了。

　　1962 年夏天在萨能举行了第二次集会，是在一个硕大的帐篷里进行的（帐篷搭建在萨能河附近一长片租用的土地上，直到 1965 年，由拉加戈帕尔提供资金，克里希那穆提著作公司才买下了这一片土地）。万达·斯卡拉维利再一次租下了唐纳格度假屋，以后直到 1986 年，每年夏天都是如此。她把自己的一位退休厨子佛斯卡带在身边，一起去打理那栋房子。8 月底，在那些会议之后，克的身体很不好。他决定取消这一年对印度的访问，在唐纳格一直待到圣诞节。拉加戈帕尔在 10 月份的时候前来看望他，希望达成和解。但由于拉加戈帕尔是从自己的条件出发，所以克仍然坚持要求重回克里希那穆提著作公司理事会，两人陷入僵局。拉加戈帕尔还去了伦敦，对着我责骂了克一顿，比过去更加恶毒，责备他伪善，但对此又没有提供任何证据。他说克更加关心上讲台前的外在形象，在镜子前仔细打量，确保每一缕头发都是服帖的。拉加戈帕尔跟我一样知道克总是很在乎外在形象的，不仅在乎自己的，也在乎其他人的。当一个人前去看他的时候，总是会格外小心，努力呈现出最好的样子，因为他会留意到一切。当他出现在讲台上时会尽可能地看起来整洁，这仅仅只是出于对听众的礼貌。我劝拉加戈帕尔不要再为克工作了，感觉他是在应付他（他让我认识到金钱不是问题），在欧洲安顿下来，在那里他有许多朋友。然而他真正的问题似乎是被困于一种单方面的爱憎关系中，而克的冷漠使得要摆脱这种关系更加困难了。

离开唐纳格后，克跟万达去了罗马，在那里她向他介绍了许多杰出人士——电影导演、作家、音乐家，包括费利尼、蓬泰科尔沃、阿尔贝托·摩拉维亚、卡洛·利瓦伊、塞哥维亚以及为其表演的卡萨尔斯（她好几次带着他从莱克西欧去看望艾塔蒂的伯纳德·贝伦松）。① 1963 年 3 月赫胥黎在罗马，频频来看望克。对于赫胥黎来说，这是他们最后的会面，因为 11 月他在洛杉矶过世了。赫胥黎死后一个月，克写信给我："几年前阿道司·赫胥黎告诉我他得了舌癌，这事他谁也没说，甚至包括他的妻子。今年春天我在罗马见了他，他看上去相当不错。当我得知他已去世，十分震惊。我希望他没有受多少苦。"

5 月底，克返回了格施塔德。我的丈夫跟我在驱车去威尼斯的

----

① 贝伦松日记，1956 年 5 月 7 日。当时他 90 岁，写道："克里希那穆提要了一杯茶。他为人和蔼可亲、反应灵敏、对我所有的反对都予以承让，实际上我们的讨论几乎没有争议。然而他坚持一种超越，认为那是一种静止的状态、平静的生活、没有思想、没有质疑，没有——什么？他反对我的论点，认为这样的状态超越了我那西方模式的意识。我对他最深入的询问是，他是否不去寻求单纯字面上的东西。他坚决予以了否定，但却不是很热烈。"（《日落与黄昏》，尼基·马里亚诺编，哈米什·汉密尔顿，1964 年。）

途中在格施塔德过了一夜，去唐纳格看望了他。他一个人在那儿，除了佛斯卡之外。他非常欢迎我们的到来，开着一部属于萨能委员会的奔驰车载了我们一程。这车显然很受珍视，极少使用，哪怕只跑了很短的路程，但每一次他都会对其进行清洁、上光。我们继续行程，抵达意大利，在佩尔吉内的城堡旅馆逗留，1924 年我们曾去过那里。我给他寄了一张明信片，上面印有他曾住过的圆塔。他回复说："我完全记不起来了，它可以是任何其他的城堡。它在我脑海里丝毫没有留下痕迹。"

1963 年萨能的集会来了一个新成员，接下来数年他将在克的外部生活中扮演重要角色，这便是 35 岁的艾伦·诺德。他是一名来自南非的职业钢琴家，曾在巴黎和锡耶纳求学，在欧洲开过几次演奏会，当时是比勒陀利亚大学的教授。艾伦自孩提时代起就对宗教生活怀有兴趣，他曾经听过克里希那穆提的演说，利用假期前来萨能听克的讲座。他与克进行了私人会晤，冬天，当克在印度的时候，他也在那里。1964 年年初他回到比勒陀利亚，辞去了自己的教授工作，以便服从他的灵性的天命。

1964 年夏艾伦·诺德再次来到萨能。同样到达那里的还有玛丽·津巴李斯特，娘家姓泰勒，她是电影制片人萨姆·津巴李斯特的遗孀。她是个和蔼、优雅的欧洲裔美国人，来自纽约一个在商界颇有建树的家族。她第一次聆听克的演讲是 1944 年在欧亥，跟她的丈夫一起。她的丈夫 1958 年突然死于心脏病，被悲伤击垮的她依然再一次地去听了 1960 年克在欧亥集会上的演讲。之后她跟克有过一次长时间的私人会晤，期间他与她谈了死亡的问题，以一种她乐意去理解的方式。依靠通常的逃避手段，人是无法躲开死亡的，必须要认识死亡的实相。这么做是逃避会带来痛苦的孤独，而不是孤独、死亡的事实，悲伤是一种自怜，而不是爱。玛丽希望在欧亥再次聆听他的演讲，然而看来他不太可能回到那儿去了，于是她便来到萨能，只为听他的教诲。在萨能她跟艾伦·诺德成了朋友，克要他们两人在集会后留下来，参加在唐纳格举办的一些小型的私人讨论。玛丽还和克有了另外一次长时间的私人会晤。

在英国为克的开销筹集的股票如今已经不再支付红利了，桃瑞丝·普拉特建议拉加戈帕尔说，克在印度和欧洲的全部旅行花费将来都应当由克里希那穆提著作公司向萨能委员会支付，该委员会同样应收到克里希那穆提著作公司在欧洲筹集的基金；以及，由于健康原因，克未来应该搭乘一等舱旅行。拉加戈帕尔同意第一个提议，但没有回复关于克搭乘一等舱旅行的建议。考虑到每一分钱都会寄去克里希那穆提著作公司，要么是以捐款的形式，要么是遗产捐赠，或者是克本人赚到的著作的版税，所以怎样为了克的个人舒适而花钱的问题居然不得不去征询拉加戈帕尔的同意，这真是太不寻常了。克在 1964 年、1965 年之交的冬天又一次跟艾伦·诺德见了面，他希望诺德做自己的秘书和旅伴。为给他支付微薄的薪水，不得不再次征求拉加戈帕尔的同意。70 岁的年纪单独旅行，这显然对克来说吃不消了，尤其是在得过许多病之后。

1965 年春，在伦敦的萨维尔街，克的裁缝亨斯曼的店铺，我见到了艾伦·诺德和克。艾伦跟克住在一起，桃瑞丝·普拉特则住在温布尔登另外一处带家具的房子，同时她还要负责对克在温布尔登的讲话录音。当克带着我像往日一样在我们那座风信子树林散步，他似乎要比多年前的时候兴致高很多。他告诉我艾伦让他的生活发生了多么大的改变，跟他一道旅行，照看行李等等。克感觉到与他之间有一种本能的亲近，他个性轻松、活泼，不过同时又认真、精力十足、四海为家，具有语言天赋。玛丽·津巴李斯特同样也在伦敦，然而我直到第二年才跟她见了面。她租了一部车，带着克和艾伦去了英国许多美丽的地方。伦敦之行后，他们三个人又来到巴黎，玛丽载着他们去了凡尔赛、沙特尔、兰布莱以及其他一些地方。这些欢愉的旅行，是克多年来在他那沉闷的外部生活中一直不被许可的。

第十四章　理想是残忍的事物

———————————

　　玛丽·津巴李斯特与艾伦·诺德在 1965 年冬天跟克一起到了印度，同他以及他那些印度朋友们去了所有惯常的地方旅行。他在这些地方发表演说以及举办讨论。12 月，依然是在印度，克意外地收到了来自拉加戈帕尔的邀请，于是他接受了邀请，同意 1966 年 10 月在欧交发表讲话。印度总理夏斯特里于 1966 年 1 月 11 日去世，普普尔·贾亚卡尔的好友英迪拉·甘地接任了他的位置。

　　1966 年春，我在英国同玛丽·津巴李斯特见了面。一天下午她出人意料地驱车载着克和艾伦来到我在乡间的房子门前。他们搞了一个野餐，克把他们引介给我们。当他们三人最后驶离，我记得我想到他们看起来是多么快活和友善的三人组啊，这两个人的陪伴对于克的健康和情绪来说是多么的有益。这是一次充满欢声笑语的拜访，我跟克的这两个新朋友之间的友谊在迅速升温。后来，克希望无论去哪里都跟他们待在一起。这年夏天他们待在了格施塔德，不过是住在另外一个小木屋里。在纽约，克与他们住在玛丽的兄弟的公寓。尔后，在加州则是住在玛丽那栋坐落于俯瞰马利布海滩的悬崖边的漂亮宅子。10 月 28 日，他们三人到了欧亥，第二天克做了在橡树林的六场演说中的第一场，自从 1960 年起他就没有在那儿发表过讲话了。在第三场演说之前，来了一群电视摄制组，这是克的讲话头一次被录像。这次演讲关注的问题是他所有讲话从本质上关心的对象，即带来人类心灵的根本转变。没有这样的改变，社会就无法发生真正的变化，世界上不会有真正的欢愉与和平。他重复了以前他多次强调的看法——他的话语犹如一面镜子，人们能够在其中看见自己内心真实发生的景象。

　　不幸的是，人们所希冀的克与拉加戈帕尔之间的和解并未出现，虽然他们单独见了好几次。克仍然坚持要求重回克里希那穆提著作公司理事会，拉加戈帕尔则拒绝承认克对该组织负有责任。克还跟克里希那穆提著作公司的副主席以及其中一位理事谈了话，这两人他都是认识了多年的，然而他们没有能力或者不愿意提供帮助。克的两位新朋友的妒忌之心，无助于情况好转。

　　12 月，克单独飞往了德里（艾伦·诺德已经返回比勒陀利亚去看望他的父母了）。这一年克在印度的讲话是最后一本被克里希那穆提著作公司出版的。1967 年 3 月，玛丽和艾伦在罗马与克重新会合，然后跟他一起去了巴黎，住在玛丽租的一栋房子里。他再也没有跟苏亚雷斯夫妇住过，他们在跟利昂·德·维达斯就如何安排克在巴黎的演说发生争吵之后，便淡出了他的生活。巴黎之后，克带着玛丽和艾伦去了荷兰，在阿姆斯特丹做了 11 年来的首场演说。

他们住在赫伊曾的一间农舍，就在韦奇伍德组建自己社群的那个镇子上，然而克已经不记得这个了。我的丈夫跟我那时碰巧在荷兰，于是便去拜访了他们。正当我们要离去的时候，克出乎意外地询问我是否能为他写本书。我目瞪口呆地说："好的，哪种类型的书呢？"他回答道："以讲座为基础的，我把这个留给你。"我相信是艾伦做这番建议的，我从来没有跟克说过我的写作，也不认为他有意识到，直到艾伦告诉他我是名专业作家。但他们两人都不会知道，自从1928年起我就没有读过克的只言片语了。对我来说，夏天余下的日子都笼罩在我所担负的这项重大任务的阴影下，但我从来没有想过要反悔。我知道这是一个大挑战。回到伦敦，我询问了自欧门时期就认识的桃瑞丝·普拉特，问她觉得这两年最好的演讲有哪些。她推荐了1963年至1964年期间的，并给我寄来了四卷平装书，里面是这些年在印度与欧洲做的准确可信的讲话的记录。

我怀着极大的兴致读了这些书，感觉就像我一直待在一间有着许多窗户的屋子里，它们全都被暗色的窗帘掩住了，当我阅读的时候，窗帘一扇一扇掀开。诸如"理想是残忍的东西"、"我会试试的是一个人说过的最可怕的话"，这类声明革新了我的思想。克在每一场讲话中都涉及到同样一些根本性的课题，所以会有大量的重复，尽管从来不会用完全一样的语句。因此我在大约一百个标题下面对这些主题进行了索引——觉知、限定、意识、死亡、恐惧、自由、神、爱、冥想等等——从中挑选出了一些我认为他在其中将自己的观点表述得最清晰、也最优美的文章，然后将它们编成了一本

124 页的图书。我没有改动克的一个字，也没有添加一个字，但这本书并不是什么选集，而更像是克里希那穆提的入门读物。我从来没有承担过一项比这个更艰难、更需要集中精力或是更让人兴奋的任务。我牢记在心的一句话是："摆脱权威，摆脱你自己的和他人的权威，便是终结昨日的一切，这样你的心灵才能始终保持鲜活，始终年轻、纯洁，充满精力与激情。"这本小册子，书名是由克本人挑选的，叫做《重新认识你自己》，出版于 1969 年。

对我来说，书里面最动人、最优美的章节是关于爱的那一部分的。许多人觉得克里希那穆提的教诲带有一种否定性，是因为有时候他只能通过阐述某个事物不是什么来探明它是什么。爱就是这类主要的例子。爱不是嫉妒，不是占有，爱不会要求被爱，爱不是恐惧，爱不是性的愉悦，依赖他人不是爱，思想无法培养出爱，爱不是美，爱不是自怜（这将让人们理解克之后的一个论断："不存在不快乐的爱。"）"你难道不知道何谓真正的爱吗？"他问道："——那就是不怀有憎恨、嫉妒、愤怒的爱，不去想要干扰他的思考或行动，不去谴责、不去抱怨——你难道不明白爱的涵义吗？当你全心全意、用整个身心爱着某个人的时候，还会有比较吗？"

我发现最难理解的概念是"观察者即所观之物"。我最终是这样解释的：自我用它那受限的意识观察自身全部的内在状态，于是它看见的是自己的复制品，我们便是我们看到的事物。"超我"，即能够指引一个人其他的自我的概念，不过是一种幻象，因为只有一个自我存在。当克在其他演讲中说到"体验便是体验者"以及"思想者便是思想"，他不过是使用了不同的字眼去表达同样的观点。

1967 年 6 月初，玛丽·津巴李斯特载着克与艾伦·诺德去了格施塔德。他们一起住在一栋别墅里，直到万达抵达后为克开放了唐纳格度假屋。在克搬去唐纳格之前的几天，他因发烧卧床。玛丽在日记中记录说，她相信他是神志不清了，因为他看着她却认不出来，并且用孩童的声音说道："克里希那已经走了。"他问她是否"问过克里希那"，并且补充道："他不喜欢被询问。过了这些年，我都没有习惯他。"玛丽显然没有听说过转化过程，虽然从这时起一直到他去世前，她跟他待在一起的时间要比其他任何人都多，但这似乎是唯一一次转化过程向她彰显。不过，他曾经警告她说他有时会昏厥过去，哪怕是在坐车的时候，她必须不去注意，继续缓慢驾驶。这发生过好几次，他会在昏迷中倒在她的膝盖或肩膀上，但不久就会苏醒过来，不会感觉到糟糕。

夏天在格施塔德谈了许多关于在欧洲开办学校的事情，这是克一直希望的。一位老友给了他 5 万英镑，让他给自己建栋房子，作为退休的时候用。克希望永远不退休，因此他询问是否可以把钱用来建一所学校，这一恳求立即得到了准许。不久前他见了一个校长的理想人选——桃乐茜·西蒙斯，她跟她的丈夫蒙塔古刚刚退休，之前曾管理一所政府学校长达 18 年。不久决定新学校应当建在英国，因为西蒙斯夫人无法操着外语来有效地管理好学校。最终，花费了 42000 英镑买下了汉普郡布洛克伍德公园，包括一栋乔治亚时期的大宅子以及 36 英亩的花园，西蒙斯夫妇、桃瑞丝·普拉特和一名学生在 1968 年年底搬去了那里。

　　克不顾当时自己的财务顾问杰拉德·布里茨的反对，决定开办学校。杰拉德是"地中海俱乐部"的创始人，他告诉克，除非筹集到更多的资金来进行学校的配备，否则很难做这个。然而，克终其一生的政策都是去做他认为对的事情，钱会以某种方式解决的。通常也的确是这样。

　　但是在这之前，克与拉加戈帕尔发生了彻底的决裂，克建立了一个新的基金会来传播其教义。该基金会的契约确保，不会再出现拉加戈帕尔这样的情形。此事在 1968 年的萨能集会上得以宣布：

　　克里希那穆提希望大家知道他已经跟位于加利福尼亚欧亥的克里希那穆提著作公司彻底脱离了关系。

　　作为这次公开声明的结果，他希望那些想要与其工作和教义有联系的人们，将支持提供给新的、国际性的、建在英国的克里希那穆提伦敦基金会。该基金会的活动将会包括建一所学校。该基金会确立的基础是，得确保克里希那穆提的意愿得到尊重。

　　在长达 40 年全身心的志愿性服务之后，桃瑞丝·普拉特退休到了布洛克伍德公园。一位带着一名女儿的已婚妇女玛丽·卡多根，自 1958 年起就一直在给桃瑞丝·普拉特帮忙，这时成为了新的基金会的秘书。结婚前玛丽·卡多根曾为 BBC 工作，是完全具备资格的（她在担任基金会秘书期间，出版了五本大获成功的图书）。

　　紧随而来的是一段困难时期，直到给新基金会的捐款开始到来。克里希那穆提著作公司的资产被冻结了，但幸运的是桃瑞丝·普拉特与玛丽·卡多根已经建立了一小笔基金，使得新的基金会能够运行。这时克组建了一个出版委员会，主席是乔治·温菲尔德－迪格比，当时的维多利亚和阿尔伯特博物馆的纺织品策展人，一位东方瓷器方面的专家，同时还是《威廉·布莱克的一生》的作者。该委员会在将来负责编辑克的讲话，将其在媒体上发表以及做公报。之后讲话的准确记录在荷兰而不是印度出版。

　　1969 年成立了克里希那穆提美国基金会，1970 年成立了印度基金会。随后而来的便是克里希那穆提著作公司与美国基金会之间不可避免地对簿公堂，这场诉讼一直拖到了 1974 年，最后是庭外和解。和解的主要条件是，克里希那穆提著作公司应当被解散；另一个由拉加戈帕尔掌控的组织 K&R 基金会应该享有 1968 年 7 月 1 日之前的克里希那穆提著作的版权；欧亥山谷西端 150 英亩的土地，包括橡树林，以及上端的 11 英亩土地（松舍和阿亚·威哈尔就修建其上），应当转交给克里希那穆提美国基金会；克里希那穆提著作公司的现金资产应当在扣除了退休金以及拉加戈帕尔的合法收入等后，转移给克里希那穆提美国基金会；拉加戈帕尔应当终生保有对其住宅的所有权。

　　当官司进行的时候，克继续着他的巡游。不同处在于，如今他去英国时会住在布洛克伍德公园，而在加州的时候则会跟玛丽·津巴李斯特住在马利布而不是欧亥，在圣莫尼卡发表讲话而非在橡树

1969 年克在拉杰哈特学校听音乐会。由马克·爱德华兹拍摄

林。1969 年秋天，艾伦·诺德不再为克工作，搬去旧金山定居，在那儿教授音乐。有时候他会待在马利布，只要克去到旧金山，都会去看他。他安排克在好几所大学发表演讲，包括哈佛大学和伯克利大学，使得克有机会接触到美国的年轻人，这方面艾伦做了大量的工作。"非常自然地，"艾伦写道，"不过也有点儿让人吃惊，克里希那穆提突然成了这些学生们的英雄和朋友。因为在他们见到他之前很久，他所谈论的问题对他们来说就已经跟吃饭和呼吸一样重要了。他们喜欢他说的内容，对他怀着一种格外亲近的情感，没有任何敬畏或恐惧。"①

　　1970 年春克待在布洛克伍德的时候，他请我写一下有关其早年生活的记录。他最初是请自己的老友希瓦·拉奥来写，然而在收集了来自阿迪亚尔通神学档案馆的一堆材料之后，希瓦·拉奥得了重病，知道自己永远无法足够康复去完成这本书了（第二年他便去世了）。所以，他提出把所有文件都交由我处理。我是 1923 年认识他的，是在我第一次去往印度的时候，从那时起我们就一直是亲密的朋友。克说第二年从印度来的时候会将文件一同带来。当然，我很开心被邀请撰写这份记录，但是在接受之前，规定好了我不应当把文章出具给任何人看。同意了这个之后，克给了我书面授权，准许我引用他的信件以及 1922 年关于他在欧亥的经历的记录，这记录是从来没有发表过的。虽然在收到希瓦·拉奥的材料之前我不打

---

　　① 《英国基金会公报》，第 2 卷，1969 年春。

1969 年南迪妮·梅塔与
普普尔·贾亚卡尔在拉杰
哈特。由马克·爱德华兹
拍摄

算开始撰写这本书，不过我在 6 月份去了布洛克伍德，第一次就此
事与克会谈。他似乎对那个"男孩"格外有兴趣，这是他对自己的
指称，他想知道为什么他会被赖德拜特选中。这个男孩的心灵具备
怎样的特质？这些年来究竟是什么在保护着他呢？为什么男孩在遭
遇了所有这些吹捧后依然没有被腐蚀或者受限呢？他可能会变成一
个"令人憎恶的家伙"。对男孩的好奇尽管非常强烈，然而是不带
有个人色彩的。似乎他希望所撰写的关于真实故事的记录，可以揭
示出某些东西，解释这个人的现象，这个他不带有个人色彩满怀兴
趣的人。他不会变得更加合作，但是，呜呼，他对自己的早年生活
全不记得了，除了希瓦·拉奥和其他人告诉他的那些之外。

1970 年克出版了一本著作《转变的紧迫性》，该书包括了艾
伦·诺德在马利布向他提出的一些探索性的问题以及他给出的回答。

艾伦用速记写下了问题和答案，然后再用口述的形式将它们录制在录音机上，到了夜里再把它们跟克念一遍，做一些修正。所以，这本书的价值要超过那些被编辑的讲座类的书，因为克从不曾对其进行过修订甚至不曾过目过。书里面有一篇文章，涉及的是克出现频率最高的主题之一，也是最难理解的问题之一——思想的终结：

提问者：我想知道您所说的终结思想究竟指的是什么意思。我跟一个朋友谈了这个问题，他说这是东方式的废话。在他看来，思想是智慧与行动的最高形式，是必不可少的。思想诞生了文明，一切关系都是建立在思想上的。我们全都同意这个……当我们不去思考，我们会沉睡、无所事事或者做白日梦，我们空虚、乏味、没有创造力。可一旦我们醒来，就会去思考、行动、生活、争吵。这些是我们知道的唯一两种状态。您指出，超越这二者——超越思想与空虚的无为。您到底说的是什么意思呢？

克里希那穆提：用非常简单的方式来说吧，思想是记忆、过去的反应。当思想活动的时候，是这种作为记忆、经历、知识、时机的过去在活动。当思想运作，它便是过去，所以根本没有任何新生。它是过去活在当下，修改着自身与现在。所以这种方式里面生活中是没有任何新事物的。当某种新事物被发现，必须是过去消失不见了，心灵必须不因思想、恐惧、欢愉以及其他的一切东西而混乱不堪。只有当心灵一派澄净，才能迎来新事物。基于这个原因，我们认为思想应该静止，只有当不得已的时候才去活动——有目的地、有效率地活动。一切持续都是思想，只要有持续，就不会有新事物。你明白这有多么重要吗？这确实是生活本身的问题，你要么活在过去，要么是完全不同地生活：这就是整个问题所在。

在《克里希那穆提笔记》一书中，克曾经写道："有一种神圣，它不属于思想，也不属于被思想复活的感觉。它不是思想能够意识到的，也不会被思想利用。思想无法构想出它来。但存在着一种神圣，它是任何符号或语词都无法企及的，它是不可表述的。"这便是像思想终结这样的概念的全部困难所在——它是不可言说的，除非通过思想。

之后克说道："思想具有腐蚀性"以及"思想是腐化的"。这些没有任何解释的直截了当的陈述难以理解。思想之所以是腐化的，是因为它是"破碎的"、"片段的"。当然，他谈论的是心理层面的思想。思想对于所有可实践的目的都是必需的，就像记忆。

克在《改变迫在眉睫》一书中还陈述了关于性的看法，是在回答以下提问时谈到的："没有欲望的念头，会有性吗？"

你必须依靠自己的力量去探明。性之所以会在我们的生活里扮演如此重要的角色，是因为它或许是我们拥有的唯一深刻的、第一手的经验。智力和情感层面，我们都可以去模仿、追随、服从，我们的关系里充满了痛苦与争斗，除了性行为以外。这种行为如此困难和美丽，于是我们耽溺其中，结果它便反过来成为了一种捆绑。

1972 年克在欧亥的橡树林。由玛丽·津巴李斯特拍摄

捆绑是因为渴望它的延续——又是分裂性的中心行为。一个人是如此被束缚——在智力上、在家庭里面、在团体中，通过社会道德、通过宗教约束——深受束缚，以至于只有这种关系剩下，在它里面有自由和热烈。因此我们便格外重视它。但倘若自由遍地皆是，那么性就不会是这样被渴望，这样的难题了。我们之所以会把性变成一个问题，是因为我们的性总是不够，抑或我们在得到性的时候有罪恶感，抑或在得到性的过程中我们打破了社会定下的规则。旧社会称新社会放任，原因是在新社会性是生活的一部分。当心灵从模仿、权威、遵从以及宗教训诫的束缚中解放出来，性就会有其自身的地位，但不会耗尽所有的精力。由此一个人能够懂得，自由对于

爱是至关重要的——不是反抗的自由，不是为所欲为的自由，也不是或公开或秘密地沉溺于自己的欲望，而是当认识了这整个的结构以及中心的本质后获得的自由。尔后，自由便是爱。①

　　1971年的冬天克决定不去印度，不是因为印度跟巴基斯坦之间的战争的威胁，而是因为，就像他告诉玛丽·津巴李斯特的那样，他的身体"精疲力竭"，需要机会跟上他那"爆发能量"的脑子。于是，从11月20日起，接下来的几周他都在玛丽位于马利布的宅子里彻底地休息，看戏、在海滩散步、看电视以及读侦探小说。然而就像往常一样，当安静休息的时候，他的头就会疼。他经常在夜里因为冥想的强度好几个钟头都保持着清醒，有几次他睡着之后醒了过来，感到一种"特别的欢愉"，觉得房间里满是"卓越不凡的圣灵"。显然"转化过程"正在以一种温和的形式进行着，无需"他的神识脱离肉身"。他觉得有东西正在出现，在拓展他的脑子，因为"有一道非凡的光在他的脑袋里燃烧"。他一直声称自战争以来他从没有感到过如此精神焕发。不过他的身体变得这样敏感，以至于某个夜晚，当电视开着、他"离开"的时候，玛丽跟他说话，他受了一惊，以至于开始摇晃，整晚都能感觉到受惊的影响。② 这些冥想这般强烈，足以让他清醒好几个小时，这种情形一直持续到1972年5月他去纽约发表演说为止。

---

　　① 《改变迫在眉睫》，这本书与较早出版的《唯一的变革》结合在一起，构成了《静谧之心》（1973年）。

　　② 引自玛丽的日记。

1972年克在欧亥利里菲尔特夫妇家里。由玛丽·津巴李斯特拍摄

　　1972年克里希那穆提的第一本著作是在印度出版的，书名为《唤醒能量》，由普普尔·贾亚卡尔和苏南达·帕特瓦尔丹编辑，东方朗曼公司出版。此书包含了1970年至1971年在新德里、马德拉斯、瑞希山谷和孟买与一小群人士展开的三十篇对话——这些人有艺术家、政客、僧侣、学者，他们是自从1947年回到印度时克就一直在会面的人。虽然这些讨论中并没有提出任何新的东西，但方法是新的，同时因为使用了一些印度词汇而显得格外不同。其中有一段特别值得记住："应对痛苦只有一种方法，我们所熟悉的各种

1972 年克在布洛克伍德学校。由马克·爱德华兹拍摄

逃避，实际上是在躲避痛苦的伟大。唯一避开痛苦的办法是不做任何抵抗，不展开任何行动去逃离它，无论是外部的行动还是内部的，彻底地与痛苦共处，不去想着超越它。"

克的印度追随者总是倾向于将他视为一个印度人，因为他是从一具印度的身体中诞生的。然而他自己却反驳说他不属于任何种族、国籍或宗教。他的印度护照令其很难获得欧洲和美国的签证，因此，当 1977 年他得到了一个所谓的绿卡时，他实在是非常感激，因为绿卡能够让他无需签证去到美国。

1973 年 2 月，克在由孟买去往洛杉矶的途中在布洛克伍德逗留了数日。现在我正深深地沉浸在撰写他的早年生活的记录中，这将是克的三卷本传记的第一卷。但是我有一些担忧，不知出版它是否明智，故事这般疯狂，但不知怎的又这般神圣，所以我有一天去布洛克伍德跟他谈了谈。午饭后我与他单独待在西翼那间大大的会客厅里，在英国的时候，宅子的这一部分曾经是他的家（他像他总是喜欢的那样，坐在一张高脚椅子上，把椅子朝我坐的沙发拉近了一些），我把自己的疑问向他提了出来。他马上回答道："你难道没有感觉到它在房间里面吗？嗯，那就是你的答案。"虽然我完全没有通灵的能力，但在那一刻我的确感到屋子里有一种轻微的振动，很容易把它当成是想象。他显然感觉到它是来自于自己的外部，给予了许可。"这东西是什么？"我询问道，"这种能量？您背后的是什么？我知道您总是感觉受着保护，但那保护着您的东西或者人是什么呢？""它就在这儿，仿佛就在窗帘的背后，"他回答，伸出一只手放到身后，就好像是在感觉一面无形的窗帘，"我可以把它抬起来，但我不觉得这是我该做的事情。"

那天下午当我离开时，克去他的房间休息了，开车将我从伦敦载来的女儿不耐烦地在外面的车里候着。跟学校的人道别后，我不得不回到西翼去衣帽间拿我的外套。当我经过客厅敞开的门时，脑子里没有其他念头，只想着赶快，突然一股巨大的力量向我冲了过来，力量大得可怕。它对我有敌意吗？我唯一知道的是这绝非想象或者自我暗示，我得出结论是它没有个人性的敌意。如我想象的那样，这就好像被螺旋桨的气流给抓住。这就是那如此频繁地穿过克的身体的源头与能量吗？当时我并不知道前一年在欧亥克曾经被一群美国基金会的理事们问过同样的问题，也就是他背后的这种能量是什么。这群人当中属欧娜·利里菲尔特与她的丈夫西奥多最为杰出，他们当时住在欧亥。实际上，假如没有欧娜的话，基金会几乎无法创办。那一次克予以了回答，以第三人称指代自己：

首先我们要探究一下克本人从不曾去询问过的那个事物。他从来没有说："我是谁？"我觉得我们要钻研的是意识永远无法认识的事物，这并不意味着我要把它变成一件神秘的东西。有某种事物存在。太浩瀚无边，无法用语言去描述。有一个巨大的水库，假如人类的思想能够触及、能够揭示某种事物，它不是智力上的神话、编造、教条，那么就能够得以揭示。我不是在说什么神秘的东西——那将会是愚蠢而幼稚的把戏，是最无耻的事，因为那会利用人们。要么是当没有神秘事物时人们会去创造出一个来，要么是有神秘存在，你必须用非凡的敏锐和迟疑去着手。而意识无法做这个。它就在那里。它就在那里，但是你无法向它走去，无法邀请到它。这不是进步的成就。存在着某种事物，可是头脑无法认识它。

当克在这次会议上被暗示可能是个灵媒时，他完全出离愤怒了。"我当然不是什么灵媒，这简直荒唐。那种（解释）太幼稚了。"他被问到是否他意识到自己在被利用？"不，这就像是一个被他人使用的加油站。"然后他反过来提问："是否有某种并非由我邀请来的事物在脑子里运作呢？——像在欧亥以及其他时候发生的几次经历。例如，我在三点半醒来，感受到一种巨大的能量，爆发的能量，非凡之美，各种各样的事情发生了。当身体不是太过疲惫的时候，这种体验一直都在发生着。" ①

这一次克向玛丽·津巴李斯特更加充分地描绘了发生在晚上的唤醒。她写了下来，在一封信中转述给我："我在三点的时候醒过来，因为感到一种非凡的能量，脑子里面有光在灼烧。没有观者，试验是从外面来的，但观者并不存在。只有那个事物，再无其他。那能量穿过了整个身体。我坐了起来，过程持续了三小时。"他告诉玛丽，他经常因为强烈地感受到了那种崭新的巨大的能量而醒过来。几年后，他要她记录下他曾有过的另外一次体验，玛丽又一次在给我的信中进行了转述：

在开始休式 ② 之前，他（克）通常会格外安静地坐着，什么也不去想。然而这天早上，一件奇怪的事情发生了，太出人意料，完全是不请自来的——而且你也无法邀请到这些事情。突然它便出现了，仿佛就在他脑子的中心，在那内部，有一种巨大的空间，里面是无法想象的能量。它就在那里，但没有记录下什么，因为记录是能量的浪费。如果一个人能够这么称呼它的话，它是一种处于无限状态的纯粹的能量，一种空间，里面什么也没有，只有这种浩瀚无

---

① 1972 年 1 月和 3 月（克里希那穆提基金会美国档案馆）。

② 瑜伽姿势。克最初由 B.K.S. 里卡尔教过瑜伽操，但是从 1965 年开始，多年来他都是由里卡尔的侄子 T.K.B. 德斯卡查尔在瓦桑塔·威哈尔以及唐纳格度假屋教导。他仅仅只是把瑜伽作为一种体操锻炼。

边的感觉。一个人不知道它会持续多久，然而整个上午它都在那里。当把这一切写了下来的时候，仿佛它在扎下根来，然后根深蒂固。这些话语并不是那一事物本身。

克对那一进入到他体内的能量的描述，应当被仔细地记录在了他死前不久所做的录像带中，那也是他最后一场演说。

第十五章 "未来即当下"

1973 年出版了另外两本由克撰写的书籍，这时候他的书实际上已经没有在媒体上被评论了，尽管依然卖得很好。人们能够理解评论这些书籍的难度，不过约翰·斯图尔特·柯里斯（克并不认识此人）迎接了这一挑战，他对较薄的一本书《超越暴力》做了评论，发表在 1973 年 3 月的《周日电信报》上。

要想焕然一新，就必须保持鲜活。这在艺术中是鲜有足够的。在宗教哲学伦理思想的领域中，几乎没有被发现过。克里希那穆提始终是鲜活的，他总是带给人惊喜，我怀疑他的口里是否吐出过任何陈词滥调。

他同样也是非常困难的，不是因为他使用了长语汇，而是因为他不相信"信仰"。这在那些依赖各种主义和学科的人们眼里，一定是骇人听闻的。他相信宗教，是从这个词语的本质涵义上来讲，而不是相信各种宗教教派抑或任何的思想体系。

副标题"超越暴力"是"对在圣莫尼卡、圣地亚哥、伦敦、布洛克伍德公园、罗马等地的讲话与讨论所做的可信记录"。首先，克里希那穆提做了一次讲话，然后回答问题。问题很寻常，但回答却从来不普通。"相信所有事物都是统一的，难道不就像相信所有事物都是分裂的一样吗？"

"为什么你希望相信所有人都是一致的呢？——我们不是统一的，这是一个事实。为何你想要去相信并非实相的事物呢？存在着关于信仰的整个问题，就只是去思考一下，你抱持你的信仰，另一个人则怀有他的信仰，于是我们为了信仰互相争斗和杀戮。"

再一次。

"我们何时应当拥有超自然的体验呢？"

"永远不要！你知道拥有超自然的体验指的是什么意思吗？要想拥有神通的体验，你就得格外成熟、格外敏锐、格外睿智。但如果你特别聪明，就不会渴望有通灵体验了。"

这一卷书主要是关于改变自我，以便去超越那散播四处的暴力。

"挣脱暴力，意味着摆脱人加诸给他人身上的一切，信仰、教条、仪式、我的国家、你的国家、你的神、我的神、我的观点、你的观点。"

如何获得这种解脱呢？我很抱歉，但我无法用简洁的句子把克里希那穆提的讯息传递出来。必须要去读他的作品，阅读其著作这一行为本身，就会让读者发生改变。一个线索：思想的替代物是关注的行为——观察的能力。

第二本书《智慧的觉醒》是一部长篇巨著，由乔治和科妮莉亚·温菲尔德－迪格比编辑，同时附有马克·爱德华兹给克拍摄的17张照片。从20世纪30年代早期开始，超过三十年的时间，克都拒绝别人给他拍照。1968年，一位刚刚走出校门的年轻的自由摄影师马克·爱德华兹碰巧询问是否可以给他拍照，这时候克对他大发慈悲予以了准许。从那时起，马克因为拍摄第三世界的照片而著称，他还为克里希那穆提基金会做了大量的拍摄工作（克后来由塞西尔·比顿以及渥太华的卡什负责拍照）。

《智慧的觉醒》包含了跟几个不同的人的会谈，其中包括"克里希那穆提与雅各布·尼德尔曼的谈话"，该人是旧金山州立大学的哲学教授；"克里希那穆提同斯瓦米·温塔克萨南达的谈话"；"与艾伦·诺德的谈话"，以及跟当时的伦敦大学伯克贝克学院理论物理教授大卫·伯姆的谈话。大卫·伯姆在20世纪40年代曾是爱因斯坦在普林斯顿的朋友，当他碰巧在图书馆发现了那本《最初和最终的自由》，便第一次对克萌发了兴致。1961年他曾出席过克在温布尔登的讲座，自那以后他便频繁地到萨能和布洛克伍德，跟克展开讨论。他撰写了几本有关量子理论的书籍，1980年出版了《整体与隐序》，宣告了一种革命性的物理理论，类似于克对生活的整体性的教诲。

在第一次跟尼德尔曼教授谈话时，克强调了挣脱一切宗教限制的重要性："一个人必须抛掉一切许诺、一切经历、一切神秘的断言。我认为人应该仿佛一无所知那样去开始。"尼德尔曼打断道："这太难了。""不，先生，我不认为这很难。我觉得，这只对那些用他人的知识把自己塞满的人才是困难的。"后来在进行讨论的过程中，克说道："我没有读过任何宗教、哲学、心理学方面的书，人可以探究自身，挖掘到深处，探明一切。"这是克的教诲的根本所在——即一个人能够在自己身上发现对生活的全部认知。因为，正如他在跟艾伦·诺德的一次谈话中说到的那样："世界便是我，我即世界，我的意识就是世界的意识，世界的意识就是我。所以，何时人类有了秩序，世界便有了秩序。"

在与斯瓦米的谈话中，克阐释了自己对上师的看法。斯瓦米提出了一个问题："那么，在您看来，上师、导师或唤醒者的作用是什么呢？"克回答道："先生，倘若你是从经典意义上去使用上师这个词语，即黑暗、无知的驱散者，那么他人，不管他是谁，是开明的还是愚蠢的，能够真的有助于驱散内心的黑暗吗？"尔后斯瓦米问道："但您、克里希那，会认可指明是必需的吗？"对此克回答："是的，当然。我指明，我做了这个。我们全都在做这个。我在路上问某人：'麻烦您告诉我怎么去萨能？'他告诉了我，但我不会花费时间，期待着去献身，说什么：'我的神，您是最伟大之人。'这太幼稚了。"

好几年来克与大卫·伯姆都会时不时地展开讨论，结果是他越来越多地谈到了时间的终结以及思想的终结。这些讨论让他兴奋，获得激发，感觉到在宗教与科学的思想之间架起了一座桥梁。这可能更多的是以理性的方式去接触他的教义，而不是以直觉的方式。大卫·伯姆喜欢用给出一个词语的词根涵义来开始一场讨论，以便有助于理解。在后来的演讲中，克有时候也会采纳这种方法来锻炼自己，但没让其变得明晰，有一次还造成了含混。伯姆曾经向克指出"reality"一词是源于"res"，指事物、事实。后来克有时会用这个词来指基本原理或真理，正如他多年来都是这么做的，抑或，在跟伯姆谈话之后，他用该词来指实相，就像我们坐的椅子、握着的笔、穿的衣服，感觉到的牙痛。认识到"传递"一词是源于拉丁文中的"变得共有"，这无助于克去传递那无法传递的事物，而他始终都在努力去做这个。不过，人们投以更多反馈的是克崭新的智慧的方法，而不是他那如诗般的神秘或者关于自然的描绘，诸如"黄昏的太阳落在新的草地上，每一片叶子都沐浴着光辉。春天的叶子拂过头顶，如此娇嫩，当你触碰它们时，竟然都感觉不到"。

　　在克的要求下，大卫·伯姆在布洛克伍德和欧亥组织了几场科学家与心理学家的讨论会。大卫·西恩伯格博士在纽约安排了几场心理学者的研讨会，克也参与其中。总的来说，这些会议令人失望。克对于科学家和哲学家们得出的心理观念和结论并无真正的兴趣，他喜欢的是其他思想的刺激，以便对自己进行更为深入的开掘，然而那些参加会议的人自然希望高声念自己的论文。但是克急切地想要获得世界上最新的科学发展的真实信息，于是他尽可能地从莫里斯·威尔金斯教授那儿学习遗传工程，威尔金斯教授是诺贝尔医学奖得主，参加过两次在布洛克伍德的讨论会。后来他又格外着迷地从阿西特·钱德玛尔那里学习计算机方面的知识，阿西特是普普尔·贾亚卡尔的侄子，与庞大的印度塔塔集团一起致力于计算机方面的工作。克用与过去同样的方式渴望学习有关内燃机的一切，还有其他的机械设备，比如时钟和照相机。某一天在布洛克伍德，有人在克在场的情况下问了马克·爱德华兹一个摄影方面的技术问题，这时候克自己马上给出了清楚而简明的答案，这让马克大为吃惊。

　　克还有一样非凡的本领，那就是他跟哲人、佛教僧侣、西方科学家、工业大亨、首相或女王严肃交谈时，都是一样的轻松自如。虽然他会表现出羞涩，阅读量很少，也没有智力上的任何自命不凡，但他在跟世界上最伟大的哲学家、科学家、宗教导师公开讨论最深奥的心理问题时，并没有表现出丝毫的不安。我觉得，对此的解释是，当其他人在讨论、争论 X 理论的时候，克已经清晰地洞察了 X，仿佛它就握在他的手中。

　　1973 年 6 月，三个基金会的代表们在布洛克伍德举行了一场国际性会议，这是他们初次碰面。克担心的是他以及那些健在的理事们过世之后将会出现的问题，他无法明白基金会如何能够运作下去。他对于将来的态度跟 1968 年 8 月的时候完全不同了，那时，在埃平森林散步期间，我的丈夫问他在他死后他新建的英国基金会以及他所有的工作会怎样。他手一挥，回答道："它们将会消失。"他的教诲会留存，他的书籍和录音带以及其他的一切则会消失不见。

如今，在这次国际会议上，当被建议挑选某些年轻人来继续该项事业，他回答："大多数年轻人在他们与我之间竖起了一道盾牌。寻找年轻人是基金会的责任，你们要比我更加容易找到。因为人们会爱上我，爱上我的面容，他们被我吸引是带着非常多的个人色彩的，或者他们想要得到灵性上的提升……但是学校必须明确地继续下去，因为它们可以造就出不同的人类。"①

造就不同的人类，这是克的教义的目的所在。这一年他在萨能集会上的主要主题，便是如何带来"思想的根本性的、革命性的、心理层面的变化"。而且，如今他开始指出改变应该是即刻的。说什么"我会试着去改变"抑或"我明天会有所不同的"，这毫无用处，因为今天的你就会是明天的你。"未来即当下"，是他会去使用的句子。

萨能集会之后，克返回布洛克伍德，参加在那里举办了四年之久的一年一度的集会。他一直待在那儿，直到10月份前往印度。现在只要他在布洛克伍德，就会跟玛丽·津巴李斯特一周去一次伦敦，有时候是去看牙医，或者是去邦德大街的"楚菲特＆希尔"店铺理发——但总是会去拜访他的裁缝亨斯曼，通常只是带一条裤子去修改，或是第无数次地改一件永远无法达到他那完美标准的西服，他很少会订购新的西服。他似乎非常喜欢店铺的氛围，在那里逗留、徘徊，全神贯注地检查着摆放在柜台上的一捆捆的衣服。只要他们

---

① 源于抄本（布洛克伍德档案馆）。

来到伦敦，我都会与其在福特纳姆＆玛森公司四楼的餐厅共进午餐。到那里很方便，可以步行前往，从萨维尔街穿过伯灵顿拱廊，到达哈查德书店（在那里克会买一堆犯罪小说来囤积），餐厅便在书店隔壁。这家餐厅的菜单对于素食主义者来说非常有限，但房间十分安静和宽敞，桌子也隔得够开，方便谈话，不会被偷听。克会热情地观察周围的人，观察他们的穿戴，他们吃的什么，他们是怎样吃饭的以及他们的言行举止。有一次桌子旁边来了一位摩登女郎，克用肘部轻推了一下玛丽和我："瞧瞧她，瞧瞧她，她希望被人打量。"然而对她的穿戴怀有兴趣的是他自己而不是我们。他总是对服饰兴趣盎然，不仅是对他自己的。偶尔在用餐的时候，我会要他戴上我的戒指，一颗绿松石镶嵌在长形的钻石上，他很熟悉这枚戒指，因为我的母亲过去总是戴着它。他会把戒指戴到自己的小手指上。当我们离开餐厅，他把戒指还给我，钻石会闪闪发光，仿佛刚刚被某个珠宝商清洁过一样。这不是想象。有一天，饭后我遇见了我的一位孙女，她对我说："您的戒指看上去真美啊，您是刚刚把它清洁过吗？"

　　70年代，克的一位朋友对他有过这样一番描述：

　　当一个人见到他时，会看到什么呢？真的，会看到极致的高贵、力量、优美、雅致。他有着精致的教养、高贵的美感、巨大的感性，能够对人们向他提出的任何问题洞若观火。克里希那穆提身上没有哪怕一丝一毫的低俗、吝啬或平庸。人们或许领悟他的教诲，抑或无法理解，人们或许会对他的口音或者用词提出这样那样的批评。但倘若有人否认从他身上流泻出来的巨大的高贵与优雅，这会是难以想象的。人们可能会说，他有着远远超出了凡人的气场、风格或境界。

毫无疑问，这些字眼会令他感到尴尬。但你在这里。他的衣服、举止、礼仪、言谈行动，处处流露着真正意义上的贵族风范。当他步入房间的时候，你看见的将会是一个格外不凡的存在。

克对于上等服饰、车子的兴致，以及他对超现实主义书籍与电影的品味，在某些人看来似乎有些反常：他既不会改变他对这些琐碎事情的爱好，也不会假装它们绝非看起来那样——这些情形在他身上是不可能发生的。

1973 年秋天的一天，当克在伦敦时，我建议他开始写日记，就像他在 1961 年做的那样。这个想法让他一跃而起，就在那天下午他便去买了许多笔记本回来，还买了一支有着宽笔尖的新钢笔。第二天早上，也就是 9 月 14 日，他便开始写起来。接下来的六个礼拜他每天都坚持写日记，大多数时候是在布洛克伍德，不过当他 10 月份去罗马时，依然继续记日记。1982 年年初，这些日常的记录得以出版，书名是《克里希那穆提日记》，该书对他个人的披露要比他的其他任何一本著作都多。9 月 15 日，他用第三人称指代自己，写道："他只是最近发现这些漫长的散步中没有一丝念头……自从他还是个孩童起，就是像这个样子的，没有念头进入他的脑子。他就只是观察、聆听，再无其他。念头及其各种相关的东西，从不曾冒出来过。没有观念的制造。有一天，他突然意识到这是多么不同寻常，他常常会试图去思考，但没有念头出现。这些散步期间，无论是跟其他人一起还是一个人，都没有任何思想的运动。这便是真正的独自。"17 日他写道："奇怪的是，他自己跟树木、河流、群山之间总是没有什么距离。这不是培养出来的，你无法培养出这样的事情。他与其他人之间从来不会有墙壁，他们对他做了什么，跟他说了什么，似乎永远不会伤害到他，阿谀奉承也无法打动他。不知怎的，他是不可触动的。他不是退避、不是冷漠，而是犹如河流里的水。他的念头如此少，当他独自一人时，压根就不会有任何念想。"21 日写道："他从来不曾被伤害到，尽管遭遇了许多的事情，奉承、侮辱、威胁、安全。不是因为他不敏感、无察觉，他没有关于自己的概念，不抱持任何结论或意识形态。观念是一种抗拒，他对自己没有概念。当不去怀有观念，会有弱点，但不会有伤害。"两天后他写道：

他独自一人站在低低的河岸上……他站在那里，周围空无一人，他一个人，遗世独立。他年约十四或者不到。最近他们发现了他的弟弟与他自己，周围全是一阵大惊小怪，突然对他投以重视。他成了尊敬和献身的中心，在接下来的年月里，他会是各种组织与巨大财产的领袖。这一切以及它们的解散，依然在前方等待着。独自一人站在那里、迷茫、奇怪的离群，是他对那些日子以及那些事情最初也是最后的记忆。他不记得自己的童年、学校和遭受过的鞭打。后来那位伤害过他的老师告诉他说，他过去常常鞭笞他，实际上每一天都会。他会哭泣，然后被带到走廊上罚站，直到学校关门，老师走出来，要他回家去，否则他就会一直在走廊上站着。他被鞭打，这男人说道，因为他不会学习或者记住读过的抑或被教过的任何东西。后来老师无法相信这男孩居然举办了讲座，而他前去听了。他分外吃惊，怀着一种不必要的尊敬。所有这些岁月都过去了，没有在他的脑子里留下任何印记、记忆。他的友谊、他的爱情，甚至跟那些虐待他的人们在一起的岁月，不知为何，这些事情，无论是友好的还是残忍的，没有一件在他身上留下过痕迹。近几年有位作者询问他是否能够回忆起所有那些相当奇怪的事件与经历，他回答说记不得了，只能重复别人告诉给他的。这时候，那男人带着讥讽公然说道，他是在装，是在演戏。他从来不曾刻意地阻止任何事情进入到他的脑子里，不管是快乐的还是悲伤的。它们到来，不留任何痕迹，然后逝去。

第十六章 "与死神对话"

————————

过去的几年，当克在马德拉斯的时候，一直无法待在瓦桑塔·威哈尔，因为拉加戈帕尔宣称那是克里希那穆提著作公司的部分资产，所以他跟一位印度妇人住在绿廊路附近（直到1975年瓦桑塔·威哈尔才被出让给了印度基金会）。克现在不得不与马德哈瓦查理散伙，他是拉加戈帕尔的得力助手，克发现他依然效忠于拉加戈帕尔。1973年、1974年之交的冬天，一位名叫T.K.帕楚尔的印度医生开始跟随克到印度各地旅行，他来自瓦拉纳西（现在称贝拿勒斯）的拉杰哈特学校校内的一家医院。同样跟随的还有瑞希山谷学校的大厨帕拉姆施瓦兰，当克1959年差一点死在克什米尔的时候，他便在一旁照料。在拉杰哈特地界，除了有免费医院满足周围二十个村落的需要，还有一所附有宿舍的女子学院，一处农场以及一个农业学校。学校本身有大约300个男生和女生，年龄从7岁到18岁。

在瑞希山谷，不只有一所学校，还有一个免费乡村中心，来自临近村子的 70 个孩子在那里接受教育并得到医疗照顾。这一年在跟瑞希山谷的老师们发表讲话时,克在回答"痛苦难道不会让心灵麻木吗"这一问题时提出了一些看法,当我之后读到时感到极为震惊:"我认为,痛苦的持续,而不是痛苦的袭来,会让心灵麻木……除非你立即消除掉痛苦,否则它必定会让心灵麻木。"在马德拉斯刚刚开办了一所克里希那穆提男女合校的走读学校,简称为学校,容纳了 112 名 3 至 12 岁的孩子。

克现在等不及与克里希那穆提著作公司和解,就非常急切地想要在欧亥开办一所学校。他咨询了一名建筑师,还挑选了一位校长,这让美国基金会的理事们颇感沮丧,因为他们没有资金也没有土地来实现这样有风险的事情,但是克从来不会让这些考虑阻碍他真正想要去做的事情。幸运的是,在找到合适的土地之前,1974 年 9 月就结案了。与此同时,5 月克跟玛丽·津巴李斯特一起去了圣地亚哥,在那里他与圣地亚哥州立大学宗教教育系教授艾伦·安德森博士展开了 18 场针对不同主题的谈话,而且进行了彩色录像。[1]最后两次讨论是关于冥想的,期间克三次强调冥想涉及了"生活的全部领域",为冥想所做的一切努力都是对冥想的否定。他关于冥想的一个最美丽的段落是在几年前做的一场讲座中:

---

① 这些录像带从三个基金会均可获得,一直都非常畅销。

冥想是生活中最伟大的艺术之一——或许是最伟大的，一个人无法从他人那里学到。这正是冥想的美丽之处，它没有技巧，于是也就没有权威。当你学着了解自己，观察自己，观察你走路的样子，怎么进食的，说了些什么，流言蜚语、憎恨、嫉妒，假如你察觉到自己身上的这一切，不做任何选择，这便是冥想的一部分。因此，当你坐在巴士上，在光影遍地的树林散步，聆听鸟儿的宛转或是凝视妻儿的脸庞，这时候你都可以展开冥想。①

圣地亚哥后不久，克在圣莫尼卡做了最后一次演讲。在这些讲话当中，他被问道："我听您演讲有一阵子了，但是现在并未发生任何改变。哪里出了问题呢？"对此克回答道：

是因为你并不认真吗？是因为你并不在乎吗？是因为你有这么多的问题，深陷其中，没有时间、没有空闲去停下来，所以你从不去凝望那朵花儿吗？……先生，你并没有把你的生活交付给它。我们谈论着生活，不是观念，不是有关理论、实践、技巧——而是观察生活也就是你的生活的全部。

这一次克告诉玛丽他不得不再活十年或者十五年，因为还有这么多的事情要办。他说他的身体在走向衰败（他已经 79 岁了），虽

---

① 《重新认识你自己》，第 116 页。

然"他的脑子还很好使"。1974 年夏天在抵达唐纳格度假屋后，有几天早上他醒来后说"有非凡的事物降临在了他的身上，某种散播充斥天地间的事物"。同一个早晨，他口述了一封信给玛丽，谈了谈有关欧亥的新学校的事情："必须以宗教为基础塑造人们，这样他们就会将这种品质随身携带，无论他们做什么，去哪里，从事何种职业。"格施塔德格外炎热，在萨能集会上，克经常会"离开很远"，脑子剧痛。他甚至变得更加敏感，无法忍受被触碰，然而他在展开"绝妙的冥想"。"我的心灵，"他告诉玛丽说，"感觉就像是被冲洗过一样，干干净净、健健康康——远不止这个，还感到巨大的欢愉和狂喜。"

11 月份克单独飞往德里，他发现自己跟哈瑞希（马哈希瑜伽士）在同一架飞机上，马哈瑞希喜气洋洋地前来跟他谈话，还带着一朵花儿。克对于上师与冥想体系的厌恶，使得谈话不久就结束了（克后来告诉我们，他很高兴看到他的资产负债表）。

11 月在拉杰哈特，克被要求定义自己的教义。他吃惊地回答："你是在问我吗？你问我什么是教义？我自己都不知道呢。我无法用只言片语说清楚，不是吗？我认为教师以及被教育者的观念从根本上来说是错误的，至少在我看来如此。我觉得这更应该是一种分享，而非被教育。"①

当我撰写克的自传的第二卷时，也想问问他同样的问题，我写

----

① 《五十周年纪念册》（克里希那穆提印度基金会，1979 年）。

了一个简短的开头:"克里希那穆提教义的革命性核心是……",然后在克抵达的时候寄给他。正如我希望的那样,他全部重写了一遍,只保留了"核心"一词。以下便是他撰写的内容:

克里希那穆提教诲的核心,涵盖在他1929年发表的声明中,当时他说道:真理是一片无路可循的疆域。人无法通过任何组织、信条、教义、神职人员或者仪式达到它,也无法通过任何哲学知识或心理技巧。他必须通过关系之镜去发现,通过认识自己思想的内容,通过观察,而不是借助智力分析或反省、剖析。人在自己身上确立起了一些形象作为安全感——宗教的、政治的、个人的。这些表明的是符号、观念、信仰。这些重担控制了人的思考、关系以及日常生活。这些便是我们问题的根源所在,因为它们在每一个关系中把人与人划分开来。他对生活的感知,是由他思想里那些既定的观念构成的。他的意识的内容,便是这种意识本身,这内容对所有人都是一样的。个体便是名字、外形以及他从自己的环境中获得的表层的文化。个体的独特,并不在于表层,而在于彻底挣脱了意识的内容。

自由不是反应,自由不是选择。由于人有选择,于是他假装自己是自由的。自由是纯粹的观察,没有导向,不惧怕奖惩。自由没有任何动机,自由不在人的进化的终点,而在他生存迈开的第一步。在观察中,人开始发现自由的匮乏。当你不做任何选择地去觉察我们的日常生活,便能发现自由。

思想即时间，思想源于经验、知识，它们跟时间不可分。时间是人的心理敌人。我们的行为是建立在知识之上的，所以也是建立在时间之上，因此人总是为过去奴役。

当人开始觉察自身意识的运动，就会发现思想者与思想、观察者与所观之物、经历者与经历之间的划分，他会发现这种划分是一种幻相。唯有这时，才会有纯粹的观察，只是洞悉，没有任何过去的阴影。这种无限的洞彻，会让心灵发生深刻的根本性的转变。

彻底的否定便是肯定的本质。当你去否定所有那些非爱的事物——欲望、欢愉——就会迎来爱以及它的慈悲与智慧。

这不只是一则简短的声明，但是它难道不能让词语更加精炼或者表述更为清楚吗？也许他在这篇简介中并没有足够强调制造形象的概念。我们全都在制造着关于自己的形象、关于其他每个人的形象。正是这些形象在应对、反应和受伤，是这些形象在干扰人与人之间真正的关系——甚至是最亲密的关系。

1975年2月克从印度返回马利布之后，跟玛丽·津巴李斯特一道花了一天去看了看阿亚·威哈尔以及松舍。自从诉讼尘埃落定之后，这两处地方就成了美国基金会的资产。他们还和利里菲尔特夫妇一道在橡树林附近散步（这里将会建立一所学校）。当克在两周后返回，他感觉小木屋的氛围已经改变了，不再是他初次造访时厌恶的了。4月1日，他再次记起日记——这是他自1973年在布洛克伍德便开始的——然后每天坚持，写了三周。4月12日，万里

1975年克在布洛克伍德学校对学生讲话。由马克·爱德华兹拍摄

无云，他在橡树林做了四场演说的第一场，自1966年10月起他就不曾在那里发表过讲话了。

5月，当克与玛丽一起再次去到布洛克伍德，我给他看了传记第一卷的新书样本，从他出生一直记录到明星社解散。他自然一开始就去看插图，盯着尼亚的照片看了许久。然后他一直问我这本书要怎样触动一个完全的门外汉，"一个普通的股票经纪人会怎么想它？"我只能回答说我不会想象"一个普通的股票经纪人"会喜欢读此书。然而，从评论来看，新奇的故事似乎迷倒了不少我们原本不指望怀有兴趣的人们，我收到的诸多来信表明此书帮助了许多人更好地去了解克，尽管对于一些完全不知道他的通神学成长背景的人们产生了巨大冲击。玛丽·津巴李斯特读完后询问他，假如那些指导灵存在的话，为什么他们那时候会发言而现在没有呢。他暗示：
"现在不需要他们了，因为尊者已经降临。"人们不得不听一听他说
话的声调，尔后才能知道这是否是严肃的回答。

5月11日或12日，克迎来八十大寿。11日，帕楚尔医生从
印度抵达布洛克伍德，在欧洲过了几个礼拜，负责监测克的健康。
这月中旬，大卫·伯姆到了那里，与克进行了四场讨论（两人共讨
论了十二场）。伯姆刚刚读了那本传记，问克是否有过对他来说特
别的转变的时刻。克回答没有，转化过程中的生理痛苦令他更加敏
感，这种痛苦甚至超过了他弟弟的死带给他的，然而"充分地遭遇
了这一切却没有留下任何痕迹"。

这年克在萨能集会上的一次讲座中谈了他认为非常重要的一
个问题——能否彻底摆脱心理恐惧？"如果一个人想要挣脱恐惧，"
他指出，"就必须不受时间的束缚。一旦没有了时间，人就不会有
恐惧。我想知道你们是否明白了这一点？倘若没有明天，只有当下，
那么恐惧，作为思想的一种运动，就会终结。"恐惧源于对安全的
渴望，一旦有了彻底的心理的安全，就不会有恐惧，"但倘若一个
人去渴望、欲求、追逐、变得如何如何"，便永远无法获得心理的
安全。他继续说道：

……思想总是试图找到一个它可以逗留的地方，逗留的意思是
保持。思想制造出来的碎片式的东西，是彻底不安全的。所以，当
什么都没有，才会有充分的安全——这意味着不是由思想制造出来

的事物。彻底没有，意味着完全否定掉你学到的一切……你知道什么都没有指的是何意思吗？没有野心——这并不是说你要去吃素——没有攻击、没有抵制、没有伤害竖起的栅栏……思想制造出来的安全不是真正的安全。这才是绝对的真理。

冬天克被劝说不要去印度，原因是甘地夫人在1975年6月宣布了紧急状况。在这种状况下，假如不提交给审查委员会，就无法发表任何东西，也不能进行公开演讲。克准备做的最后一件事情便是缓和他对权威与暴政的谴责力度，如果他不去讲话，就不会有什么，如果他讲话了，则会有真正的牢狱之灾的危险。于是在布洛克伍德集会之后，他回到了马利布，每个周末都在松舍度过，与将来的橡树林学校的家长和教师谈话。

虽然甘地夫人的紧急状况在1976年冬天依然有效，但克从甘地夫人的亲密友人普普尔·贾亚卡尔那里得到了保证，即他将被允许在演讲中畅所欲言，他便去往了印度。他跟普普尔待在新德里，如今普普尔与甘地夫人住在同一条街上。抵达后不久他便同甘地夫人进行了一次私人长谈，人们不禁想知道这次谈话跟她做出1977年大选这一惊人决定之间是否有任何关联，克自己认为或许是有联系的。

在克的要求下，克里希那穆提基金会的代表们于1977年3月在欧亥会面。他希望他们当中能尽可能多的人始终与他在一起，尤其想要那些从没去过印度的美国人、欧洲人能够在未来的几年跟他一道去那儿看看。他相信,人们越是彼此看望,就会变得越亲密、感情越深。嫉妒与竞争对他来说是这样不相容,所以他从来没有真正理解其他人身上的这些特性。在欧亥的这些理事们的会议上,他说道:"如果人们来这里询问:'跟这个人生活在一起是怎样的呢?'你能够向他表述吗?若佛陀的某个弟子还活着,人们难道不会追到世界的尽头也要看看他,从他们那里探明他在场时的生活会是怎样的吗?"提到佛陀与其门徒,是克将自己跟佛陀联系得最近的一次。然而很难向那些不认识他的人说清楚这种比较压根儿不是什么自视甚高。当自我消失,才会没有自负,他所说的"这个人"并非他自己本人。尽管如此,人们要如何将这个同他不断重申的两个观点——即没有人有权在他死后代表他,以及上师—门徒的关系是令人嫌恶的事情——给调和起来呢?当他要理事们尽可能地跟他在一起,显然他是希望至少他们当中能有一两个人获得深刻的觉知,以便自身发生彻底的心理的转变,这将使得他们摆脱他获得自由,也摆脱所有其他的精神拐杖。这跟门徒对于上师的崇拜是不同的。假如有人宣称有权代替克发言,那么人们会知道他或她并没有发生转变。

这一次玛丽决定把自己在马利布的房子给卖了,在松舍旁修建一个副楼,在她死后将其归还给美国基金会。在松舍,克跟学校很近,而玛丽在马利布的房子距离欧亥有大约 60 英里。

5 月 9 日,克在洛杉矶的西达斯西奈医疗中心做了前列腺手术。他预先警告玛丽说她必须格外小心,不要让他"不知不觉过去了",

同时还要提醒他当心自己，否则，"在 52 年（公开演讲）之后，他会感觉已经足够了"。他告诉她自己"一直活在生死一线间"，他发现死亡要比保持健在容易得多。手术前两周他去了医院，抽了一品脱的血，以防需要输血。他拒绝使用通常的麻醉，认为"身体不会承受得住"。即使是当地的麻醉药，会引发脊柱梗阻，也可能让"那具身体"吃不消。克总是感到自己跟他的身体之间有着完全的疏离。

　　手术那天，玛丽陪着他去医院，待在隔壁屋子里。他在两个房间到处转悠，摸摸墙壁，这是他住进任何新房间都会做的事儿，他明显也是在为玛丽做。关于为什么他要做这个，从来没有被揭示过。似乎是一种净化的手段，驱逐某种异己，尽管不是必然的邪恶的影响力，他要把自己的能量充满房间。玛丽请麻醉师在手术期间跟他说话，以便让他保持清醒，这样他才不会"不知不觉过去了"。两个小时后，他坐在轮椅上被推回了房间，看起来非常有精神，并且要求给他一本侦探小说看。然而到了晚上，他开始陷入剧痛，于是向他注射了儿童剂量的强力止痛针，但无法持续，因为会导致眩晕与呕吐。他"离开"了大约一个小时，谈到了尼亚，之后便是他所谓的"同死神进行了一场对话"。第二天，他向玛丽口述了这次经历：

　　手术很短，不值一提，虽然相当痛。当疼痛持续的时候，我看见或者发现身体几乎是漂浮在空中。这或许是幻觉，某种错觉，然而几分钟后出现了人形——不是一个人——而是死神现身。看着这一身体与死神之间的奇特现象，似乎是他们之间的一种对话。死神仿佛怀着极大的坚持在跟身体说话，而身体不愿屈服死神的欲望。尽管当这一现象上演的时候房间里有人。死神在邀请，身体在抗拒。

不是因为惧怕死亡身体才会拒绝死神的要求，而是因为身体意识到它对自己没有责任，是其他的实体在掌控，它比死神更强大、更有力量。死神越来越要求和坚持，于是另一个存在便出来干预。尔后就有了一场交谈或者对话，不止是身体与死神之间，还有这个他者与死神之间。因此，谈话中有三个实体存在。

在去医院之前他便已经警告说或许会脱离肉身，于是死神可能前来扰乱。尽管有人（玛丽）正坐在那里，护士进进出出，但这并非自我欺骗或者某种幻觉。躺在床上的时候，他看见乌云满天，大雨袭来，窗子被照亮，下面的城镇绵延数里。雨水飞溅在玻璃窗上，他清楚地看见生理盐水在滴落，一滴一滴，进到器官里。人非常强烈而又清楚地感觉到，假如不是他者出来干预，死神将会得手。

这场对话开始是用语言进行，思维非常清楚。电闪雷鸣，谈话在继续。由于没有丝毫恐惧，无论是身体还是他者——绝对毫无畏惧——因此一个人能够自由地、深刻地交谈。用语言描述那种谈话总是很难的。奇怪的是，因为无所畏惧，所以死神没有把心灵捆绑到过去的事情上。谈话的结论格外清楚。身体相当痛苦，不忧虑或焦急，他者则明显超越了这二者。仿佛他者在扮演一场危险游戏中的裁判员，而身体对此并未充分觉察。

死神似乎总是在场，但它是无法被邀请到的。若被邀请，那会是自杀，而自杀是彻头彻尾的愚蠢。

谈话期间，没有时间感。或许整个对话持续了大约一个小时，钟表的时间不复存在。言语不复存在，但却立即洞悉了彼此所说的。当然，假如一个人依附于任何东西——观念、信仰、财富或他人，那么死神是不会前来同你展开一番对话的。从终结的意义上来说，死亡其实是绝对的自由。

谈话是彬彬有礼的，没有任何情绪、情感的放纵，没有时间终结这一绝对事实的扭曲，以及只有当死亡成为你日常生活的一部分时那种无边无际的广阔。感觉到身体将会继续许多个年头，但死神与他者总是会相伴左右，直到器官无法再运作为止。三人中洋溢着巨大的幽默感，人几乎能听到笑声。云层、大雨与这种美交融在一起。

这场谈话的声音无止境地扩大着，声音跟开始一样，没有终点。它是一首无始无终的歌。死亡与生命紧邻，就像爱与死亡一样。爱不是回忆，所以死亡没有过去。恐惧从不曾进入过这场谈话中，因为恐惧是黑暗而死亡是光明。

这番对话不是幻觉或想象，就像风中的沙沙声，虽然微小但又格外清晰，假如你侧耳聆听就会听到。尔后你便能够成为它的一部分，于是我们就将一起分享它了。然而你不会去聆听，因为你过于认同你自己的身体、你自己的想法、你自己的方向。一个人应该抛开这一切，迈入死亡的光明与爱之中。

这年夏天，克在通常的安排上唯一增加的是在 11 月单独飞往印度之前，跟玛丽一起去波恩的詹克诊所待了三晚，找了一位希弗医生会诊。根据医生的说法，多项测试表明他的身体状况对于他这个年纪的人来说已经"相当不错"了。

1978 年年初，英国和美国基金会的一些理事与克一起在马德拉斯会面，然后跟随他到了瑞希山谷，在那里，学校发生了一些改变。克的哥哥的长子 G. 纳拉扬已经在巴拉桑达拉姆博士退休后当了校长。纳拉扬教了 25 年书，最初是在瑞希山谷，之后是在英国的鲁道夫·斯坦纳学校。他的妻子几乎从最初开始就一直在布洛克伍德任教，他们唯一的孩子娜塔莎则在布洛克伍德上学。克没有记录他跟纳拉扬之间的血缘关系，似乎对娜塔莎的喜爱也并不比其他聪明的年轻女孩更多或更少。他爱所有的孩子以及大部分的年轻人。来自瑞希山谷的学生们以前被鼓励着去布洛克伍德待上一阵子，如今克开始质疑这么做是否明智了。太容易受到西方的腐蚀了。印度的年轻人依然表现出对长辈的尊敬以及对学习的热切，把教育视为一种优待。

当克返回欧亥的时候，松舍的扩建已经结束，他与玛丽搬进了那里。对玛丽来说，放弃她在马利布的漂亮的家是十分艰难的，克也同样怀念那儿，然而她把松舍变成了一个同样可爱的房子。克就寝的小屋原封不动地得到了保留，只是添加了一个通道，克与玛丽都开始爱上了这栋新房子。克兴高采烈地擦拭着电水壶以及厨房的台面，就像他在布洛克伍德的西翼做的那样，以及帮助着打造一个崭新的小花园。他总是喜欢做洗涤的活儿，他会把自己的早餐盘子端进厨房、在洗碗机里面堆放好或者拿出来，努力给家务事添把手。他担心玛丽在欧亥与布洛克伍德弄得筋疲力尽，她充当着他的秘书和厨子，负责所有的购物，还给他洗衣服、烫衣服。当她带着几篮子食品杂货回来，他会急切地想要看看她买了些什么。然而，他从来不会让任何人给他打包，这是他感到骄傲的地方。那几年，当玛丽没有跟他一起去印度的时候，会在加州休息三个月。

6月份，在前往格施塔德的途中，克与玛丽又一次去了詹克诊所，在那里他做的所有检查都证明结果令人满意。萨能集会后，9月克回到布洛克伍德，开始每两周向玛丽口述写给学校的信件，断断续续地持续到 1980 年 3 月——总共口述了 37 封信件，每一封大约是三页纸。大部分都是批量口述的，但隔周寄出。这些信件标注的日期是寄出去的日子，而非口述的日期。[①] 这是跟他所有的学校保持联系的一种方法。在第一封信中，他清楚地阐明了学校开办的意图："它们关注于培养完整的人，这些教育中心应该帮助学生和教师自然地绽放。"在之后的一封信中，他说道："这些学校的关注点是塑造摆脱了自我中心的行为的一代新人。没有其他的教育中心关注于这一点。作为教育者，我们的责任是去塑造自我没有冲突的心灵。"

---

① 《致学校的信》(克里希那穆提英国基金会,1981 年)。另外 18 封《致学校的信》，日期是在 1981 年 11 月 15 日至 1983 年 11 月 15 日之间，1985 年由基金会出版。

每封信的复印件都分发给了各个教师和学生。克期待教师们去做的事情似乎是不可能的——即认识到任何形式的恐惧都不要从学生身上出现（为了实现这个，教师应当揭示出他们自己的恐惧的根源，这是极为必要的）以及帮助学生"永远不要有心理上的受伤，不仅当他是学校的一部分时，而且是终其一生"。竞争是教育中最大的邪恶之一："当在你的学校你把 B 跟 A 进行比较，那么你便是把他们两个都给毁了。"

在这些信件中，克反复重申教育是最高等的天职，"学校的存在，主要是为了带来人的深刻的转变"。他还格外深入地探究了学习与积累知识之间的差别，后者仅仅只会让心灵钝化："知道便是不去知道，认识到如下事实即知识永远无法解决人类的难题，这便是智慧。"

在第二年（1979 年）出版的一部书中，克解释了他所说的"永远不要心理上受伤"是指什么意思。他进一步详细论述了"带着痛苦生活"，然后继续道：

我们看到了事实、"本来面目"，那一遭受着痛苦的实体……我在痛苦，心灵做着自己能做的一切去逃避痛苦……所以，不要逃避痛苦，这并不表示你会变得病态。与痛苦共处……会发生什么呢？观察一下。心灵格外澄净、敏锐，它直面事实。被转变成激情的痛苦是巨大的，由此会生出一个永远不会受伤的心灵。完全停止。这便是秘密所在。①

　　在日期为 1979 年 5 月 1 日的写给学校的信中，克开宗明义地说："神是混乱。"假如人们继续读下去，他的意思会变得完全清楚："思考一下人们发明出来的无数的神灵……观察一下世界上制造出来的混乱、带来的战争。"布洛克伍德的一个学生在假期把这封信带回了家，其父母读到了那句"神是混乱"，感到极为愤慨，以至于想让女孩转学。所以，克的许多毫无掩饰的声明会让人们感到迷惑："榜样是残忍的事物"（这跟"神是混乱"一个意思）；"没有不快乐的爱这种东西"；"如果你真的爱你的孩子，就不会有战争"；"一切念头都会带来腐败"或者"都是腐化"。最后那句是唯一一个很难跟人解释的声明。他经常在其演说中详尽地予以解释，例如，在某次演讲中他指出："我们使用意识一词去代表感觉、思考的能力以及储存全部记忆的大脑，作为经历、知识的记忆……知识会让心灵腐化。知识是过去的运动，当过去遮蔽住了现实，就会发生腐败……我们使用腐败一词，指的是破碎、非整体。"②

　　1978 年 10 月，玛丽·津巴李斯特与克一道去往印度。晚些时候，英国和美国基金会的几个成员再次来到马德拉斯，加入到克与

　　① 《探索洞见》，普普尔·贾亚卡尔和苏南达·帕特瓦尔丹编辑，第 77 页（戈兰茨，哈普尔 & 劳，1979 年）。
　　② 《英国基金会公报》，第 42 卷，1982 年。

印度基金会理事们的行列。1979 年 1 月 8 日,甘地夫人来到瓦桑塔·威哈尔看望克。前一年 12 月时她曾被拘禁了四天,这引发了印度多处的骚乱。与克的谈话显然对她意义深远。他留下的印象是,她是个非常不快乐的女人,"永远骑虎难下",正如他所表述的那样。

这年夏天开办了另一所克里希那穆提学校,也是印度所开办的最后一所,位于距离班加罗尔中心 10 英里的一处山谷。由于一个男人的捐赠,使得校舍以及一百亩的土地成为可能。该校名为山谷学校,是男女合校制的住宿学校,有超过一百个孩子,年纪在 6 岁到 13 岁之间。克在离开印度前访问了那里。

第十七章 "空无之心"

1974 年克要我撰写他的传记的第二卷。我想写，但是在动笔之前犹豫了很长时间，知道要比第一卷难得多，第一卷有扣人心弦、间或疯狂的故事可讲。而过去四十年，克的外部并没有发生多少事情，尽管他的内心生活是令人激动的。花了五年时间我才觉得准备好了去着手这本书，其中第一步便是尝试着揭开他是谁以及他是怎样的这一神秘面纱。阅读《克里希那穆提笔记》并未有助于阐明我的神秘性。

1979 年 6 月克来到布洛克伍德，于是我去到那里，跟他进行了两次长谈。在场的玛丽·津巴李斯特做了笔记。我自己当时并没有做笔记，我不喜欢使用录音机这一念头，因为会抑制自发性。第一次谈话发生在某天上午，地点是克那间大大的卧室，朝南俯瞰着草坪以及远处的田野。当时他坐在床上，腰背笔直，盘着腿，身穿一件浅蓝色浴袍。房间里飘散着淡淡的檀香木的气味，我总是会把这种味道跟他联系在一起，甚至他的信纸也有这种味道。那天早上他非常机警，似乎急切地想要有一些新的发现。

谈话开始，我问他是否能够解释一下是什么造就了他。他反问我，我觉得会是怎样的解释。我回答，似乎最为合理的解释当然是贝赞特－赖德拜特提出的弥勒菩萨选择某个肉身作为自己再临的载体这一理论，自我经历了一系列的肉身的进化，直到诞生在一个婆罗门男孩的身上，他比任何其他人都要纯洁，多少世代酒肉不沾。这一解释同样说明了"转化过程"的原因——身体发生着调整，被赋予了越来越多的敏感以容纳它那神圣的寄主，于是最终弥勒尊者的意识与克里希那穆提的意识融合为一。换句话说，贝赞特夫人和赖德拜特宣称的一切都实现了。克同意该理论是最有可能的，但他并不觉得就是这个。我提出，另外一个可能的解释是，世上存在着一个巨大的美德的蓄水池，可以从中汲取液体，许多伟大的艺术家、天才、圣徒都从中有所汲取。克不理会该说法。我能够提出的唯一其他理论是，克里希那穆提本人经由许多世的进化变成了他现在的样子，虽然我发现这一说法很难接受，因为我所认识的年轻的克里希那非常茫然、幼稚、近乎愚钝，对任何事情都没有兴趣，除了高尔夫和摩托车以外。我无法明白这样的心智是怎样得以发展，能够去阐释克里希那穆提的教义的。

现在我引用玛丽·津巴李斯特的笔记：

玛丽·鲁琴斯：您的教诲并不简单，那么它们如何来源于那个茫然的男孩呢？

克：你承认世上有神秘。男孩充满情感、茫然无知、不聪明、喜欢体育运动。这里面重要的是空无的心灵。空无的心灵如何能够实现这个？要想显现，空无是必需的吗？这一显现的事物究竟是作为天才来自于宇宙之池，还是源于其他地域呢？宗教精神跟天才毫无关系。这个空无的心灵怎样才不会被通神学等理论给填满呢？空无有意图去显现吗？男孩必须从一开始就是奇特的。是什么让他变成那个样子的？肉身是经由许多个世代做好了准备，还是从那一空无的身体里挑选出了这种力量呢？为什么在那么多的谄媚之下他没有变成一个令人讨厌的家伙呢？为什么他没有变得冷嘲热讽、愤世嫉俗？是什么使得他没有变得如此的？这个心智空无的孩子得到了保护，被什么保护的？

玛丽·鲁琴斯：这正是我们试图去探明的。

克：终其一生都受着保护。当我步入一架飞机，我不知道会发生什么。但是我不做任何会引发危险的事情，我曾想乘坐滑翔机飞行（在格施塔德他得到过这种机会），然而我觉得："不，我不应该这么做。"我总是感觉受着保护。抑或之所以会有我受到保护的印象，是因为阿妈（贝赞特夫人）总是看到我的样子——总是看到有两个开悟者在保护我。我不认为是这样的。

玛丽·鲁琴斯：不，因为另外一个事物——"转化过程"——当你离开他们，跟尼亚一起单独在欧亥的时候，发生了第一次转化。

克：是的，空无从来不曾远离。在牙医诊所待了四个钟头，脑子里没有冒出来一个念头。只有当说话和写作时，"这种状态"才会上演。我很吃惊。空无依然在那里，从那时的年纪直到现在——大约 80 岁——让心灵保持虚空。它会做什么？此刻你可以感觉到它在屋子里，现在它就发生在这间屋子里，因为我们正在非常、非常严肃地触及某种事物，它大量涌了进来。这个人的心灵从孩提时起直到现在，始终都是虚空的。我不希望制造神秘：它为何不能发生在每个人身上呢？

玛丽·鲁琴斯：当您发表讲话的时候，您的心也是空无的吗？

克：哦，是的，彻底虚空。但我感兴趣的不是这个，而是为什么它处于虚空之中。正因为它是虚空的，所以才没有任何问题。

玛丽·鲁琴斯：它是独一无二的吗？

克：不。假如一个事物是独一无二的，那么其他人就无法获得它。我希望避免任何神秘主义。我发现那个男孩的心灵现在也是一样的。另外的事物此刻就在这里，你难道没有感觉到吗？它就像是心脏的搏动。

玛丽·鲁琴斯：您的教诲的本质是每个人都可以拥有它。（我确实感觉到了那种搏动，但并不确定这不是想象出来的。）

克：是的，如果它是独一无二的，就会一文不值了。但不是像这样子的。它被保持虚空的状态，是因为这个事物说道："虽然我空无，但你——X——还能够拥有它吗？"

玛丽·鲁琴斯：您是指它之所以空无，是为了能够指出这可以发生在每个人的身上？

克：对的，对的。然而这事物让心灵空无吗？它是如何这么多年都保持空无的呢？这实在不寻常，之前我从不曾想过这个。假如它不是超然的，就无法做到那样。为什么他不去依附呢？那个事物想必说过："必须空无，否则我——它——就无法运作。"这是承认了各种各样神秘的事物。所以，是什么使得它保持空无只为了指明这一切呢？它是发现了一个最可能保持空无的男孩吗？这男孩显然并不惧怕跟赖德拜特、通神学、权威做对。阿妈、赖德拜特——他们都有着伟大的权威。那一事物必须运作起来。这应该对所有人都是可能的，如果不是的话，还有什么意义呢？

谈话在这里中断，克必须及时起床好在学校的食堂吃午饭。午饭过后，我们重新开始了谈话，地点是在西翼的厨房：

克：我们尚未弄明白为什么这个男孩从那时起直到现在一直保持着空无的状态。空无是没有自私吗——自我——我的房子、我依附的那些东西？然而这种虚空以及无我是怎样产生的呢？如果我们说弥勒尊者将会在这个男孩身上再临，故要保持他的空无状态，将会十分简单。这将是最简单的解释，但最简单的是猜测的。另一种解释是克的神识能够跟弥勒尊者与佛陀发生联系，说道："我退去了，那要比我这恶劣的自我重要得多。"它没有感到洁净、正确。弥勒尊者发现了这个有着最少自我的男孩，希望通过他的肉身显灵，于是它也就保持了无染的状态。阿妈说克的面容非常重要，因为它代表了尊者，它为尊者的再临做着准备，这意味着每个人无法拥有它。克是一个生物学上的怪人，一个简单的出口。所以，真相是什么？我不知道，我真的不知道。这一切的真相为何？它不是自我幻觉、欺骗，不是被诱导出来的状态，不是意念产生出来的——我不知道希望得到什么。这一切里面另外一个奇特之处便是，克总是对佛陀着迷。这是一种影响力吗？我不这么认为。是佛陀的容器吗？弥勒菩萨的？真相是什么？是我们永远无法探明的事物吗？

玛丽·鲁琴斯：您是否感觉到有东西进入到您的身体呢？

克：我不会这么说。当我们在严肃谈话时，它就进到了屋子里。

玛丽·鲁琴斯：这跟痛苦是如何联系在一起的呢？

克：当我很安静、没有说话的时候，痛苦就会袭来。慢慢地到来，直到身体说道："够了。"在抵达危机后，身体昏厥过去。痛苦渐渐消失，或者有中断，痛苦走了。

玛丽·鲁琴斯：我们可以排除掉外部的事物吗？

克：我不能。然而什么是真相呢？这一切里面有一种元素，它不是人造的、不是思想造出来的、不是自我诱发的。我不喜欢那个。这个我们无法发现、不应该去触及的事物，是不可洞悉的吗？我很好奇。我经常感觉这不是我的事情，我们永远不会探明。当我们说它出现是因为心灵空无，我不觉得是这个样子的。我们已经走到了死胡同。我跟你谈过，跟她（玛丽）谈过，跟苏巴·拉奥（自早年岁月便认识克）谈过。他说："打一开始您就是您。"我问自己说："这是真的吗？"如果是真的，其他人就没有希望了。这便是我们无法触及的事物吗？我们带着自己的心智试图去触及那一事物。在你的心灵彻底安静时，努力去探明那一事物的实相。要想发现事情的真理，你必须让你的心智空无。不是我的心智，它处于空无之中。不过有一个因素我们忽略掉了。我们到了一个关键点，即我们的脑子、我们探究的工具，没有任何意义。

玛丽·鲁琴斯：或许其他某个人能够探明呢？探寻是正确的吗？

克：你或许可以，因为你正在撰写相关的东西。我不能。假如你跟玛丽娅[①]坐下来说道："让我们一探究竟吧。"我十分确定你们会有所发现的，抑或单独做这个。我意识到了某些东西，我所说的是真实的——我永远无法探明。水永远不能探明水是什么。这是非常正确的。若你探明了，我将会予以证实。

玛丽·鲁琴斯：您会知道是否是正确的吗？

克：你可以感觉到它在屋子里吗？它正在变得越来越强大。我的脑袋已经开始了。若你提出问题，说道："我不知道"，就会发现它的。假如我正在撰写它，我会陈述这一切。我将从那个彻底空无的男孩开始。

玛丽·鲁琴斯：据说您希望它得到解释，您会介意吗？

克：我不介意。你可以说你想说的。我相信如果其他人把他们的意识放到这里，也能够做到这个的。我绝对相信这一点，绝对。而且，我确定我无法发现。

---

①　克总是把玛丽唤作"玛丽娅"，发音是 Mareea，以把她跟我区分开来。

玛丽·鲁琴斯：要是一个人能够理解它，但无法诉诸语言呢？

克：你可以的，你会找到法子的。在你有所发现的那一刻，你会有语言去加以描述的。就像一首诗。只要你抱持开放的态度去探究，把你的脑子放到其中，有人会发现的。可一旦你发现了，就对了。没有任何神秘。

玛丽·鲁琴斯：神秘之物会介意被发现吗？

克：不，神秘之物将会消失。

玛丽·鲁琴斯：但神秘之物是神圣的。

克：神圣会留存。

谈话到这里结束，因为克的头疼得厉害，必须前去躺下了。不但他格外安静时，痛苦会出现，当他谈到我们讨论的这类事情时也会如此。我回到伦敦，因他交给我们的责任而心生敬畏：他"绝对确定"假如我们尽力的话，就能够探明关于他的真相。但我仍然不愿意相信他自己无法更多地帮助着去揭示真相，于是三周后在他出发前往格施塔德之前，我又一次与他在布洛克伍德进行了谈话。这一次是在午饭过后，地点还是西翼的厨房，玛丽依然在场并做了笔记，我引用如下：

玛丽·鲁琴斯：您的教诲非常复杂。

克：相当难懂。

玛丽·鲁琴斯：如果您读的话，会理解吗？

克：哦，是的，是的。

玛丽·鲁琴斯：谁形成的教诲呢？您？弥勒尊者？

克：问得好。谁形成的这些教诲？

玛丽·鲁琴斯：由于知道您是克里希那穆提、人类，所以我很难认为是您形成的教诲。

克：你的意思是，不用学习，你或其他人会形成它们吗？

玛丽·鲁琴斯：有东西在您身上显灵，这似乎不是您自己头脑的一部分。

克：教诲非同寻常吗？

玛丽·鲁琴斯：是的，与众不同、具有首创性。

克：让我们弄清楚。如果我特意坐下来撰写，我怀疑是否能够产出。我会告诉你有东西发生：我昨天说："思考某个事物不同于思考。"我指出："我不太明白，让我看一看。"当我做的时候，我清楚地洞悉某个事物。感到一种虚空，尔后有东西到来。但倘若我坐下来，那么我或许就不能够了。叔本华、列宁、伯特兰·罗素等等，都是博览群书。这里有一个现象，这个男人，没有受过训练，没有任何培训，他是如何得到这一切的？这是什么？假如它仅仅只是克里希那穆提——没有受过什么教育、不是文雅之士——那么它是源自何方呢？这个人没有想出教诲。

玛丽·鲁琴斯：通过思考，他没有达至吗？

克：这就好像——圣经的术语怎么说？——启示。当我说话的时候，它始终都在发生。

玛丽·鲁琴斯：听众造成的启示吗？

克：不，让我们再次开始。更深的问题是：男孩被发现，不受任何限定——通神学、奉承、世界导师、财富、金山银海——没有一个对他有影响。为什么？谁在保护着他？

玛丽·鲁琴斯：我很难不去把力量人格化——被某个人保护。对于我们有限的头脑来说，那个保护的力量是一个太过广大的概念，但或许就像是避雷针。闪电、电，发现了一个导体——直达地球。这种力量，我认为是真爱，在这个空无的心灵里发现了导体。

克：必须是一个特别的肉身。这身体如何出现以及保持不被腐蚀的呢？腐蚀它实在是太容易了。这意味着那力量在保护着它。

玛丽·鲁琴斯：训练它——用"转化过程"来开启它。

克：这之后会到来。

玛丽·鲁琴斯：只要身体足够强大，就会开始。

克：是的，但倘若你承认这一切，它就是个怪人，没有贬义。这个怪人因教义而被留存，这个怪人完全不重要。任何人都可以接受教诲，洞悉其真理。如果你认为这个怪人重要，就排除掉了其他一切。

玛丽·津巴李斯特：这个怪人对于传播教义是必需的，然而不是怪人的人可以接受吗？

克：是的，是的。所以我们询问，它是怎样一直保持着怪人的状态呢？这个词太糟糕了。

玛丽·鲁琴斯：据说是某种力量正在等待……

克：阿妈与赖德拜特坚称一位菩萨将会显灵，他们必须找到一个肉身——神仙显灵的传统。佛陀历经了这一切、痛苦，等等，然后将之抛到一旁，实现了顿悟。他所教诲的是独创的，但他经历了这一切。然而这里有一个怪人，他没有经历任何。耶稣或许也是一个怪人。那力量想必在这具肉身诞生的那一刻便看护着它了。为什么？如何发生的？一个来自没有任何特别之处的家庭的男孩，这男孩怎么会碰巧在那里的呢？是那个渴望显灵的力量制造出了这个男孩吗？还是那力量看见了一个婆罗门的家庭，一个八岁的孩子，然后声称"就是这个孩子"了呢？那事物就在屋子里，如果你问它是什么，它是不会回答的。它会说："你太小了。"我认为我们有天曾提到有一个善的蓄水池，它必将显灵，但是之后我们又回到了开始的地方。在不去谈到一个生物学上的怪人时，你将如何描绘这个呢？然而这一切是神圣的，我不知道你会怎样去传达，不仅是神圣，还有我们谈到的其他一切。为什么这个男孩没有被腐蚀？这真的格外不同寻常，他们做了一切去掌控我。为何他遭受了欧亥的经历？是因为这身体调整得还不够吗？

玛丽·津巴李斯特：您从不曾试图去逃避痛苦。

克：当然不会。你看见它开始了——痛苦——在大约半小时前。假设你把这一切写在纸上，一个心智健全的人、一个思考的人，像乔伊（我的丈夫），会对此说些什么呢？他们是否会说这什么也不是？会发生在每一个天才身上？如果你说"批判它"，他们会有何反应？他们会说这是虚构出来的吗？还是神秘现象？我们会努力去触及某种神秘吗？在你认识它的那一刻，它就不再神秘了。然而，神圣并非神秘，所以我们要努力去除掉导致根源的神秘。他们会怎么说呢？会说你在制造神秘，那里什么也没有吗？会说他生出来就那样吗？神圣之物就在这里，由于它神圣，所以广博无边。当我死去会发生什么？这里会发生什么？全都取决于一个人吗？抑或会有将继续下去的人们？

玛丽·鲁琴斯：与您十年前在埃平森林里说过的您去世后一切都会消逝有所不同。

克：我不确定是否有变化。有一些书籍，但不够。假如他们（他周围的人们）真的拥有了它，那么他们会成为像克里希那穆提一样的怪人。那怪人说道："有饮了水并且将继续的人吗？"我会去到某个人那里，他认识他，通过他感觉到他是什么样子的。我会步行许多里路去跟某个曾与他一起的人谈话："你饮了那水，它是什么样子的？"

这便是谈话的结尾，因为克再一次地由于头部与颈部的疼痛而必须去躺着了。只留下我，我的感觉是克会喜欢去到外面，那是他从不曾有过的。我回忆起他在 1925 年 12 月 28 日说过的话，那是第一次显灵之后——正如我们相信的那样——在阿迪亚尔弥勒尊者通过他在讲话。我的母亲告诉过他，他的面容以及话语都发生了改变，浑身熠熠生辉，这时候他突然从第三人称变为了单数的第一人称:"我希望我能够看到它。"他充满渴慕地回答。当 1927 年柯尔比夫人在欧门营区告诉他说他的脸是怎样变化的,他也做了同样的回答。

我带着对他的巨大同情感回到了伦敦。"水永远无法探明什么是水",在我们之前的谈话中,他如是说。他永远不会去到外面,他永远不会知道他是什么,他永远不会看见他的脸在特殊的启发或者神启的时刻是如何改变的。我能够为他探明吗?他告诉过我这是可能的,告诉我们努力去发现。然而 1927 年他在欧亥曾对美国理事会的一群人说,没有人会理解——它是"太过广阔无法诉诸语言"的东西。如今他说道:"在你发现某事物的那一刻,你一定就有了描述它的语言。"我会探明吗?他总是体会到的被保护的感觉,还有他反复坚称的自己那空无的心灵,都是揭开谜底的线索。我能够探明吗?这个挑战令人激动和迷醉。

在 1979 年萨能和布洛克伍德的集会,以及同样在布洛克伍德举办的一场与科学家们的研讨会之后,我得以在秋天的时候在布洛克伍德再次与克交谈。我希望努力弄清楚他所谈到的"启示"究竟是来自内部还是源于他的外部。他开始的时候就指出,当他第一次开始演讲时,使用的是通神学的语言,然而自从 1922 年(他在欧亥的经历的那一年),他便找到了自己的语言。随后他又一次对自己空无的心灵做了一番评论,说道:"当心灵空无,之后它只知道自己是空无的。"现在我再次引用玛丽·津巴李斯特的笔记:

玛丽·鲁琴斯：它何时不再是空无的呢？

克：当它必须运用思想、必须去交流的时候，否则它便是空无的。研讨会期间——当我说话的时候，它就出现了。

玛丽·鲁琴斯：您看到什么了吗？

克：不，它出现了。我没有看到什么，没有翻译。我没有想到它，它就出来了。当它出现时，就是很有逻辑与理性的。如果我仔细想出来，写下来，加以重复，就什么也不会发生。

玛丽·鲁琴斯：它来自于您外部的某个地方吗？

克：它跟艺术家和诗歌不同，因为他们建立了它。他（克）那具有革命性的教诲的觉知，一定是慢慢地、逐渐地产生的。它不是跟语言一样平行变化的。[现在他重复着他在格施塔德是怎样被邀请去乘坐滑翔机的]。我会像炮弹一样被射出去——这将会十分有趣。但是我意识到我不应当这么做，我不应该做任何与身体无关的事。我感觉到这是因为克必须在世上做的事情，我不应该生病，因为那样我无法发表讲话，于是我尽可能谨慎。这具身体在这里讲话，它以那种方式被教育长大，它的目的就是去发表演讲。其他一切都是不相干的，所以身体必须得到保护。关于此事的另外一个方面是，我感觉有另一种保护，它不是我的。有一种分离的保护形式，仿佛未来多多少少已经被设定好了。不同的保护，不仅是对身体的。这男孩带着这种奇特性诞生——他必定被保护着经历他做的一切还能活下来。不知怎的，身体被保护，存活下来。有种元素在照看着他，有东西在保护着它。这么说会有点猜测。弥勒尊者这般实在，不够简单。但是我无法揭开窗帘，我做不到。我和普普尔［贾亚卡尔］以及几个报道过我的印度学者一起在努力。我说过它不是弥勒菩萨。那种保护太强大了，太能解决问题了。然而我总是感觉到了保护。

　　我倾向于相信克是被使用的，自从 1922 年起就被某种外部的事物在使用。这并不表示他是灵媒，灵媒跟他或她"通灵"的事物是分离的，而克与那个通过他显现的事物则是一体的。他的意识与那一事物的意识渗透在一起，犹如浸了水的海绵。然而，有时候当水似乎排走了，留下他，一如平常，就像当我第一次记起他时——模糊不清、文雅有礼、容易犯错、害羞、思想简单、爱抱怨、满怀情感，最蠢的玩笑也能让他开怀大笑。然而又是独一无二的，因为他没有丝毫的虚荣和自负。但是尔后我转向《克里希那穆提笔记》，从中发现了一种意识的状态，似乎完全是克自己的，以及他的教诲的源泉。很难去接受他被使用的理论。

　　1979 年结束之前，克在印度经历了另外一次通灵体验。1980 年 2 月 21 日，他在欧亥口述了一份记录给玛丽——这个冬天玛丽没有陪伴他去往印度——他用第三人称指代自己：

　　1979 年 11 月 1 日，克从布洛克伍德前往印度。在马德拉斯逗留了几日后，他直接去了瑞希山谷。夜半时分，他醒了很久，在展开那种奇特的冥想，这种冥想追逐了他这么多年，已经成为了他生活里一桩正常的事情。这不是有意识地、刻意地想要冥想，或是无意识地渴望得到什么东西，显然是不请自来、意外获得的。他一直机警地观察着制造这些冥想记忆的思想。每个冥想都有一种特性，那就是里面有某种崭新与鲜活的事物。感到有一种不断累积的动力，意外得到、不请自来。有时是如此强烈，以至于脑袋疼痛。有时感到一种巨大的虚空，但同时有着深不可测的能量。有时他笑着醒来，满怀极乐之情。这些自然是非预谋的奇特的冥想，变得越来越强烈。只有在他旅行或者夜里到达很晚的日子，才会停止，抑或当他必须早起去旅行的时候。

1979 年 11 月中旬抵达瑞希山谷，那种能量加剧了。一天夜里，世界的那个部分静得出奇，猫头鹰的叫声也没有干扰到这种静寂。他醒了过来，发现了完全不同的崭新的事物。那一刻，抵达了一切能量的源头。

这绝不应该与神、最高准则、婆罗门混淆，抑或哪怕只是这么想。它投射出来的是人类的心灵摆脱了恐惧和欲望，不再百折不回地渴望获得彻底的安全。它不是这类东西。欲望无法达至它，言语无法领悟它，思想的绳索也无法将自己缠绕在它周围。人们或许会问你凭什么保证它是一切能量的源头呢？人只能带着彻底的谦卑去回答，它就是如此。

克始终待在印度，直到 1980 年 1 月底。每天晚上他都会因为感受到了这种绝对而醒来。它不是静止的、固定的、不变的状态或事物。整个宇宙就在它里面，对人类来说是不可度量的。在身体获得休息之后，他于 1980 年 2 月返回欧亥，这时候他认识到没有任何事物超越它。这就是终极，是开始，是结束，是绝对。只感到不可思议的广阔与无尽的美。

第十八章 "终结已知"

————————

1979年12月，当克带着他那巨大的崭新的能量回到欧亥，他感到自己"还未被充分使用"。"在这里两个月我要做什么呢？"他问玛丽，"我正在虚度光阴"。正如发生的那样，他有许多事情要去做，同新的橡树林学校联系，跟教职员工和家长谈话。许多家长搬到了欧亥山谷，以便他们的孩子能够入学，他们在运营学校的过程中发挥的作用要比假如它是个住宿学校更大。第一任校长是一个美国人马克·李，曾在瑞希山谷教书，有个印度妻子。

当大卫·伯姆于1980年3月前来逗留，并与克展开了八次漫长的讨论时，克当然不会虚度时光了。这些讨论与后来在布洛克伍德进行的另外五场讨论，于1985年结集成书出版，书名是《时间的终结》。这本书是克最为重要的著作之一，因为它唤起了一批新的公众的兴趣。这些谈话及其迅速的回答与反应，并不方便引用。它们中表现出来的观念的进展是非常缓慢的。这些谈话探讨了思想的终结以及时间的终结——也就是作为过去的心理层面的时间与思想。我们学到的一切、我们整个的模样、我们意识的全部内容，都是过去，作为思想储存在我们的记忆里。用过去把脑子搞得凌乱不堪，意味着不会有真正的洞见，因为一切都是通过思想的云层去看的，于是必定总是受着自我的局限。克问道："时间——作为过去的整个时间的概念能否终结，如此一来压根儿不会有任何明天？"假如头脑一直待在自我中心的黑暗里，就会因为导致的冲突而把自己耗尽。能够阻止脑细胞的退化与衰亡吗？克指出，通过顿悟是能够让脑细胞发生生理层面的改变的，以有序的方式运动，这将会治愈由多年的错误运作带来的毁坏。

在一本包含了之后的日子里克与伯姆的两次对话的小册子里，伯姆在序言中做了如下阐释：

……很值得评论一下，对于大脑和神经系统的现代研究，实际上大大支持了克里希那穆提的声明，即顿悟能够让脑细胞发生改变。因此，举个例子，如今熟知的是身体里有一些重要的物质，如荷尔蒙、神经递质，它们从根本上影响了大脑与神经系统的整个运作。这些物质每时每刻都在对一个人的所知、所想以及对他来说意味重大的事情做着反应。目前已经确立的看法是，知识和欲望以这种方式深深影响着脑细胞及其活动。因此，似乎合理的是，必须在心理能量与激情的状态中出现的顿悟，能够以更为深刻的方式影响脑细胞。[1]

————

[1] 《人类的未来》米兰达，荷兰，1986 年）。玛丽·卡多根匿名编辑《时间的终结》。

1980 年夏天在去格施塔德的途中，克第三年前往詹克诊所。X 光显示，他在自己横隔膜下面感觉到的肿块是因为疝气，不会有什么影响。萨能之后的布洛克伍德集会上，克被询问为什么他在这个年纪还坚持发表讲话。他回答："经常会被问到：'为何在没有人似乎有所改变的情况下，五十年后您还继续在耗费精力呢？'我认为，当一个人发现了真理与美，他会希望告诉人们这个，出于情感、出于慈悲、出于爱。如果有些人对此不感兴趣，那也没有关系。你会问花儿为什么开放吗，为什么吐露芬芳吗？演讲者发表讲话也是同样的原因。"

在生命最后的六年时间，克继续着他的巡游，发表讲话、开展讨论，尽管他实际上放弃了私人会晤。7 月，克认识多年并且十分喜爱的拉妲·布尔涅夫人被选为了通神学会主席。她是前主席拉姆爵士的女儿，是也参与了竞选的鲁克米尼·阿伦戴尔的侄女。因她的缘故，克同意冬天在马德拉斯的时候去拜访通神学会。于是，11 月 3 日，拉妲·布尔涅前往瓦桑塔·威哈尔去迎接他，克 47 年来第一次迈进通神学会院子的大门，人们聚集在那里欢迎他，他穿过场地来到海滩上拉妲的房子处。他几乎不记得这个地方的任何事情了。之后，余生当他在瓦桑塔·威哈尔的时候，每天晚上都会驱车去拉妲的房子，沿着曾经他被"发现"的那片海滩漫步。

第二天克飞往斯里兰卡，受邀发表演说，自 1957 年起他就没有在那儿举行过演讲了。这是一次成功的出访，他与总理会面，接受了国务大臣的电视采访，跟总统私下会晤了一个小时。他还举办了四场公开演讲，参与者众多。

后来，在瑞希山谷，克同来自三个基金会的理事们碰头。12月20日，甘地夫人带着儿子拉吉夫与他的妻子，乘坐直升机抵达马达纳帕尔，住了一晚。普普尔·贾亚卡尔跟克一同做东道主。克与甘地夫人单独一起散了很久的步，丛林里藏着一些武装保卫。

1981年年初，克中断从印度往欧亥的旅途，在布洛克伍德停留，他兴奋地跟我们谈了谈这次甘地夫人的来访以及他在斯里兰卡受到的贵宾级待遇。他似乎真的留下了很深的印象，那便是斯里兰卡总统应当希望见到他。克身上最奇怪的反常处之一，便是他对于他人身上的世俗成功以及学术成就的尊重。然而他排斥任何人夸耀他的名声或是表现出自我重要的迹象。他似乎从来不去思考那些为其工作提供的捐款，或许来自于某些一旦他知道后会去谴责的残酷竞争的商业行为。但倘若他的天性中没有这些矛盾的地方，他就不会那么有趣了，当然也就在人格魅力方面不那么可爱了。

在1981年的萨能集会上，克胃部剧痛，然而萨能医院的检查表明，没有任何东西引起胃痛。尽管如此，在他再次去往印度之前，安排了他在第二年返回欧亥的时候做疝气手术。在去格施塔德的途中，他突然要同行的玛丽·津巴李斯特写一本关于他的书——跟他一起是何感受。在接下来的几年当中，他又两次要她写书——哪怕只有一百页的篇幅，每天写一点儿。人们一定希望她有天会写，因为自1966年起她陪伴他的时间要多过其他任何人。她总是与他一起在格施塔德，如今则是布洛克伍德和欧亥。万达·斯卡拉维利依然为他和佛斯卡开放唐纳格度假屋，但在集会期间她会返回佛罗伦萨，之后再回来关闭度假屋。

9月，克改变了每年一度的活动安排，在阿姆斯特丹做了两场演讲，他已经有十年没在那儿发表讲话了。雄伟的 RAI 会客厅挤得满满的，听众们涌入装有闭路电视的隔壁厅。几位来自英国的朋友跟他一道。在去第一场演讲的路上，克在车里问我们他要谈什么。我跟他说："您没想法吗？"他回答："不，没有。"他那瘦小的身形出现在会场，然后独自一人坐在巨大讲台上的一张高脚椅上，前面甚至没有一张桌子，不知怎的这画面非常动人。跟往常一样，他安静了几分钟，环顾着他的听众们，人们鸦雀无声，满怀期待。最后他开口了："非常不幸的是只有两场演说，所以必须精简压缩我们不得不去探讨的问题，那便是有关生活的全部。"这一次他越来越多地强调了人与人之间的区别仅仅是表面上的。在第一场演讲中他对此作了解释：

我们意识的内容对于全人类来说都是一样的……世界上任何地方的一个人都会遭受痛苦，不仅有身体上的，还有内心的。他不确定、恐惧、混乱、焦虑、内心深处没有安全感。因此，我们的意识对所有人都是一样的……所以我们不是一个个单独的个体。请务必思考一下这个。我们受着训练和教育，宗教上的还有学校教育方面的，被训练着去认为我们是个体、不同的灵魂、为自己奋斗，但这

1981 年克在阿姆斯特丹讲话。由马克·爱德华兹拍摄

是幻相……我们不是有着不同心理内容、为结果而努力的单独的实体。我们、我们每个人，实际上是人类余下的部分。

同样是在这场演说中，他详细阐述了另外一个他之前有谈到过，后来的几年里经常会再次谈论的主题——那便是向死而生：

死亡意味着已知的终结，意味着生理器官的结束，我拥有的全部记忆的结束，因为我不是别的，就是记忆。我害怕放开这一切，因为这意味着死亡。死亡代表我们依附的一切事物的终结，那便是向死而生，活着的时候就去终结，而不是大约五十年才脱离生命，等待着某种疾病让你魂归西天。它是带着你全部的活力、能量、智力以及强烈的感觉，与此同时还有那些结论、特性、经历、依附、伤害，去终结、去死亡。也就是说，当你活着的时候，向死而生。尔后，死亡不是遥远的事情，死亡不是在一个人生命的终点由事故、疾病或年迈引发的事情，而是记忆的所有事物的终结——这便是死亡，不是与生命分离开来的死亡。①

　　他真正要听众们去做的，是放弃人依附的所有东西。哪怕能够做得到，又有多少人愿意为之呢？不过全世界越来越多的人开始出席他的演讲了。

　　克非常开心待在荷兰，年轻的时候他在这里度过了许多时光。一个下午他开车再次去了伊尔德堡，自1929年起他就没有来过这儿了，如今这里是一所学校。当他开车经过美丽的榉木林时，他半认真地想知道为什么他要退还这块地。然而当他抵达城堡的时候却拒绝下车，因为害怕被人认出来。

　　克像往常一样在印度过了紧张的几个月，之后于1982年年初回到欧亥，2月份他去了加州大学洛杉矶医疗中心进行疝气手术。这不是一个紧急的手术，但感觉如果当他旅行时情况突然恶化，那么或许会有危险。住院期间，玛丽·津巴李斯特在他房间的沙发上过了四晚。这次手术是在脊椎麻醉下施行的，这对他来说是严峻的考验，随着麻醉药力的逐渐消失，痛苦变得剧烈起来。他说"把门

---

① 《思想之网》，第99—100页（米兰达，荷兰，1983年）。

打开"，玛丽要他关上。那天夜里他对她说："它很近，我不知道自己是否有力气关门。"不过这一次他端坐床上不睡觉，读恐怖小说。

后来克在加州大学洛杉矶医疗中心做检查，发现血糖指数过高，于是他被安排了糖尿病患者的饮食。在被诊断双眼已经是白内障初期以及左眼有青光眼的危险后，他便去看了一位眼科大夫，对方给他开了眼药水。不过总的来讲，他被宣布就他这个年纪而言其身体状况已经十分不错了。

3月底克在纽约做了两场演讲，他上一次在那儿讲话是1974年，然而这一次是在可以容纳近三千人的卡内基大厅举行的，座无虚席。3月26日他在下榻的派克－艾美酒店接受了来自《纽约时报》的保罗·L·蒙哥马利的采访："你知道，我从来不接受权威，我也不曾把权威施加在他人身上。我给你讲一个有趣的故事。在墨索里尼统治期间，他的一位主要员工要我在马焦雷湖湖畔的斯特雷萨发表讲话（这是在1933年夏）。当我去到礼堂，我的前面坐着红衣主教、主教、将军。他们或许觉得我是墨索里尼的客人。我谈了有关权威的问题，指出权威是何等有害、何等具有毁灭性。第二天，当我再次发表讲话，听众只剩下一个老妇人。"蒙哥马利询问他是否认为其一生所做的工作令人们的生活方式有所不同了。他回答说："有一点改变，先生，但不多。"

当克将他必须谈论的内容压缩成两场演说的时候，如今他变得比在欧亥、萨能、布洛克伍德的集会以及印度各地所做的系列讲话更有效率了。纽约演讲中的第一场，他谈到了心理分析，这在美国人的生活中扮演了重要角色:"只要一有问题,我们就会小跑着去看心理医生——他是当代的牧师——我们以为他将解决我们那些愚蠢、琐碎的难题。分析意味着有分析者与被分析对象。那么谁是分析者呢?他跟被分析者是分离开来的吗?抑或他就是被分析者?"克所说的分析者与被分析者,也就是他谈了很多年的观察者与所观之物、思想者与思想,它们之间没有差别。他坚称这是所有内在碎片化的实相。"当你愤怒,"他说道,"愤怒便是你,你与愤怒并不是分开的。当你贪婪、嫉妒,你就是那一事物。"

他恳请纽约的听众们在演讲之前或之后不要鼓掌:"如果你鼓掌,你是为自己的理解而拍手……演讲者对于成为领袖、成为上师毫无兴趣——这一切都是愚蠢之言。我们共同去认识生活里的某个事物,而生活已经变得如此复杂。"

第二场演说结束时,他问是否可以起身离开,当有人提问,他显然相当惊愕,他恳求了不止一两次。最后一个问题是:"先生,您能否向我描述一下神?神存在吗?"对此克回答说:

我们造出了神,思想发明出了神,是我们出于痛苦、绝望、孤独、焦虑而发明出了那个被叫做神的事物。神没有按照他的样子来制造我们——我希望他有。我个人不信仰任何东西。演讲者只是面对实相、事实,认识每个事实、每个想法、一切反应的本质——他充分地察觉到这一切。一旦你摆脱了恐惧和痛苦,就不会需要神灵了。①

　　当他立起身来，掌声雷动，尽管他恳求过不要鼓掌。

　　4月在欧亥展开了长达四小时的讨论，主题是"意识的本质"，参与者有克、大卫·伯姆、一位在欧亥私人执业的心理医生约翰·希德利，以及当时位于海得拉巴的国际农作物协会的顾问鲁珀特·谢尔德福克。这些讨论都被制成彩色录像，由罗伯特·E·西蒙基金会赞助，这是一个慷慨资助以推动心理健康的私人团体。好几个大学以及全国各地的培训中心都立即请求得到这些录像带，或购买，或借来播放。这些录像还在多个有线电视台播出，包括纽约。②

　　5月是克87岁的生日，他似乎显得格外健康与精力充沛。他告诉玛丽："现在每个夜晚冥想都会让我醒来。"冥想期间，那个"他者"总是与他在一起。他在《克里希那穆提笔记》一书中描述过因这种冥想而在夜里醒来是一番怎样的情形：

　　那个时间的冥想是自由的，就像步入一片美丽、宁静的未知世界。这是一个没有形象、符号或话语的世界，也没有记忆的浪潮。爱蕴含在每分钟的死亡里，每个死亡都是爱的归来。它没有依附，没有根源。它一直开放，不会停顿。它是一团火焰，烧毁了那些界限，那些仔细修建起来的意识的藩篱。冥想是欢愉，福佑伴随而来。

---

　　①　《专注的火焰》（米兰达，荷兰，1983年）。
　　②　可以从克里希那穆提基金会美国档案馆与布洛克伍德档案馆获得。

　　6月，克在伦敦的巴比肯礼堂举办了两场演讲——这是他第一次在英国一个比友谊大厅还要大的礼堂发表讲话——但尽管如此，礼堂还是挤得人山人海。演讲并不成功，第一次是麦克风出了故障，第二次是克不喜欢场地的氛围，因此无法发挥最佳状态。没有为艺术家们提供单独的入口，所以他们不得不穿过主门厅抵达礼堂。由于无法面对这个，克于是被迫搭乘了货梯。

　　来自拉杰哈特的帕楚尔医生通常跟着克一起旅行。今年从苏黎世的伯奇－班纳诊所（该诊所是由她的叔叔开办的，克在1960年曾去过那里就医）退休的达格玛·利吉特医生参加了萨能的集会，前来唐纳格跟帕楚尔医生讨论克的健康问题。他的血糖指数依然太高，他们建议克应当取消在布洛克伍德的集会后举办的与科学家们的研讨会，然后在某个他不知道的地方度一次真正的假。他同意了，开始意识到应该把活动之间的间隔拉得更大一些。尽管萨能集会后感到很累，但他还是口述了另外一批给学校的信件，从8月1日至12日每天一封。尔后，9月，他与玛丽一起去了法国，在布洛瓦附近的一家旅馆待了超过两周。桃乐茜·西蒙斯与他们一起住了一周时间。这是克这辈子最后一次真正的假期——没有演讲、没有讨论、没有采访，只有一次，当他脑袋放松的时候没有让他心烦意乱。

　　10月底去印度之前，我请求他继续写日记。我感觉他讲话太多，写作却几乎没有。说话要比写东西容易得多，在他的演讲中，人们会怀念他对自然所做的美丽描绘。他说写作现在十分困难，因为他的手开始抖得厉害起来。尔后我建议，为什么独自一人时他不口述到录音机上呢？他喜欢这个想法，但却说在印度的时候没有时间。

在印度，这一年克不仅有通常地方的演讲，还在加尔各答做了四场极为成功的演讲，之前他从未在那儿发表过讲话；此外还有跟围绕在他身边多年的一群人的无休止的讨论，包括普普尔·贾亚卡尔、苏南达、帕玛·帕特瓦尔丹、帕玛的哥哥阿秋以及一位卓越的梵学家贾甘纳斯·尤帕德雅亚。[①] 在欧洲和美国，克会在床上用早餐，直到中午才起，除非他有约会。而在印度他会下床跟朋友一起用早餐，然后开始谈话。有几个人参与和提问的讨论，是印度最受欢迎的探索哲学或宗教教义的方式。毋庸置疑，这对智力理解来说是最好的方法，但似乎妨碍了一些人以他们更乐意的直观跳跃的方式来认识克所谈论的问题。克本人被这些在印度的讨论激发，他喜欢慢慢地、有逻辑地、一步一步地对其哲学展开探究。对谈及的一切提问，这同样也是印度的方式。对此克充分赞同，因为，没有任何疑问就去信仰、接受他人的话，这在他看来是一道不可逾越的障碍，有碍于通过认识自我发现真理。

在瑞希山谷学校，普普尔·贾亚卡尔的女儿拉迪卡如今是教务主任，她有梵文的博士学位，曾在一所美国大学学习佛教，后来嫁给了一位加拿大教授汉斯·赫兹伯格，她与依然是校长的纳拉扬工

---

① 普普尔·贾亚卡尔的著作《克里希那穆提传》中对这些讨论中的许多场做了详述。

作紧密。克对于学校的运作方式感到很高兴。有 340 名付费的学生，从印度各个地方被吸引过来，三分之一是女生，十分之一的学生获得了奖学金。瑞希山谷享有盛誉，是印度最好的学校之一。

1983 年 2 月克返回欧亥，开始以口述的方式继续记日记。当独自一人在房间卧床用过早饭之后，他对着一部新录音机口述了第一篇日记，接下来虽然不是每天如此，但一直持续到了 4 月初。大部分篇章的开头都是一段对大自然的描绘，表明每一天实际上对他来说都是崭新的，是以前从来没有经历过的一天。对于许多人而言，这些描绘让整篇文章都生动了起来，使得人们能够凭直觉去接受随之而来的教诲。第二年的 3 月，还是在欧亥，他一个人在房间时口述了不止三篇日记。克在去世前两年口述的这些日记是我们能够获得的他个人的最后思考，正如发生的那样，最后一篇是关于死亡的。他描述了某个阳光明媚、美丽动人的春日的清晨，当他在散步的时候是怎样发现了一片死去的叶子的："黄色和浅红色交错，躺在路上。这叶子多么美啊，"他说道，"它的逝去这样的简单、这样的可爱，饱含了整株树木与整个夏天的美丽和生机。奇怪的是它没有枯萎。"他继续说道：

为什么人类因疾病、年迈、衰老、身体变萎缩和丑陋导致的死亡会是这样痛苦与悲伤呢？为什么他们不能像这片叶子一样自然而然地、优美地死去呢？我们出了什么问题？尽管有医生、药物、医院、手术以及生命全部的痛苦和欢愉，但我们似乎无法带着高贵、简单和微笑走向死亡……当你教授孩子们数学、写作、阅读以及获取知识的一切事情，他们还应当被教授死亡那伟大的高贵。它不是人们最终不得不去面对的一件恐怖、悲惨的事情，而是日常生活的一部分——就像凝望蓝天和叶子上的蚂蚱那样的日常生活。就像你长出了牙齿，得了儿童疾病的所有不适，它应该成为学习的一部分。孩子们有着非凡的好奇心。假如你领悟了死亡的本质，就不会解释说一切都将消逝，尘归尘土归土，而是会毫不惧怕、轻柔地向他们解释什么是死亡，让他们感觉到活着与死亡其实是一体的……

没有复活，那是迷信，是教条式的信仰。世上万物，这个美丽世界上的一切，生生死死，出现、消亡。要想领悟生命的整个运动，需要智慧，不是思想的智慧，抑或书籍、知识，而是爱与慈悲的智慧以及敏感……当一个人看着那片死去的叶子以及它全部的美丽和色彩，或许将会深刻地理解、认识到一个人自身的死亡应该是怎样的，不是在最终，而是在起点。死亡不是什么可怕的事情，不是去躲避、拖延，而是随着每一天来去的事情。由此就会感到那种非凡的无限与广阔。①

---

① 《克里希那穆提的自语》（戈兰茨，哈勃＆拉奥，1987 年）。

第十九章 "你应该赶紧实现认知"

1983 年 4 月克再次去往纽约，这一次是在麦迪逊广场花园的菲尔特论坛发表演说，容纳的听众数量比卡内基大厅还要多。两位前来采访他的《东西方月刊》的记者评论道："我们见到了一位彬彬有礼、腼腆羞涩的男人，他似乎有着无限的耐心，但同时又呈现出一种狂热与传道的使命感……他那清楚明了、极富洞见的评论，多次让我们茅塞顿开。留给我们的感受是，这里有一位真正自由的人，毫不费力地就达到了一种我认为的精神上的无政府主义——那是一种深刻的、道德的、神圣的观点，完全独立于那些正统的意识形态或宗教。"

纽约的演讲之后是欧亥的集会，集会上播放了一段标准时长的关于克生平的彩色电影，拍摄者是伊芙琳·布劳，美国基金会的理事之一，花了五年时间完成。片子名为《转变的挑战》，由迈克尔·门迪萨执导，美国演员理查德·张伯伦朗读。克耐着性子看完了整部电影，这对他来说十分少见，因为他从来不愿意在电视上看到自己或者是收听他的广播访谈，甚至不愿意看一看他自己的书籍。他显然很喜欢这部影片，喜欢它那些在瑞士和印度拍摄到的美丽风光。该片在美国的多个城镇都得以成功放映。

　　克与玛丽于 6 月抵达布洛克伍德后不久，桃乐茜·西蒙斯患上了心脏病，虽然得以康复，但无法再肩负起学校的整个担子了，这担子她挑了十四年之久，工作出色。她退休了，不过继续跟丈夫住在布洛克伍德，她的丈夫几年前也退居二线了。① 最后，一位年轻的美国人斯科特·福布斯被任命为了新任校长，他娶了一个来自南非的女孩凯西，在学校里面教舞蹈。斯科特是位活力十足的年轻人，在布洛克伍德工作了大约十年，大部分时候负责录像（如今有了彩色设备）。他周游各地，在巴黎住过一段时间，在日内瓦经营过一家小型古董店。后来某年夏天他去了萨能，与克偶遇。他听了一次演讲后被深深迷住了，在为克效力的过程中，他完全改变了自己的生活方式，但同时保留了十足的活力。在他被任命为校长之后，他的妻子负责录像的事宜。

　　1983 年萨能集会后，依然是在格施塔德，克见到了一个能够让他实现他如今最大心愿的男人——那便是在布洛克伍德建立一个独立于学校之外的成人中心，在那里人们可以怀着唯一的目的即学习其教诲而来。这位中年男子名叫弗里德里克·格罗厄，是一个生活在瑞士的德国人，四年前已经从家族产业退休，那是一家国际知

————————

① 蒙塔古·西蒙斯死于 1986 年，桃乐茜于 1989 年去世，桃瑞丝·普拉特也是 1989 年过世。

1983 年克与弗里德里克·格罗厄在瑞希山谷。照片由丽塔·赞佩斯提供

名的厨浴设备制造商。他在 1980 年读了克的一本著作(《不可能的问题》),用他自己的话来说,决定了从那时起至往后他的生命轨迹。他前来唐纳格看望了克,因为他急切地想要在瑞士开办一所克里希那穆提学校。克劝他不要走这一步,指出很难找到教师(当克问他是否结婚时,他回答没有,离异了,克抓住他的胳膊,说"很好")。① 第二年,在拜访布洛克伍德的时候,弗里德里克·格罗厄建议说为学习中心的修建出资,而不是开办一所学校。克对该提议表示了热烈欢迎。挑选了一处美丽的地点,靠近南部,在那片沃野之上,视野一览无余,但是从学校大楼望不见。克委托斯科特·福

① 弗里德里克·格罗厄随后成为了英国基金会和印度基金会的理事。

布斯找到一位建筑师，并获得规划设计许可。

1983 年、1984 年之交的冬天，克在印度的活动安排得很满，之后精疲力竭的他于 2 月回到了欧亥，处理因欧亥的第二所学校的开办而出现的问题，该校与最早的橡树林学校毗邻。3 月他受新墨西哥州洛斯阿拉莫斯的国家实验室研究中心的 M.R. 拉朱博士的邀请，出席了一场题为"科学的创造性"的专题会。这个全美致力于原子能研究的中心给克带来了一批令人兴奋的新的听众。3 月 19 日上午 8 点，他面对大约 700 名科学家发表了一个多小时的讲话，主题是科学永远不会具有创造性，因为它是不完整的。他最后说道：

> 很明显，只有当思想安静时，才会出现创造力……科学是知识的运动，积累更多、更多的知识。这个"更多"便是衡量，思想能够被衡量，因为它是一种物质的过程。知识拥有自身有限的洞见、有限的创新，但这会导致冲突。我们谈论的是整体性的觉知，自我、"我"根本没有进入这里面。唯有这时，那被叫做创造力的事物才会到来。就是这样。

第二天上午，克对规模稍小一点的听众回答了提问，局限于洛斯阿拉莫斯国家实验室的成员。递到他手里的问题有十五个，但他只回答了第一个与最后一个。第一个问题是："什么是创造力？什么是冥想？"对此的回答几乎占用了分配给他的一个半钟头的全部时间，他重复了许多他在头一天所说的内容。关于冥想他说道："冥想不是有意识的，我们被教授的是有意识的、特意的冥想，盘腿而坐或是躺下来，抑或念念有词，这是特意的、有意地努力去冥想。演说者认为，这样的冥想毫无意义。它是欲望的一部分，想要拥有一颗宁静的心，跟想要一所好房子或是漂亮的衣服是一样的。有意识的冥想会破坏、阻碍另外一种形式的静思。"

最后一道问题是："假若您是实验室主任，肩负着保护国家的责任，认识到事情是怎样的，那么您要如何去指导实验室的活动和研究呢？"克对此的部分回答如下：

如果我有这样一群人，他们说，让我们忘记一切国家主义、一切宗教，让我们作为人类去解决这个问题——努力生活在一起，没有破坏；若我们把时间投入到这一切，作为一群忘我投入的人，为了一个目的聚集在洛斯阿拉莫斯，关注于我们谈论的所有事情，那么或许就能够出现某种新的事物……没有人拥有世界性的视野，即对于全体人类的感情——不是我的国家——看在上帝的份上。假如你环游世界，就像演说者做的那样，你将会为你生活的余下部分而哭泣。和平主义是对军国主义的反应，这便是全部了。演说者并不是和平主义分子。相反，让我们看一看这一切的根源吧——只要我们一同去探寻根源，事情就能解决。然而每个人对于起因有着不同的看法，并且坚持己见，坚持他自己的历史目录。所以，先生，就会出现问题。

某听众：先生，如果我可以这么说的话——我觉得您说服了我们。

克里希那穆提：我没有说服任何事情。

某听众：我的意思是，当我们真正努力去理解这个，朝那个方向去做点什么，不知怎的我们似乎缺乏必需的能量……究竟是什么真正阻碍了我们呢？我们可以看到屋子在着火，但依然无法做点什么去扑灭大火。

克里希那穆提：房子着火了，我们觉得它在那边，其实它就在这里。我们必须首先让自己的房子有序，先生。①

1984 年 4 月克又一次在纽约的菲尔特论坛发表讲话，这之后他受和平于世协会邀请，在联合国戴格·哈玛斯卡约德图书馆礼堂发表演说。在这次场合，他没有说任何之前的演说中没有谈及的内容，尽管他从来不会用完全相同的话去重复自己。②

克在这年春天抵达布洛克伍德的时候，发现他的房间里安装了一台激光磁盘唱机，这太让他开心了。贝多芬是他最常播放的音乐家，莫扎特位居第二。不过他热爱大多数的古典乐以及印度音乐，尤其是咏唱。在克去世后，斯科特·福布斯跟我写信道：

好几年，当他用早餐时，我经常会起来去到他的（克的）卧室，

---

① 《洛斯阿拉莫斯》（一本小册子，克里希那穆提英国基金会，1985 年）。
② 《联合国秘书新闻》，1984 年 5 月 16 日，以及《英国基金会公报》，第 47 号，1984 年。

这时候他都在听音乐。他会坐在床上，大腿上搁着盘子，脚非常优雅地——几乎看不见——在床单下随着音乐起舞。我要么只是听他听的一部分，要么，后几年，跟着他一起听整个的曲目。这跟它是一套非凡的立体音响系统没有必然关系，更多的是，聆听的特质超越了我通常的状态，就只是似乎在我跟他一起听音乐的时候自然而然地发生的。

很不幸，唐纳格度假屋如今已经被卖掉了，所以无法再租用给萨能集会。位于施康里埃德的一处度假屋，就在格施塔德之上，被万达·斯卡拉维利和佛斯卡租下来，为克开放，就像唐纳格过去一直那样，克对它的喜欢远不及唐纳格。他继续往常的午后散步，穿过一片林子到河边，不过现在他不得不在开始散步前先驱车去唐纳格。每次他们来到树林，他都会喊道："我们可以进去吗？"

9月，一些来自印度和美国的理事们到布洛克伍德出席一次国际会议。当克在美国时，斯科特·福布斯找到了一名建筑师，如今他不仅给出设计草案，还做了一个模型，因为克无法阅读建筑图纸。克看到模型，立马表示了不喜欢，说看起来像是汽车旅馆，逗留在那里的理事们也同意他的看法。斯科特决定另寻一位建设师，而不是继续跟同一位建筑师合作。摆脱汽车旅馆的外观，这要求对任何一个建筑来说都是挑战：二十间小卧室，每一个都有自己的淋浴间与盥洗室，一个客房、餐厅、图书馆、员工中心、厨房，比任何东西都重要的是一间"静思屋"。克曾写道："应当有一个你可以去那里寻到安静的房间。它只能被用做这个……就像一个可以让整个地方得到加热的火炉……如果你没有这样的房间，那么该中心就仅仅只是一个通道，人们进进出出，工作与活动。"克坚持要求用于建筑的一切材料都应当是最优质量的，他希望各处都达到最高标准。

在尝试了几名其他的建筑设计师之后，斯科特·福布斯偶然从一篇文章得知基思·克里奇洛。英国没有他的任何建筑，但他给斯科特看了自己在海外的作品的照片，大多数是宗教建筑。第二年的6月，克里奇洛被请到布洛克伍德去跟克会面，克立即觉得他就是合适人选——更多的是源于他的个性和谈话，而不是因为他的草图。尽管克里奇洛是英国人，同时是皇家艺术学院的成员，也在那儿教书，但他并不具备在英国执业的资格，因此英国的三合会公司被引入进来实施其方案。

1985年2月，规划许可的申请被驳回。3月提出申诉，回应称申请有误，所以申请与驳回都是无效的。于是5月又进行了申请，8月获批。然而直到1986年2月26日，详细的申请才获准。

1984年的秋天，玛丽·津巴里斯特不得不从布洛克伍德去罗马待了两个晚上，去见一位曾在马利布为其工作过的年迈的意大利女仆。在她回来的时候，克对她说道："当你不在，我更加艰难了。你必须赶紧去认识一切，我或许再活十年，但你应该实现认知。"这一次他很频繁地跟她说道："你必须比我活得久，这样才能照顾这个人。""这个人"是完全客观地在指他自己。如今他自然极为迫切地感到要促进和训练年轻人在他死后担负起重任。

1984年10月28日，克与玛丽·津巴李斯特一起抵达德里，跟普普尔·贾亚卡尔住了一个礼拜。三天后，住在同一条街上的甘地夫人遇刺。这一恐怖事件让那个冬天克在印度逗留的余下日子黯然失色，尽管没有阻碍他像往常一样在拉杰哈特、马德拉斯和孟买发表演说，也没有阻止他在逗留的三周期间每天跟瑞希山谷的师生谈话。按照惯常的那样，1985年2月，他中断了从孟买到欧亥的旅行，在布洛克伍德待了四天。2月17日当他飞往洛杉矶的时候，他只有一年的寿命了。

3月，他在距离欧亥16英里的圣保拉接受了一位新来的年轻医生加里·德驰的年度体检。这位医生是由玛丽的一个朋友推荐的，当时克之前在洛杉矶的医生建议他要在距离欧亥更近的地方寻觅到一位执业医生。克立即去看了德驰医生，这位医生将参与到他最后的疾病中。

第二十章 "我的生活已被计划"

1985 年克没有在纽约发表讲话，因为作家兼一度的白宫演讲词撰稿人弥尔顿·弗里德曼，为他安排了 4 月份在华盛顿特区的肯尼迪中心做两场演说。但在那之前，他在联合国的和平于世协会为其四十周年庆发表讲话。这一次听众寥寥，他被迫等了半个钟头，原因是有些人对他要做演讲的大厅有点迷糊。当演讲结束他离开大厅时，对玛丽说道："再也不会来联合国了。"

克第一次也是唯一一次在华盛顿发表讲话，大厅内座无虚席。对着一群满怀兴致又很聪明的新的听众进行演讲，他再次达到了力量的巅峰。不是因为他说了什么新东西，更多的是他身上的光辉，是他声音里的力量与说服力，是他语言引发的共鸣。在第二场演说中，有一段关于痛苦的格外美丽的段落：

当痛苦存在，就没有爱。当你遭受痛苦，关注于你自己的痛苦，怎么会有爱呢？……什么是痛苦？痛苦是自我怜悯吗？请展开一番探究吧。我们不是要说它是或不是……痛苦是因孤独而起的吗——觉得彻骨的孤独、孤立？……我们能够按照痛苦在我们身上的真实模样去看待它吗，能够与之共处、握紧它、不去躲避吗？痛苦不是在那个受苦的人之外的。遭受痛苦的人希望逃离、躲避，做各种各样的事情。但就只是去观察它，就像你看一个孩子、一个美丽的孩童，握紧它，永远不要去逃避——尔后，假如你真的在深刻地观察，就将凭借自己的力量认识到，痛苦走向了终结。一旦痛苦结束，就会燃起激情，不是性欲，不是感官的刺激，而是激情。①

在第一次讲话之前两天，《华盛顿邮报》在显赫位置刊登了迈克尔·柯南对克做的长篇采访。柯南简单介绍了克的早年生活，引用了他的一些观点，比如"当你彻底终结依附，爱就会到来"，以及"要想学习、认识自我，就必须抛掉所有的权威……从任何人那里都没有什么可学的，包括演讲者在内……演讲者没有什么要教授你的，他只是充当了一面镜子，你从中可以看到自己。尔后，一旦你能够清楚地认识自我，就可以把镜子给扔掉了"。

在另外一次采访中，克被问道："如果一位听众将您的建议牢记于心，确实有所改变，那么他能够做什么呢？"对此克回答说："这是错误的问题。改变……然后看看会发生什么。"4 月 18 日在

① 《华盛顿特区的讲话，1985》（米兰达，荷兰，1988 年）。

为"美国之音"做的一次广播中，当被问到他怎样看待美国的宗教复兴，他回答："这根本不是什么宗教复兴。何谓复兴？恢复已逝去的、已死去的东西，不是吗？我的意思是，你可以让一个奄奄一息的身体活过来，将大量的宗教药物注入其体内，然而，复活之后的身体依然会是同样一具老迈的躯体。这不是宗教。"后来在采访中，他说道：

假如人不从根本上改变，不去带来自身的转变，不是通过神，不是通过祈祷——这一切都太幼稚、太不成熟——那么我们就会毁掉自己。心理层面的革新在现在是可能的，而不是在一千年以后。我们已经活了数千年，却依然还是野蛮人。所以，若我们现在不去改变，那么明天或者一千个明天就仍会是野蛮人……若我今天不停止战争，明天还会走向战场。因此，用简单的方式来表述的话，那就是未来即当下。

很遗憾，在华盛顿达至巅峰以后，克不得不继续他通常的一年一度的演讲，欧亥、萨能、布洛克伍德、印度。这一年他的演说有一些退步，九十岁高龄了，这不足为奇。由于他如此不喜欢前一年的施康里埃德，因此弗里德里克·格罗厄为了集会把自己在鲁日蒙的公寓借给他，距离格施塔德大约五英里，在同一个山谷。他跟玛丽一起住在那儿，而万达和帕楚尔医生则租了同一个度假屋中一间更大的公寓。佛斯卡终于不得不放弃了工作（她于8月去世，享年

90 岁），于是在布洛克伍德负责厨房事务的拉曼·帕特尔照顾他们。就像从施康里埃德一样，克从鲁日蒙驱车前往唐纳格开始下午的散步。这年第一次散步的时候，他独自率先进了树林，"看看我们是否受欢迎"。

集会期间克的身体很不好，虽然集会是在天气很好的日子里。一天夜里他感到病得很厉害，对玛丽说道："我怀疑我的时间到了。"为了减少他的旅行，他在演讲期间举办的国际理事会议上建议，在萨能再过一个夏天后，集会应当在布洛克伍德召开。然而在演讲结束之前，一些理事去了鲁日蒙，强烈劝说他不要再在萨能召开哪怕一次集会。克仔细考虑了这些建议，尔后予以了同意。又一次来到这里的利吉特医生与帕楚尔医生都基于医学理由大大赞同这个决定，于是第二天在帐篷里宣布了该决定。

在 7 月 25 日的最后一场讲话中，克满怀感情地说道："我们有过最棒的日子，那些可爱的早晨、美丽的夜晚、长长的影子、深蓝色的山谷、清澈的蓝天与白雪。一整个夏天从来没有像现在这样过。所以，群山、山谷、树木与河流，都在跟我们道别。"

在非常偶然的机会下，马克·爱德华兹在 1985 年夏天被邀请来到萨能为集会拍摄照片，从帐篷的搭建到最后的演讲，所以这是格外幸运的巧合，他得以记录下这二十四年后的最后一场集会。[①]当马克到鲁日蒙的度假屋拍照时，克立即注意到他有了一部新相机，

① 这些优秀的照片，其中有七十张发表在《萨能最后的演讲》中（戈兰茨，哈勃 & 拉奥，1986 年）。

1985 年克与斯科
特·福布斯在鲁
日蒙。由玛丽·津
巴李斯特拍摄

尼康 SA 代替了莱卡。由于新相机里没有胶卷，于是马克打开了相机背面，给克看了看最新款的快门。克拿着相机，询问他自己是否能够将其带到窗户旁。在那里，他全神贯注地盯着这部漂亮的仪器许久，然后才归还回去。

夏天余下的日子，当克集会后在鲁日蒙逗留时，面临了一次两难境地。旅行对他而言变得十分疲累，但他无法在一个地方待太久。他变得如此敏感，以至于觉得假如待太久的话，人们都会聚焦在他的身上，这是他无法承受的压力。他必须继续演说，这是他存在的目的。他非常需要有人来挑战他，这样他才能获得新的启发，更加深入地挖掘自身。不再有人能够做到这个，他指出。在印度，他无法从大卫·伯姆或者梵学家贾甘纳斯·尤帕德雅亚那里获得进一步的启迪。每次他去纽约，西恩伯格博士都为他安排的与心理学家的研讨会已经开始让人厌烦，就像在布洛克伍德与科学家们的会议一样。最后几年，他与脊髓灰质炎疫苗的发明者乔纳斯·索尔克医生、莫里斯·威尔金斯教授、作家爱丽斯·默多克以及其他一些人展开过讨论，还接受了无数人的采访，包括在电视上与伯纳德·莱文，然而没有一个人提供了新的启发。一个人越是有学问，阅读得越多，记忆越好，脑袋被二手知识填塞得越满，克发现就越难与之达成理解。他的采访者都希望把他跟其他的宗教导师、其他的哲学家进行比较，用某种方式将他归类。他们似乎无法在不用自身的偏见和认知去过滤的情况下聆听他所说的内容。

克希望这个冬天减少在印度的活动，仅仅于 1986 年在美国做一系列演说。他考虑在从未去过的多伦多发表讲话，然而担心假如身体不好的话或许不得不取消。在鲁日蒙他跟玛丽有一番长谈，试图找到解决其难题的答案。他刚刚收到一封来自一对希腊夫妇的信，请他与玛丽跟他们一道去希腊的一处岛屿。克很受诱惑，在地图上找到了那个岛，然后想知道是否有足够多的阴凉地（他曾经中暑过，无法承受在太阳下走路或坐着）。

当他们依然在鲁日蒙的时候，有一天他对玛丽说："它在看。"玛丽做了记录："他所说的就仿佛有东西在决定他会发生什么。'它'将会决定他的工作何时结束以及他生命的意义。"另外一天，她写下了在讨论旅行计划时与他之间的交流：

克： 这不会对大脑有生理上的影响，这是别的事情。我的生命已经是定好了的。它会告诉我何时死亡，宣告结束。那会让我的生命尘埃落定。但我必须十分谨慎，"那个事物"不会说"我将只做两场演说"来进行干扰。

玛丽：您觉得它会给多长时间呢？

克：我认为十年以上。

玛丽：您的意思是十年的演讲吗？

克：当我不发表讲话时，就结束了。但我不想让身体过劳，我需要一些休息，但不会要求更多。一处没人认识我的安静的地方。然而很不幸，人们会认识我的。

这一次他再次告诉玛丽，她应当撰写一本有关他的书——与他在一起是什么样子的，他说了些什么。他还要她做记录："如果有人被我将要说的话伤害了，那么他们就没有在聆听教诲。"

在出席国际会议的欧娜·利里菲尔特出发返回加州前，克告诉她和玛丽，他们应该认识到当他在欧亥的时候他有事情要做。他并不只是坐在那里，但他们不应该安排一些事情以便让他开心："必须是你认为必要的事情。"第二天下午他在林中散步时说道："圣灵已经离开了萨能，或许这便是为什么我感到如此不适的原因。它已经转去布洛克伍德了。"

万达·斯卡拉维利像往常一样在集会期间回到佛罗伦萨，在克离开鲁日蒙的那天夜里她返回，建议他好好休息一段时间，来年夏天去意大利，而不是瑞士。克突然变得很兴奋、雀跃。"我们可以去法国的阿尔卑斯山或者意大利的群山"，他跟玛丽说道。他也想去佛罗伦萨、威尼斯和罗马。8月12日他出发前往英国，最后一次跟万达道别。

抵达布洛克伍德后，克感觉非常累，有一天他实在是太累了，甚至都没法做操，这情况极其罕见。他告诉玛丽说，自从萨能集会，有东西在他身上发功，"如果有事物决定了克会遭遇的一切，那么它是非同寻常的。"玛丽问他是否察觉到了自己的一些变化——他的言行方面——"有一点粗鲁，这可不像您。""我对其他人粗鲁吗？"他问她。"不。""就只是对你吗？""是的。"他说自己从不曾做过无觉知的事情，她必须加快改变，这就是为何他变得粗鲁的缘故。"我希望给你一个新的头脑"，他说道。然而两个礼拜后，他告诉她说，他一直在观察自己的易怒。"我要么变老了，要么陷入到一种习惯（习惯挑剔她），这是我的错，应该停止这样。我的身体变得十分敏感，大部分时间我都希望离开，我不应该这么做。我要着手处理这个，这是不可原谅的。"另一天他对她说："我不应该病重，身体的存在是要发表讲话。"他的生理力量毋庸置疑在衰退，散步越来越短。但是他在展开"非凡的冥想"，这总是意味着那个"他者"与他一起，不管这个"他者"是什么。

布洛克伍德的集会在 8 月 24 日开始，天气极好。一支专业摄制组到达那里，要把第三场演说拍成影片。他们有一台起重机，因此能够拍摄全景。这部片子名叫《花朵的天职》，于 1986 年 1 月 19 日在泰晤士电视台播放。这部集会的片子整体来看很棒，结尾对克的采访尤为出色，可惜太短了。

克如今感觉他在布洛克伍德已经让一切井井有条了，但印度还等待着他做同样的事情，他半是害怕，半是"急切地想去到那里"。

在去伦敦的途中，一天早上，在彼得斯菲尔德的站台等候时，他告诉玛丽，斯科特·福布斯曾经问过他还会活多久。他回答他知道大限何时，但不会相告。"您真的知道吗？"玛丽问。

克：我认为我知道，我有暗示。

玛丽：您愿意告诉我吗？

克：并不是说这不对，但我不会告诉任何人。

玛丽：是否至少能够知道大概的时间呢？

克：斯科特问我当布洛克伍德修建好学习中心时，我是否依然健在，我说会的［该中心没能在 1987 年 9 月前完工］。

玛丽：人们会觉得克随时都有可能离开吗？

克：不，不是像这个样子的，一时半会儿不会发生。

玛丽：您知道还有多久呢？

克：大约两年。

那天在福特纳姆 & 玛森公司的餐厅用午餐时，克还告诉我他知道自己何时会死，但不会透露给任何人。据我了解可能是两三年后，尽管他看起来如此年轻、精力充沛，有着永远的俊美，以至于似乎更有可能还会活上十年。他看起来根本不像一个老人，而是像一个不朽的神灵。他一如既往富有观察力，怀着同样热切的兴趣环顾着餐厅的人们。

1985 年秋天在布洛克伍德，克开始把他的瑜伽操教给斯科特·福布斯。他是个严厉的老师。斯科特发现他有着比年轻人更甚的柔软，但他不再像过去多年一般练习倒立。克还把跟斯科特的对话录了音，显示出他对于在其学校任教的老师有着怎样的期待。一开始他询问斯科特，那些担负着学校主要责任的教师群体是否认识，哪怕是理性上认识了他所谈论的内容？斯科特回答说，他们对存在于那里的"他者"有反应。尔后克希望知道斯科特自己身上发生了什么，他对克的感觉是怎样的，他如何看待克的教诲，如何看待美国、印度、布洛克伍德所做的一切工作。为什么是他、斯科特在布洛克伍德？他与教诲的联系仅仅因为克本人吗？他对克有依赖吗？假设克明天就死了呢？与克的联系"以及那种气息或是感觉，在克死后会消亡吗，还是花朵会生长、绽放呢？……它自己能绽放吗？不去依赖环境？一旦它出现了，就没有东西可以将其腐蚀，它可以经历不同的环境，但总是会在那里"。斯科特回答："它仍然不坚实。"

"不要使用'仍然'这个词，"克告诫他说，"仍然意味着时间。你会让它变得坚实、强大，深深扎根和开花结果吗？抑或它依赖于环境？"他们继续着谈话：

斯科特：不，先生，人会做一切……

克：不，不，不，先生。不是你去做什么。那个事物自己、种子自己——就像是在子宫里，你什么也不用做。它自然会生长，它就在那里，注定会开花结果——这是一个比较好的词……斯科特察觉到种子在那里了吗？斯科特妨碍它的绽放了吗，因为太多的活动、太多的组织，不给它足够的空气去开放？通常发生的情形是，组织会令那一事物窒息……你必须十分确定种子在那里了，不是由思想发明出来的。如果种子够强大，你真的不用对它做些什么……你内心根本不会有任何冲突，他们（学生）会有冲突，但你不会……他们可以提供观点，你不能有观点……你应该去聆听他们，看看他们会说些什么，彼此聆听，不要像斯科特那样或是从你的背景出发做出反应，而是非常、非常仔细地聆听他们……你能够挣脱你的背景吗？这很难……这真的需要你全部的力量……背景就是你全部的美国式的训练、你的美国教育以及所谓的文化……与它展开讨论，加以权衡，共同商榷。不要说什么"嗯，我应该摆脱我的背景"——你永远不会做……你能够察觉到背景，不去让它反应，不去让它干预进来。我认为审慎的行动是必需的，因为你将要管理这个地方。你有精力、有动力，保持下去，不要让它因为这副担子而逐渐消退。[①]

　　这时克格外关注组织以及学校的事务或许会将教诲淹没。组织并不会让基金会维系在一起，"凝聚的因素应当是智慧，"他告诉玛丽和斯科特，"做到真正意义上的自由，自由就是智慧。智慧对我们所有人都是一样的，它会将我们团结在一起，而不是组织。假如

---

　　① 布洛克伍德档案馆。

你领悟到我们每个人都是自由的重要性，以及自由意味着爱、体贴、关注、合作、慈悲——那么这种智慧就是让我们团结在一起的因素。"他还要玛丽记下来："没有自由的独立是毫无意义的，一旦你拥有自由，就不需要独立了。"

9月21日，克在一次员工会议上被问到："您如何立即让学生们认识到利己主义是冲突的根源呢？不仅认识到这个，而且还能马上实现转变？"他指出，在他最先建立的学校瑞希山谷就读的成百上千个学生们当中，没有一个有所改变。会后，当他们独处时，玛丽问他假如这些年来没有一个学生发生了转变，那开办学校的意义在哪儿呢？如果在他全部的影响力之下依然没有学生改变，那么，显然也未转变的剩下的我们，如何才能让学生改变呢？"假若你都没能做到这个，那我们还有任何可能吗？"她问道。"我不知道"，他回答，但他这么说的时候更像是在开玩笑，显然是不想继续这个严肃的话题。

克死后，布洛克伍德学校继续发展壮大。它比印度的学校小很多，房间只够容纳60个学生，男女生人数相等，这些孩子们来自二十个不同的国籍，年龄从14岁到20岁，还设有特殊奖学金。几个学生在布洛克伍德生活与工作的时候，还去修读了公开大学的课程。

基思·克里奇洛于1985年10月再次来到布洛克伍德，带着学习中心的详细规划以及他想使用的两个颜色不同的人造砖和屋顶瓦片的样本，这些得到了普遍的赞许。克近来在录像中表示，他希望中心是这个样子的：

　　它应当是个宗教中心，在那里人们会感到某种不是编造出来、不是想象出来的事物，不是某种"神圣"氛围。一个宗教中心，不是从词语的正统涵义来说的。在这个中心有火焰燃烧，而不是灰烬。火焰是鲜活的，假如你走进那个房子，会获得光明，火焰会与你同在，或者你会点燃你的蜡烛，抑或成为最非凡的人，不是破碎的，而是真正完整的人，不被悲伤、痛苦以及这一类的事情的阴霾笼罩。所以，这才是一个真正意义上的宗教中心。①

　　克还谈到了静思屋："那是克的源泉，抱歉，我这么说并不带个人色彩。那是真理之源，放射光芒，照耀着这里。"② 克告诉克里奇洛说，他不希望建筑物看起来像是个"暴发户"或者像是"乡村旅馆"。"它会让我想穿戴得体——干干净净吗？"他问道。克里奇洛回答，假如建筑物对人"恭敬有礼"，那么人们也会对它予以尊重。这种相互的尊重感在完工的中心身上得到了非常好的体现，该中心于1987年12月开放。它显示出当那些能工巧匠被鼓励着去参与工程，被激发的时候，他们能够完成怎样的杰作。当一个人迈入这栋建筑物，他会立即进入克里希那穆提那独一无二的氛围之中。

---

　　① 　布洛克伍德档案馆。
　　② 　1984年8月在施康里埃德跟玛丽·津巴李斯特和斯科特·福布斯谈到中心时。

第二十一章 "创新的世界"

1985年冬天，克没有让玛丽·津巴李斯特跟他一起去印度，因为她前一年在那儿生病了。她想知道是否还能再见到他，他已经如此虚弱。"如果我快死的话，会马上给你电话的，"他向她保证，"我不会突然离世，我身体很健康，我的心脏、一切都没问题。这都是由其他人决定好了的，我没法谈论，我不被允许这么做，你理解吗？这十分严肃，有些事情你不知道，太巨大了，我不能告诉你。很难找到一个像这样的头脑，只要身体还吃得消，它就必须坚持下去，直到某个事物说够了。"

10月19日，也就是克出发去印度之前的四天，马克·爱德华兹给克拍照，发现他看起来身体格外不错。然而在新德里度过的那一周，克睡得很少，几乎不怎么吃东西，结果当他11月2日抵达拉杰哈特时，前来等候他的帕楚尔医生发现他极为虚弱。从那天起这位医生不曾离开过他，直到他去世，而且每天都会记录他的健康情况。

在拉杰哈特的时候，克完成了在印度的一项主要任务，那便是为拉杰哈特学校物色到一位新的领袖（职务名为"院长"）。这便是 P. 克里希那博士，他是拉妲·布尔涅的侄子，贝拿勒斯印度大学的物理学教授。他征得了副校长的同意，放弃了该职位，于 2 月份接受了自己在拉杰哈特的新工作。

之前几次克在没有玛丽·津巴李斯特相伴的情况下出访印度，都会每天给她写信，现在则不然，他几乎每一天都口述篇幅很长的信录制到磁带上，然后寄给她，这是因为他的手抖。11 月 9 日他从拉杰哈特告诉她，他的血压下降了很多，腿"晃得厉害"，几乎不能走路。头一天他走了几步就摔倒了，因为无法站起来。帕楚尔医生让他做一些锻炼，用油按摩他的腿，他相信不久双腿就会变得有力的。他不再认为自己能够跟人们一起吃饭，于是在床上用一日三餐。人们一直都到他的房间里来探望，他在那里展开讨论。普普尔·贾亚卡尔、南迪妮·梅塔、拉迪卡·赫兹伯格、苏南达以及帕玛·帕特瓦尔丹都在拉杰哈特。到了 11 日，他的腿好转了一些，身体变得强健了一点。他谈到了朝阳在早上六点十分升起时河流的美丽。他正在读戈尔维达尔的《林肯传》，称其"棒极了"。

尽管身体虚弱，但克在拉杰哈特做了两场演说，还跟印度的理事们以及一些佛教学者展开了系列讨论，包括贾甘纳斯·尤帕德雅亚。[1] 印度政府向知名制片人 G. 阿拉温丹拨了一笔艺术款项，让

---

[1] 《未来即当下》，拉迪卡·赫兹伯格编（戈兰茨，1988 年）。

其拍摄一部标准时长的有关克生平的影片,取名为《独行的先知》。该片在前一年开拍,最后的片段是在拉杰哈特最后一次拜访克的时候摄制的。

克在 11 月底继续去往瑞希山谷,他显得十分虚弱,据帕楚尔医生说,下午散步时他"身体右倾得厉害,以至于可能会跌倒"。他还感到很冷,或许是因为他瘦了不少。他告诉玛丽,夜里毯子和热水瓶无法让他保暖,早上气温甚至降到了华氏 48 度。他独自在自己的房间用餐,就像在拉杰哈特那样,而且打算在马德拉斯也这么做。但他依然似乎不知道自己病得多重,因为 12 月 4 日他跟玛丽说他会在 1 月 20 日从马德拉斯去孟买,2 月 12 日离开孟买前往伦敦,在布洛克伍德待四天后飞往洛杉矶,这样才能在 2 月 17 日再见到她(事实上,那就是他去世的日子)。11 日,他说自己感觉强健了不少,腿变得"稍微坚实了"。

12 月中旬,来自克里希那穆提所有学校的老师们聚集在瑞希山谷出席一场会议。斯科特·福布斯是从英国前来的人之一,克身体的衰退令他大为震惊,后来他写道:

瑞希山谷的人们十分清楚地察觉到了他的虚弱,所有学生和员工对他都温和有礼、小心谨慎。空气里有一种不祥的预感,人们没有公开谈论这个——至少没有对我说起——但有大量的暗示,即他们不期待克里希那穆提会重返瑞希山谷。克里希那穆提必定一直让人们为此做着准备,因为人们逐渐接受他或许不会回到印度了。

拉迪卡负责招待大家，主持会议，努力照料克里希那吉以及担负好她在学校里的职责。我记得有几次心中想到，她干得十分出色，尽可能地处理好了这一格外困难的局势。①

令所有人吃惊的是，克出席了教师会议并三次发言，根据一位英国老师的记录，他"从不同立场阐发整个问题，浑身散发着伟大的光辉"。最后一次会议中，克询问是否有并非源于知识的智慧，于是也就能摆脱利己主义。他区分了意识和头脑，后者是一个生理结构，本质上是思想的场所。意识则与之完全不同，与作为时间的思想毫无关系。他问道："时间涉及到善吗？"并且提议，与人的经验相反，善与恶无关，要么是作为对它的反应，要么是作为一种主要的状态。他回到会议主题，会议一直讨论的是诸如课程这类问题，在克看来，这是学校的全部目的——即如何带来新的头脑以及在善中绽放指的是什么意思。②

在瑞希山谷的时候，克还单独跟孩子们发表了讲话。就像1924年他在佩尔吉内对我们做过的那样，他强调，最糟糕的事情便是在平庸中长大。你可以坐上世上最高的职位，但却依然平庸。这是"存在"的问题，而非成就。

拉迪卡·赫兹伯格与斯科特展开了一些讨论，涉及将在瑞希山谷建立的一个小型学习中心，由弗里德里克·格罗厄出资。在拉杰

---

① 摘自斯科特·福布斯在克死后撰写的关于克病情的一份很长的记录。

② 摘自斯蒂芬·史密斯在克死后写给作者的一封信。

哈特，以及在德拉敦附近的喜马拉雅山脉的乌德尔格希也将修建小型中心，地点是印度基金会赠送的一片土地，在冬天难以抵达。弗里德里克同样出资修建这些大楼。

这些讨论期间，一只戴胜鸟——一种长喙、高冠的鸟类——会落在克卧室的窗沿上，在玻璃上啄着，想要进来，其他几次访问期间它也是如此。克从不曾给它喂食，它似乎没有理由想要进来，但它几乎总是在那儿。克跟它讲话，说它喜欢他的声音。当克最后访问这里，它像往常一样出现在了那里，啄着玻璃。聆听讨论的磁带时，人们可以十分清楚地听见它的声音。①

12月19日，在前往马德拉斯的头两天，克在每日的磁带上告诉玛丽：

我体重锐减，我似乎很快就会疲惫。到了1月中旬，你会知道我是否不会去孟买，和／或搭乘新加坡航班从马德拉斯飞往新加坡，再由新加坡去洛杉矶。这对我来说很有吸引力——不是在伦敦的希思罗机场出发，然后，五天后搭乘另外的航班去洛杉矶……我们会知道怎么走的。我真的身体很好，这是事实，没有心脏病，脑袋也没有问题，我的脑子很好，头脑运作正常，肺部以及一切都很好。但我似乎无法继续长胖，我在变瘦，所以或许明智之举是去新加坡，直接穿越太平洋……然而正如我每天给你写信，每天跟你说话，你

---

① 印度基金会档案馆与布洛克伍德档案馆。

会知道的，我们会知道将发生什么。我越少旅行，越好，现在什么事都会让我疲劳。

这份录音有中断，因为克明显是在跟那只戴胜鸟说话："进来这里，我在这，来吧。来吧老姑娘，我在这边。来坐下吧（抱歉，我在跟鸟说话呢）。你们眼睛很尖，不是吗！"

到了 21 日，正如克告诉玛丽的那样，他取消了自己在孟买的演讲，决定经由新加坡飞往洛杉矶。"我不能够变瘦，"他继续道，"我已经瘦了很多，再瘦下去会让我很虚弱的，那样我就没法走路了，根本办不到了。"

如今他已经要斯科特·福布斯一道去欧亥，而不是与其他教师返回欧洲，并且把他与帕楚尔医生的票改为搭乘新加坡航班，他自己也要一张。幸运的是，斯科特有一张美国运通卡，可以做这些安排。克无法面对欧洲的寒冷，他希望在结束马德拉斯的讲座后离开，而随后的印度基金会的会议就取消了。

帕楚尔医生安排克一抵达马德拉斯就找一位颇有名的医生进行会诊。他现在只有 97 磅，而且发着烧。医生怀疑是恶性肿瘤，希望做检查，但克拒绝做任何会在演讲期间扰乱他的事。夜里在瓦桑塔·威哈尔的花园，他发表了三次公开讲话而非四次，并要斯科特把他离开的日期从 1 月 17 日提前到 10 日（根据帕楚尔医生的记录，他几乎是冲回了欧亥，把自己交到德驰医生手里进行治疗）。尽管他病了，但依然继续每天傍晚从拉妲·布尔涅的屋子出发在海滩上散步。

1986 年 1 月初，所有留在瓦桑塔·威哈尔的人，除了克以外，都去马德拉斯观看了阿拉温达在很短时间内完成的电影的首映。影片里面有一些美丽的镜头，尽管我们发现克散步和讲话的那些地方并没有被认出来，这真是遗憾。①

1 月 4 日，克结束了自己的第三场演讲——也是他做的最后一次讲话——结束语是这样说的：

> 创造力是最神圣的东西，那是生活中最神圣的。假如你的生活一团糟，就去改变它，从今天开始，而不要等到明日。若你并不确定，那就探明原因，变得确定。若你的思考不是直接的，那就实现直接的、有逻辑的思考。除非这一切准备好了，这一切实现了，否则你将无法走进这个创新的世界。
>
> 结束了。[这两个词几乎听不见，更多像是呼吸出来的，而不是说出来的，就只能在磁带上听见，听众们无法听见。]

尔后，停顿了很久，他补充道："这是最后一次演讲，你们想一起安静地坐一会儿吗？好的，先生们，静静地坐一会儿吧。"②

在演讲之后召开的印度基金会会议上，克坚持认为他住的房子

---

① 布洛克伍德档案馆处可获得该电影的录像带。
② 《英国基金会公报》，特别版，1986 年，以及《未来即当下》（戈兰茨，哈勃 & 拉奥，1988 年）。

1986年1月4日克在瓦桑塔·威哈尔做了最后一次演讲。由马克·爱德华兹拍摄

不应当变成朝圣之地，不应当围绕他生出任何狂热的崇拜。他要求将以下备忘录添加到基金会的章程里去：

> 任何情况下基金会或其主办的机构，抑或它的任何成员，都不要以克里希那穆提的教义为基础树立起自己的权威。这跟克里希那穆提的如下声明是一致的，那便是任何地方的任何人都不应当基于自身或其教诲而把自己树立成权威。[①]

---

① 印度基金会公报，1986 年第 3 期。

第二十二章 "巨大的空无"

飞往洛杉矶的旅途长达二十四个小时,克因为剧烈的胃痛而病重。在新加坡和东京有过短暂的停留,在新加坡他们换了飞机。玛丽·津巴李斯特在机场与他碰头,不久他们便单独从机场驶离(他们让其他人负责运送行李)。他告诉她,接下来的两三天她不应该离开他,否则他可能会"溜走"。他说道:"它不想栖息在一个病躯中,一个无法正常运作的身体里。"那晚他高烧到101华氏度。①

1986年1月13日,克在圣保拉找德驰医生会诊,马上在圣保拉社区医院做了检查,看到结果后,医生即安排他做肺部的超声波,20日在欧亥医院做了胆囊和胰脏的超声波。检查显示"肺部有

----

① 我撰写的克的传记的最后一卷《敞开之门》,详细记录了他最后的患病以及逝世,摘自于三个独立的来源——玛丽·津巴李斯特日记的开头,帕楚尔医生每日医疗记录以及斯科特·福布斯在克死后所写的的回忆录。德驰医生之后确认了这些记录是准确的。这本书使用了同样的来源,不过是以有所删节的形式。

肿块",于是预定在 22 日做 CAT。然而 22 日凌晨一点,克因无法缓和的胃痛醒过来。德驰医生在电话中说他没法在医院外处理症状。经审慎思考,克同意住院。当天晚些时候,圣保拉医院批给了他一间私人的加护病房。X 射线显示他有肠梗阻,医院将一根管子从他的鼻子穿入,将液体抽出去。当发现他严重营养不足,又给他注射了营养液。他的体重掉到了 94 磅。经过了这一切不愉快的事情后,他对斯科特说:"我必须承受,我已经承受了这么多。"(当我在他死后读到这些句子,立刻想到柯尔比夫人曾在 1926 年欧门营区时这样描写过他:"可怜的克里希那吉,这是怎样的生活啊!他的牺牲毋庸置疑。")然而他很感谢的是,当其他所有止痛药无效后,给他打了吗啡。由于他在转化过程期间遭受痛苦时从来没有服用过任何形式的止痛药,因此他一定认识到疾病引起的疼痛并不是精神必需的,实际上,他会说当痛苦出现时,"他者"无法"穿过"。

克在医院待了八个晚上,这期间玛丽、帕楚尔医生和斯科特轮流睡在他房间里的躺椅上,而欧娜跟西奥多·利里菲尔特则是白天在那儿看护。23 号是一个十分严峻的日子,因为他有因肝炎而陷入昏迷的危险。帕楚尔医生告诉他,他或许得了癌症,无药可医。这让玛丽和斯科特很难过,他们认为这为时过早。直到帕楚尔医生跟他们解释说,很久以前就许诺过克,如果看到有任何死亡的危险,就立马告诉他,因为担心克出现昏迷,所以他觉得兑现自己的许诺是正确的。当玛丽与斯科特第二天去到克的房间,他说道:"看来我就要死了。"仿佛他没有料到这么快,但却坦然接受了这一事实。

后来他说："我想知道为什么'他者'没有放手这具身体？"他还告诉玛丽："我在看着它，它非常好奇。'他者'与死亡正在交战。"当癌症被确诊后，他充满疑问地对玛丽说："我做错了什么吗？"仿佛他因某种原因没能照看好这具被"他者"掌控而精疲力竭的身体。他要玛丽和斯科特陪着他直到最终，因为他希望"身体"得到照看，就像他曾经亲自看护它那样。他做出这番请求，丝毫不是因为多愁善感或者自我怜悯。

24 日，胃梗阻开始扩散，黄疸的症状恶化。做了一次手术，将一根更大的导管插入他的锁骨，不再走手上静脉，这样更多的液体就能通过了。这让双手都解放了出来，克如释重负。第二天鼻管被取出时，他"犹如新生"。他还接受了换血，以便获得力气。27 日，他在一辆在当地医院走了个遍的大车里面做了 CAT 扫描。从性格上来说，他对这些过程的机械学非常有兴趣——担架是怎样被抬进车子里的，等等。扫描确证了肺部有肿块以及胰脏钙化，并且表明后者是恶性肿瘤的主要原因。当德驰医生将这个告诉给克时，他请求返回松舍，不想在医院魂归西天。

在医院的时候，他要斯科特记录一下他希望如何处置自己的骨灰。它们将被分成三份，分别送往欧亥、布洛克伍德和印度。他不希望举行任何葬礼或是一切无意义的事情，他的骨灰埋葬的地方，"不应变成圣地，人们前来瞻仰和崇拜，这一切都是腐朽的。"（在印度，他的骨灰撒入了恒河里。）不过，纯粹出于好奇，他想从梵学家贾甘纳斯·尤帕德雅亚那里了解一下在印度对待一个圣人的尸体的传统做法，给他寄了一封信咨询这方面的信息。

30 日上午克重返松舍。这时他不再疼痛，而且由于营养过剩的缘故增重了 14 磅，这几乎是难以置信的。他的房间里，原来放置他的床的地方，换成了一张病床，他自己的床被移到了会客厅，并且安排了全天候的看护。能够回来让他兴高采烈，以至于他让玛丽放一张帕瓦罗蒂吟唱那不勒斯歌曲的唱片，还要了一份土豆三明治以及一些冰淇淋，一大口的三明治让他反胃（这是他最后一次用嘴进食）。夜里疼痛再次袭来，他又一次被注射了吗啡。

一知道自己即将离世，还在医院的克就要求四个人从印度赶来——拉迪卡·赫兹伯格、克里希那博士（拉杰哈特的新院长）、在马德拉斯被其任命为印度基金会新任秘书的马赫什·萨克斯纳以及拉杰哈特农学院的校长 R. 帕萨尼。[①] 这些是他希望能够在印度继承其事业的年轻一代成员，他依然有话想要跟他们交代。同时，当听说他即将过世，其他一些没有受其邀请的人也去往了欧亥，包括普普尔·贾亚卡尔和她的侄子阿西特·钱德玛尔，待在孟买的时候克经常住在他的公寓里，此外还有英国基金会的秘书兼布洛克伍德教育基金会的理事玛丽·卡多根、桃乐茜·西蒙斯、为克效劳多年的一名英国理事简·哈蒙德以及我和我的丈夫。这样的情形下似乎无法缺席。尽管克欢迎我们到来，但他自然并不需要我们，我们带来的动静可能对他的坏处要大过好处。我们同样必定会对欧亥的

---

① 尤帕萨尼没有前来，因为他无法及时获得护照。

那些和善的人们带来负担，他们不得不供我们吃住以及照料我们。如今在欧亥有了一栋房子的弗里德里克·格罗厄也在那里。

来自印度和英国的人们于 1 月 31 日抵达。我的丈夫和我所待的一周时间里，克的情况得到了缓和，于是人们不禁希望出现奇迹，希望他会康复。他告诉德驰医生疼痛、黄疸病、吗啡以及其他药物对他的脑子都无效，他在夜里依然展开着"非凡的冥想"，这表明"他者"仍旧与他同在。帕楚尔医生在他的报告里面证实了这一切。这期间克在他的卧室里召开了两次会议，斯科特·福布斯将内容做了录音。第一次是在 2 月 4 日，参加者只有我们当中那些与他的著作的编辑、出版有关的人（拉迪卡和克里希那博士刚刚成为了新近成立的国际出版委员会的印度成员）。克将其对于出版方面的愿望表达得十分清楚：他希望自己的演讲和著作能够继续在英国编辑，而那些在印度的人们则应当致力于将他的著作翻译成本国语言。到了会议结束的时候，他说道，印度基金会认为他们要比其他人更了解他，因为他是从一个印度男孩的身体里诞生的。"你知道，克里希那博士，我不是印度人，"他说。"我也不是印度人，"拉迪卡打断道，"从这个意义上来讲，我不认为我是印度人。""我也不是英国人，"玛丽·卡多根插嘴道。①

那天下午，克觉得身体不错，足以出外。他坐在轮椅上，被抬下了阳台的阶梯。由于天气很好，于是他要求在胡椒木下独处，如

---

① 来自磁带录音（布洛克伍德档案馆）。

今这株胡椒木已经茁壮，从那里他可以越过峡谷望见对面的群山。然而斯科特就站在轮椅后面不远处，因为担心他会往后翻，原因是他盘腿坐在椅子的边缘。他一直待在那里，一动不动，过了好一会儿才要求推回去。这是他最后一次外出。

第二天，当德驰医生前来看望他的时候，克询问自己是否能够再次旅行、发表演说。医生回答，虽然他或许可以写作、口述或者举办私人讨论，但不同于从前了。医生已经成为了他的朋友，几乎每天都来拜访他。

5日早上，克召开了另外一场会议，并要求斯科特进行录音。这一次，我们当中有十四人出席。克一开始便把医生昨天跟他讲的告诉了我们，即不会有更多的讲座，也不会有旅行。他说现在他没有疼痛，而且他的脑子"非常、非常、非常清楚"。他或许可以维持这种情况数月之久。"只要这个身体还活着，"他继续道，"我就依然是导师。当克在讲台上，他在这里……我仍旧是它的首领。我希望把这一点说清楚。只要这具身体还活着，克就存在。我之所以知道这个，因为我一直都有奇妙的梦——不是梦，而是发生的一切。"他指出，他希望被详细告知在印度和布洛克伍德发生的事情："不要跟我说一切顺利。"

尔后他尽可能礼貌地要求，所有拜访者都应当离去。当他去世时，不希望有人前来"向尸体致敬"。然后他要斯科特不要更改录音的句子，他让站在床边拿着麦克风的斯科特转向我们说道："我发誓不会更改磁带中的任何东西，不动一句，不改一字。"[1]

听闻克说"我依然是导师，当他在讲台上时，克就在这里"，真是相当震惊。人们是否会质疑呢？虽然会议中他时不时地会因为身体彻底的虚弱而停下来，但他绝对是他自己。没有人可以诚实地说，病情缓和期间他"不在场"。

遵从克的意愿，我的丈夫和我在第二天便离开了。在我跟他道别之后，并没有真的相信不会再见到他。出于体贴的个性，他派玛丽出来看看我们预定了哪种车子载我们去机场，当听说是一部好车子，他十分满意。其他拜访者不久也离去了，阿西特·钱德玛尔也离开了，但他后来返回，一直待到克去世。克期待的是德驰医生的来访，虽然他担心自己占据了医生大量的时间，使其无法更好地问诊其他病人。医生以朋友而非大夫的身份接受了克赠予他的一块漂亮的百达翡丽钟表（在克最后患病期间，他从未给他寄过一张治疗账单）。当他发现克和他一样是克林特·伊斯特伍德的粉丝，就给克带了一些录制下来的伊斯特伍德的电影，以及约塞米蒂国家公园的幻灯片，因为知道克有多么热爱那些树木与群山。

7日早上，玛丽·津巴李斯特询问克是否愿意回答玛丽·卡多根为他写下来的一个问题。他要玛丽念给自己听，问题是这样子的："当克里希那吉逝世的时候，聚焦在克身上的认知与能量实际上会发生什么呢？"玛丽潦草地在纸上记下克立即给出的回答："会消逝。

---

[1] 来自磁带录音（布洛克伍德档案馆）。

假如有人对教义展开充分的探究，或许他们会触及那一事物，但人无法尝试着去触及它。"尔后，过了一会儿他补充道："若你只去认识你所错过的——那巨大的空无。"

上午过半的时候，玛丽·卡多根的问题或许依然盘旋在克的脑海里，于是他叫人去喊斯科特，让他把自己想说的话录音下来。"他的声音很虚弱，"玛丽记录道，"但他是以十分强调的口吻说的。"他的话之间有一些停顿，仿佛对他来说要将话语吐出来是件很费力的事情：

今天上午我告诉他们——七十年来，那种超能——不——那种无限的能量、无穷的智慧，一直都在使用着这具身体。我不认为人们意识到了是怎样巨大的能量与智慧在这身体中穿行——犹如十二缸的引擎。七十年——这是相当长的时间——如今这身体无法承受更多了。没有人，除非这身体已经准备好了，被小心翼翼地保护着——否则没有人能够认识是什么在这身体中穿行。没有人，任何人都不要假装，没有一人。我重复一下：我们当中或者公众当中没有人知道是什么在运作。我晓得他们并不懂得。如今在七十年之后，它将要终结了。不是那种智慧与能量——它在那里，每一天都在，尤其是夜里。七十年后，这身体无法再承受了——无法再承受更多的了，没有办法了。印度人对这个有许多要命的迷信——你也会如此，身体消逝——所有这类胡说八道。你不会找到像这样子的其他的身体的，抑或那种至高的智慧在一个身体里面运作成百上千

年，你不会再次看到这个。当他离去，它便消逝不见。不会留下那
一意识、那一状态。他们全都会假装或者试图想象自己能够触及那
一事物。假如他们按照教诲去生活的话，或许会实现。但没有人做
到过，没有人。情形就是这样。[①]

斯科特要他阐明一下他所说的某些内容，担心可能会被误解，
这时候他变得对他"格外失望"，说道："你没有权力干涉这个。"告
诉斯科特不要干预，这似乎很明显地表明，克希望这份声明让所有
感兴趣的人都知晓。

克只剩下九天时间了，他希望死去，询问假如移除饲管的话会
发生什么情形。他被告知说身体很快会脱水。他知道自己有合法权
利要求移除饲管，但他不想给玛丽或者医生制造可能的麻烦。此外，
"身体"依然在他的掌控中，因此他继续看护它直至终点——清洗
牙齿，像往常那样一天洗三四次，甚至包括嘴巴和舌头的顶部，做
贝茨医生教的每日的眼保健操，左眼滴治疗青光眼的药水。当德驰
医生告诉他说向一个外科手套吹气将有助于排清由于卧床而聚集在
他肺部底部的液体，他便每小时把手套吹得鼓鼓胀胀，直到没有力
气再吹为止。

现在，每天下午，在德驰医生的建议下，他会坐在轮椅上被推
进宽敞的客厅。在那里，他坐着凝望巨大的木材燃烧的火焰。第

---

① 来自磁带录音（布洛克伍德档案馆，逐字转录）。

一次到达那儿的时候，他要求单独待一会儿，但允许斯科特站在身后，以免他往后翻倒。斯科特后来写道："他对屋子发功，一个人可以看到他在发功，屋子过后就不一样了。他拥有跟过去一样的全部的力量与恢弘。尽管他坐在轮椅上，身上盖着毯子，通过打吊瓶来获得身体的营养，但他依然广阔、庄严，他的能量绝对充满了房间，让一切都在颤抖，他散发着光辉。"半个小时后，当他想要回到床上时，令所有人大吃一惊的是，他在无人帮助的情况下走回了房间。

10日，克收到了梵学家贾甘纳斯·尤帕德雅亚的回复，针对克询问过的印度传统是怎样对待一个宗教人士死后的尸体。听到答案后，克说他并不希望如此。他不想任何人在其死后来看他的身体，火葬时人数应当尽可能的少。

当克变得极为虚弱，无法坐进轮椅，他躺在一张铺着其寝具的吊床上被抬到了客厅的沙发。14日，疼痛再次袭来，他又一次被注射了吗啡。在吗啡起效的十分钟里，他跟玛丽说道："美好到不真实了都——抱歉我认为我已经失去了你。"玛丽十分确定他这么说的意思是指："我觉得我已经不再痛苦了，但这太过美好，以至于都不真实了。"第二天他开始跟斯科特谈世界形势，询问："你觉得德驰医生知道这一切吗？你觉得他明白吗？我必须跟他谈谈这个。"当医生在那天下午到来时，他便这样做了。斯科特记录道：

那一次，克里希那吉跟德驰医生说的是一段非同寻常的十分钟或者十五分钟，概括了他对于世界本质的认识。非常有说服力、简洁明了、完整。我站在那儿，十分震惊，印象深刻。我在床尾聆听，德驰医生挨着他坐在床的边上。我记得的一件事情，就是克里希那吉告诉德驰医生说："我不害怕死亡，因为我一生都在跟死亡共存。我从不背负任何记忆。"后来医生说道："我感觉我是克里希那吉最后的学生。"这真是太可爱了。让人留下格外印象的是，如此虚弱、与死神如此接近的克里希那吉，却能够鼓起力气做了这番概括，这同样表明了他对医生满怀热爱。

2 月 17 日零点刚过，克便在睡梦中辞世。玛丽是这样记录克的临终时刻的：

帕楚尔、斯科特跟我像往常一样待在那里，克如往常般想到了他人的福祉。他催促我道："快去睡吧，晚安，快去睡，上床睡觉。"我说我会去睡的，但我留在了近旁。他睡着了，当我过来坐在他的左侧，握住他的手，并没有打扰到他。他的床的上部被抬高了，因为这样子他会感到更舒服，他的眼睛半睁着。我们坐在他身边，斯科特坐在他的右侧，我坐在左侧。帕楚尔医生静静地看着手表，来来回回，男护士帕特里克·林威尔待在隔壁房间。慢慢的，克里希那吉的睡眠越来越深沉，变成了昏迷，呼吸缓慢。大约十一点的时候，德驰医生突然悄悄到来。夜里，原本绝望地希望他好转的人们，这时不得不变为了希望他最后不再受苦。当克里希那吉的心脏在午夜过后十分停止跳动时，德驰医生、斯科特和我守候在那里。

　　按照他的意愿，只有少数人在他死后前来看望了他，只有寥寥几个朋友出席了当天上午 8 点在文图拉举行的他的葬礼。

第二十三章 "大脑无法理解"

　　克里希那穆提的死亡在某些方面就如同他的生命一样神秘。具有讽刺意味的是，他生命的大部分时候都感觉到"溜走"要比存活容易，所以当他渴望"溜走"时，他应当继续活下去。他曾经相信他知道自己何时会死，然而他的死亡的来临却是让他大吃一惊。在欧亥录制的最后的录音中，当他谈到"该死的印度迷信"时，他当然指的是印度传统上相信一个圣人能够用意念让自己死去。克原本可以通过要求摘除喂食的导管而死亡，但他觉得那将是自杀，是违背了托付给他管理的身体——一种神圣的信任。然而让自己死去，如果成功的话，难道不也是一种形式的自杀吗？

　　"他者"希望居住在一个病躯之中，克对此表现出吃惊，为什么它不让他走呢？他想知道自己的病是否是因为他做错了什么。一个人或许会问，"他者"让他死去是因为他的身体已经变得没有用处了吗，抑或它让他患上致命的疾病是因为他没有什么可说的了，因为他的教诲完成了？在这两种情况中，"他者"显然都最终舍弃了他。

克相信"某种事物",某种他不被允许去谈论的事物,将决定克应当遭遇什么。但与此同时,他指出,假如有某种事物决定了发生在克身上的一切,那么它会是何等的非凡。这里显然存在着矛盾,不是吗?不过尔后克在他关于自己的阐述中有其他几处反常的地方。

克从不曾怀疑他始终被某种事物保护着,他相信当他为了发表演说搭乘飞机或者以任何方式旅行,都不会遭遇不测,那种保护延伸到了与他一同旅行的人。不过,他的职责便是不能仅仅为了开心而将自己暴露给任何危险,比如滑翔。他从不怀疑过教义或是被托付给他照料的身体的重要性。迄今为止他一直声称,经由许多个世纪才创造出了这样一个身体(他使用的总是"教诲"、"身体",从来不是"我的教诲"、"我的身体")。他似乎既在自己的神秘之中,又出乎其外。他不想制造什么神秘,然而神秘确实存在,对此他似乎无法自己解决,认为这么做不是他的事情,虽然他急切地希望其他人去解决,在这种情况下,他将能够证实他们的解答。

克曾经指出,教诲是作为"一种启示"而来的,如果他坐下来思考的话,就不会向他走来。但是当他撰写《克里希那穆提笔记》的时候,显然启示每天都会到来。是什么促使他突然去撰写此书呢?除去内容,它是一部非凡的手稿,323页,没有一处涂抹。

从克自己的话,人们被迫得出的结论是,他是某种事物的"载体",他受启示得到的教诲,正是来自于这一事物。然而,他的大部分深受这一事物的浸染，以至于它就是他，甚至当它撤退，假如他严肃地谈论到它或者让自己向它敞开，尤其在夜晚的冥想中，那么它又会返回——从不曾邀请过它。有时候他吃惊的是它应当在那里，比如当他在《克里希那穆提笔记》中描述他是如何从格施塔德的安宁来到巴黎一处位于第八层楼的公寓，发现"静静地坐在午后，目光越过那些屋顶……出乎意料的是，那种赐福、那种力量、那种他者带着温柔的澄澈而来。它填满了房间，停留下来。当撰写这些的时候，它就在场。"

我曾经听到有人争论说，克的灵感与任何其他艺术家并无不同，尤其是音乐家，人们或许只是想要弄清楚莫扎特的天赋来自哪里。如果教诲是通过克的大脑而来，那么该争议说说得通，但我没有听说过有其他的天才经历过诸如"转化过程"这种事情。

假如有人能够接受弥勒尊者将借某个为其准备的身体再临这一理论，那么克里希那穆提的神秘会立即消失。尔后，关于转化过程的一切都将变得有头绪了——所有那些在欧亥、埃尔瓦尔德、佩尔吉内"传达"的讯息，以及克自己相信痛苦是不得不去承受的事情，不去试图防止或减轻。尼亚在欧亥"传达"的讯息将会解释该现象的独特之处："现在所做的工作有着极大的重要性，并且格外微妙。这是这种试验第一次在世上实施。"

克本人并没有反驳该理论，他否定的是世界导师的身份。他只是说它"太坚固了"，"不够简单"，实际上，一个人对此会有所感觉。1972 年，他在欧亥跟某群人发表讲话，他们向他提问他究竟是谁，这时他回答道："我感觉我们正在探究某种智识永远无法认识的事物……存在着某种事物，它是一个巨大的蓄水池，如果智识能够去触及，便会揭示出某种事物，任何智力的神话——发明、假想、教义——永远无法将其揭示。存在着某种事物，但大脑无法认识它。"不过，当我两年后向他提问，他说尽管他自己无法探明（"水无法知道什么是水"），但他"绝对相信"玛丽·津巴李斯特、我以及其他人能够发现真相，假如我们坐下来说道："让我们一探究竟吧。"不过他补充道："你必须清空你的脑袋。"

这将我们带向了"空无的心灵"。在我询问期间，克老是回到了"男孩"那空无的心灵上面——他指出，他从不曾失去过这种空无。是什么令它保持空无的呢？是什么总是在保护着这种空无？假如他自己在撰写关于神秘的事情，那么他是带着一颗空无的心灵开始的。那些他在去世前九天说出的话，对我而言就跟他曾经说过的话一样萦绕心头："如果你们全都只是认识到你们错过了什么——那种巨大的空无。"

克坚称滋养他长大的通神学从不曾限定过他。不过，潜意识里他难道不可能被其局限吗（虽然他并不承认存在着潜意识这样的东西），当他离开自己的身体，他被告知的关于弥勒尊者、指导灵等等的一切会浮出水面吗？但这没有解释他为何离开身体，为何会发生"转化过程"。

要思考的另外一个方面，是那种如此频繁地进入他体内或者穿透他的能量。当他认真地谈论自己是谁时，会说道："你可以感觉到此刻它就在屋子里——一种搏动。"在他最后录制的磁带中，他指出："我不认为人们意识到了那一穿透此身体的巨大的能量与智慧……"当我在一盘磁带中听到这些话的时候，立即想到了在布洛克伍德的那天下午，在我不抱期待时，那穿过客厅的门向我袭来的力量。如果自从 1922 年最初发生"转化过程"的时候那种力量、那种"巨大的能量"就一直在使用着克的身体，那么他活了这么长岁数真是令人震惊。那种能量是"他者"吗？是该能量导致了"转化过程"的痛苦吗？该能量、"转化过程"从 1922 年开始，尔后在其余生继续，痛苦逐渐减退，是因为他的身体慢慢敞开，创造出了更多的空无吗？当他年迈的时候，假如那种能量在身体尚未协调好去接受的时候就突然进入他体内，那么这种能量的力量会使其死亡吗？

如今我觉得人们应该询问：克对自己是谁、是什么，知道得是否比他揭示的更多？当他告诉玛丽·津巴李斯特和我说，假如我们能够探明真相，他就可以加以证实，我们就可以找到言语去描述。他实际上说的是："我不应该告诉你，但倘若你能够凭借自己的力量去探明，那么我就会说：'是的，那是它。'"或许他曾经跟玛丽说过的最重要的事情，是当玛丽在他于 1985 年 10 月底离开布洛克伍德前往德里之前询问她会否再见到他，他说道："我不会突然过世……全部由其他某个人决定好了。我无法谈这个，我不被允许这么做，你理解吗？要严肃得多。有些东西你不知道，巨大的，我不能告诉你。"（记录的是全部由"其他某个人"决定好了，而非"其他某个事物"）

　　所以，克知道一些关于自己的事情，但从来没透露过，尽管在最后的磁带中他确实揭开了窗帘的一角。

　　许多人都会觉得，试图解开克的秘密不仅浪费时间而且根本无关紧要，重要的是教诲，而不是人。但如果一个人认识年轻的克里希那，参与过一些早年的事件，无法接受教义是在他自己的脑子里发展出来的，那么这个诱人的谜团就会一直存在下去，除非，或许他能够成功地把自己的脑子清空。克曾经说过："那东西在屋子里。假如你问它它是什么，它是不会回答的。它会说：'你太渺小了。'"是的，那便是人们留下的谦卑的感觉，人太渺小了、太琐碎了，有着一个始终在聒噪的脑子。

　　同样的，克在最后的录音中说道："他们全都会假装或者试图想象自己能够触及那一事物。或许他们某种程度上会实现，如果他们能够根据教诲去生活的话。"

　　然而，撇开源头不谈，克里希那穆提的教诲是在世界历史的危机时刻到来的。正如他曾经跟华盛顿的一名记者说过的那样："假若人们不发生彻底的改变，不从根本上带来自身的转变，我们就会毁灭彼此。心理层面的变革在当下是可能的，而不是在一千年以后。我们已经有过成百上千年了，却依然野蛮。所以，如果我们不在当下去改变，那么明天或者一千个明天就会仍旧野蛮。"尔后人们如果问道："一个人的转变如何能够影响世界呢？"唯有给出克自己的回答："改变，然后看看会发生什么。"

《克里希那穆提的生与死》译名对照表

《不可能的问题》	*The Impossible Question*
《超越暴力》	*Beyond Violence*
《出版人周刊》	*Publishers' Weekly*
《打油小说集》	*Nonsense Novels*
《东西方月刊》	*East West Journal*
《独行的先知》	*The Seer who Walks Alone*
《佛陀的德性之路》	*The Buddha's Way of Virtue*
《观察家》	*Observer*
《国际明星社公告》	*International Star Bulletin*
《花朵的天职》	*The Role of a Flower*
《华盛顿邮报》	*Washington Post*
《唤醒能量》	*Tradition and Revolution*

《觉醒的年代》	The Years of Awakening
《揭开伊西斯的面纱》	Isis Unveiled
《旧约全书》	Old Testament
《克里希那穆提笔记》	Notebook
《克里希那穆提日记》	Krishnamurti's Journal
《林肯传》	Lincoln
《洛杉矶时报》	Los Angeles Times
《门徒》	The Disciple
《秘密教义》	The Secret Doctrine
《明星社评论》	Star Review
《明星社先驱报》	Herald of the Star
《纽约时报》	New York Times
《皮卡迪利·吉姆》	Piccadilly Jim
《生命的注释》	Commentaries on Living
《时代文学副刊》	Times Literary Supplement
《时间的终结》	The Ending of Time
《所罗门之歌》	Song of Solomon
《通神学者》	Theosophist
《威廉·布莱克的一生》	a life of William Blake
《新共和》	New Republic

《新印度》 New India

《新政治家与国家》 The New Statesman and Nation

《一生的学习》 Education and the Significance of Life

《印度》 The Hindu

《印度通神学》 Theosophy in India

《整体与隐序》 Wholeness and the Implicate Order

《智慧的觉醒》 The Awakening of Intelligence

《重新认识你自己》 Freedom from the Known

《周日电信报》 Sunday Telegraph

《转变的紧迫性》 The Urgency of Change

《转变的挑战》 The Challenge of Change

《最初和最终的自由》 The First and Last Freedom

K&R 基金会 K & R Foundation

RAI 会客厅 RAI Hall

阿德尔菲 Adelphi

阿德莱德 Adelaide

阿迪亚尔 Adyar

阿迪亚尔河 Adyar river

阿迪亚尔通神学档案馆 Theosophical Archives at Adyar

阿迪亚尔紫色会　　　　　　Purple Order in Adyar

阿尔库俄涅　　　　　　　　Alcyone.

阿拉温丹，G.　　　　　　　G. Aravindan

阿伦戴尔，弗朗西斯卡　　　Miss Francesca Arundale

阿伦戴尔，鲁克米尼　　　　Rukmini Arundale

阿伦戴尔，乔治　　　　　　George Arundale

阿纳姆　　　　　　　　　　Arnhem

阿秋　　　　　　　　　　　Achyut

阿什当森林　　　　　　　　Ashdown Forest

阿亚·威哈尔（圣僧院）　　Arya Vihara (Noble Monastery)

埃尔瓦尔德村庄　　　　　　village of Ehrwald

埃菲尔铁塔广播电台　　　　Eiffel Tower Radio Station

埃平森林　　　　　　　　　Epping Forest

艾布拉姆斯，阿尔伯特　　　Dr Albert Abrams

艾塔蒂　　　　　　　　　　I Tatti

艾亚尔，苏布拉曼尼亚姆　　Subrahmanyam Aiyar

爱德华兹，马克　　　　　　Mark Edwards

爱因斯坦　　　　　　　　　Einstein

安德森，艾伦　　　　　　　Allan Anderson

安非翁　　　　　　　　　　Amphion

贝拿勒斯	Benares
贝拿勒斯印度大学	Benares Hindu University
贝赞特，安妮	Annie Besant
比德镇	Bude
比顿，塞西尔	Cecil Beaton
比勒陀利亚大学	University of Pretoria
比亚里茨	Biarritz
彼得斯菲尔德	Petersfield
宾德利，吉恩	Mrs Jean Bindley
波多黎各	Puerto Rican
波恩	Bonn
波士顿博物馆	Boston Museum
伯克贝克学院	Birkbeck College
伯克利大学	Berkeley University
伯灵顿拱廊	Burlington Arcade
伯姆，大卫	David Bohm
伯奇 - 班纳诊所	Bircher-Benner Clinic
勃拉瓦茨基，海伦娜·彼得罗夫娜	Madame Helena Petrovna Blavatsky
博斯圣莱杰	Boissy-St-Leger
布达佩斯	Budapest

道德教育联盟	Moral Education League
道格拉斯双引擎飞机	Douglas twin-engine aircraft
道罗麦特地区	Dolomites
道奇，玛丽	Mary Dodge
道奇，威廉·厄尔	William Earle Dodge
德驰，加里	Dr Gary Deutsch
德拉敦	Dehradoon
德雷顿花园	Drayton Gardens
德里	Deli
德维，鲁克米妮	Rukmini Devi
狄更斯	Dickens
迪格比，乔治·温菲尔德	George Wingfield Digby
迪耶普	Dieppe
地方治安官	District Magistrate.
地中海俱乐部	Club Méditerranée
东方朗曼出版公司	publishing firm of Orient Longman
东方明星国际会社	the International Order of the Star in the East
多尔多涅	Dordogne
多伦多	Toronto
凡尔赛	Versailles

哥伦布，克里斯托弗	Christopher Columbus
格雷，玛丽	Mrs Mary Gray
格罗厄，弗里德里克	Friedrich Grohe
格罗夫纳酒店	Grosvenor Hotel
格施塔德	Gstaad
公证人	Notary Public
古吉拉特	Gujarati
古屋	Old Lodge
国际版权协议	international copyright agreement
国际出版委员会	International Publications Committee
国际农作物协会	International Crops Institute
国家实验室研究中心	National Laboratory Research Center
哈查德书店	Hatchards' book shop
哈克特，弗朗西斯	Francis Hacket
哈蒙德，简	Jane Hammond
海得拉巴	Hyderabad
汉堡	Hamburg
汉普郡	Hampshire
好莱坞露天音乐厅	Hollywood Bowl
和平于世协会	Pacem in Terris Society

皇家音乐学院	Royal College of Music
基督教堂学院	Christ Church
吉拿拉迦达沙，C.（拉伽）	C. Jinarajadasa (Raja)
济慈	Keats
祭拜室	puja room
加州大学洛杉矶医疗中心	University of California Los Angeles Medical Center
贾亚卡尔，普普尔	Pupul Jayakar
接纳	Acceptance
金斯威	Kingsway
津巴里斯特，玛丽	Mary Zimbalist
津巴里斯特，萨姆	Sam Zimbalist
净光兄弟	Great White Brotherhood
旧金山	San Francisco
旧金山州立大学	San Francisco State College
君士坦丁堡	Constantinople
卡顿，保罗	Dr Paul Carton
卡多根，玛丽	Mary Cadogan
卡拉奇	Karachi
卡洛	Carlo
卡内基大厅	Carnegie Hall

克里希那穆提著作公司	Krishnamurti Writings Inc (KWINC)
克里希那神	Sri Krishna
克诺特，海伦	Helen Knothe
克什米尔	Kashmir
肯尼迪中心	Kennedy Center
肯特郡	Kent
寇勒斯壮姆，奥斯卡	Oscar Kollerstrom
拉奥，B.希瓦	B. Shiva Rao
拉奥，J.V.苏巴	J. V. Subba Rao
拉布多奈斯大街	Avenue Labourdonnais
拉达	Radha
拉福尼女伯爵	Contessa Rafoni
拉吉夫	Rajiv
拉加戈帕尔	Rajagopalacharya (Rajagopal)
拉杰哈特	Rajghat
拉杰哈特农学院	Agricultural College at Rajghat
拉姆爵士	N. Sri Ram
拉斯波利，法布里齐奥	Don Fabrizio Ruspoli（Fabrizio Ruspoli）
拉朱，M.R	M. R. Raju
莱森	Leysin

梅塔，V.N.	V. N. Mehta
梅塔，巴格万	Bhagwan Mehta
梅塔，南迪妮	Nandini Mehta
梅塔，丘尼拉尔爵士	Sir Chunilal Mehta
美国自由派天主教会	Liberal Catholic Church of America
美联社	Associated Press of America
门迪萨，迈克尔	Michael Mendizza
门徒	disciple
蒙得维的亚	Montevideo
蒙哥马利，保罗·L	Paul L. Montgomery
蒙塔古	Montague
蒙特萨诺旅馆	Hotel Montesano
弥勒菩萨	Lord Maitreya
弥勒尊者	Master Kuthumi
弥赛亚	messiah
秘授部	Esoteric Section
明星社出版基金会	Star Publishing Trust
摩拉维亚，阿尔贝托	Alberto Moravia
莫斯曼	Mosman
墨尔本	Melbourne

欧门	Ommen
帕楚尔，T.K.	T. K. Parchure
帕哈尔甘姆山谷	Pahalgam
帕卡德	Packard
帕拉姆施瓦兰	Parameshwaran
帕斯吉利，艾伯托	Alberto Passigli
帕斯吉利，万达	Vanda Passigli
帕特尔，拉曼	Raman Patel
帕特农神庙	Parthenon
帕特瓦尔丹，V.（即帕特）	V. Patwardhan (known as Pat)
帕特瓦尔丹，帕玛	Pama Patwardhan
帕特瓦尔丹，苏南达	Sunanda Patwardhan
帕瓦罗蒂	Pavarotti
派克 - 艾美酒店	Hotel Parker-Meridien
佩尔吉内村庄	the village of Pergine
蓬泰科尔沃	Pontecorvo
婆罗门	Brahmin
珀斯	Perth
普拉特，桃瑞丝	Doris Pratt
普利茅斯	Plymouth

萨维尔街	Savile Row
塞哥维亚	Segovia
赛奇莫尔	Sedgemoor
桑格，约翰牧师	Rev. John Sanger
桑吉瓦玛	Sanjeevamma
沙特尔	Chartres
莎拉	Sarah
山谷学校	Valley School
珊迪昆嘉	Shanti-Kunja
上师	guru
上师崇拜	gurudom
尚克林	Shanklin
身体元素	physical elemental
神祠	Shrine [room]
圣巴巴拉	Santa Barbara
圣保拉	Santa Paula
圣保拉社区医院	Santa Paula Community Hospital
圣保拉医院	Santa Paula Hospital
圣伯纳德	St Bernard
圣地亚哥州立大学	San Diego State College

苏南达	Sunanda
苏塞克斯	Sussex
苏亚雷斯，纳丁	Nadine Suàres
索邦神学院	Sorbonne
索尔克，乔纳斯	Jonas Salk
塔维斯托克广场	Tavistock Square
泰卢固语	Telegu-speaking
泰晤士电视台	Thames Television
唐纳格度假屋	Chalet Tannegg
陶尔米纳	Taormina
特拉华女伯爵缪丽尔小姐	Muriel, Countess De La Warr
特突山谷	Tettu valley
通灵者	mystic
通神学会	Theosophical Society
通神学者	The Theosophist
瓦拉纳西	Varanasi
瓦朗日维尔	Varengeville
瓦桑塔塔·威哈尔	Vasanta Vihar
威尔金斯，莫里斯	Professor Maurice Wilkins
威廉姆斯，罗莎琳德	Rosalind Williams

英国国教	Church of England
英国三合会公司	English firm of Triad
英国枢密院	Privy Council in England
英国医药协会	British Medical Association
尤帕德雅亚，贾甘纳斯	Jagannath Upadhyaya
尤帕萨尼，R.	R. Upasani
友谊大厅	Friends' Meeting House
圆熟	Adepthood
圆塔	round tower
约兰德	Yolande（known as Yo）
约塞米蒂国家公园	Yosemite
泽西岛	Jersey
詹克诊所	Janker Clinic
詹姆斯大街	St James's
张伯伦，理查德	Richard Chamberlain
珍珠港	Pearl Harbour
指导灵	Masters
指导灵库图弥	the Master Kuthumi
指导灵摩尔亚	the Master Morya
中央印度学院	Central Hindu College

拙火	*kundalini*，*Serpent Fire*
拙火觉醒的过程	'the process'
自由派天主教会	Liberal Catholic Church